직접 경험한 제약영업마케팅 사례와 향후 방향을 제시

제약바이오 마케팅 개론

PHARMACEUTICAL BIO-MARKETING

임형식 · 임진보 공저

*"제약바이오 영업과 마케팅의
시작부터 끝까지!"*

_ PREFACE

제약영업마케팅 직원은 제약산업 전체 직원의 약 27%로 많은 비중을 차지하고 있다. 하지만 이 많은 영업마케팅직원이 현재 실질적으로 하는 일과 미래에 제약영업마케팅 직원에게 어떤 변화가 필요한지 제시하는 책이 마땅히 없어서 이 책을 통하여 필자가 직접 경험한 제약영업마케팅 사례와 향후 제약영업마케팅의 방향을 제시하고자 한다.

제약영업마케팅은 일반 소비자를 대상으로 하는 consumer 마케팅과는 다르게 환자의 질병과 건강을 다루는 분야로 규제가 있고 또한 의약품의 최종 수혜자인 환자들이 치료받기까지 제약산업의 이해, 신약개발과정, 임상시험단계, 의약품 인·허가 결정과정, 시판 후 의약품 안전관리, 생산, GMP, Validation, GSP, 보험약가 및 가이드라인 결정, 병원구매 및 의사의 처방 결정까지 다양한 관련부서와 관계자가 연관되어 있는 것을 이해해야 한다. 제약영업마케팅은 이 모든 의약품 개발 전 과정에서 이루어지고 있다. 제약영업마케팅은 전반적인 제약산업의 특수한 상황의 이해와 현재와 미래 제약바이오산업 Market Trend의 이해가 있어야 한다.

제약영업마케팅 직원들이 1차 고객인 의사를 만나서 자사 제품의 특징, 장점, 이점, 부작용 등 의약관련 정보를 전달하는 일을 Call이라 한다. 저자는 30년 제약회사 근무 중 25년 동안 1년에 평균 200일을 하루 10명의 고객을 방문한 결과 약 50,000번 이상 의사들과의 Call(detail) 경험과 5년 동안 제약회사 Facilitator로 수백 시간의 영업마케팅교육 경험이 있다. 이 책에서는 50,000번 이상의 면담(call) 경험과 Facilitator로 수백 시간의 제약영업마케팅 교육 경험의 know-how를 공유하고자 한다.

이 책은 제약영업마케팅에 필요한 지식을 습득하고 참여하고 이해해서 정확하게 설명할 수 있도록 chapter 별 workshop 자료로 구성하여 제약영업마케팅의 실제 현장을 보다 정확하고 빠르게 이해하도록 하였다. 특히, 고객은 'why' 나와 다른 needs를 가질까? 'How' 하면 고객의 needs를 충족시킬 수 있을까? 하는 workshop 내용을 담았고 제약영업마케팅 직원들에게 효과적이고 필요한 교육이 어떤 교육인가를 제시하였다.

전공자가 아닌 입장에서 이 책만 가지고 공부를 하기에는 이해가 되지 않는 부분이 많이 있을 수 있다. 제약산업 관련서적, 제약관련 뉴스, 인터넷 블로그, 유튜브 동영상 등을 찾아가며 공부를 하면 제약산업 전체를 이해하는 데 많은 도움이 될 것이다.

실제로 찾아보면서 했던 공부가 의료진과 소통하는데 한층 더 도움이 되기도 했다. 이렇게 스스로 찾아서 공부하는 방법은 회사에서 담당하는 자사의 제품만 깊이 있게 아는 것을 넘어 해당 질환의 전체를 볼 수 있는 안목을 갖게 한다. 무엇보다도 의료진과 면담에서 '자신감'을 갖게 한다. 즉, 학술적인 지식을 배우고 습득한 후 의료진과 면담은 자신감이 생기고 또한 자존감을 높이는 계기가 된다. 학교나 회사에서 교육받은 제품에 대한 내용만 가지고 면담을 하는 것과 질환과 치료법을 포함한 전체적인 흐름을 공부한 후에 면담하는 것은 많은 차이가 있다.

코로나-19로 인해 언택트 환경에서 전문성을 살려 의료진에게 필요한 정보를 제공할 수 있는 역량을 갖춰야 할 것이다.

최근 다양한 학회와 학술 활동이 온라인으로 개최되고 있다. MR들이 국내외 학회에서 등장하는 Hot issue를 스스로 공부하여 의료인들에게 최신정보를 제공하고 Feedback도 받으면서 공부하는 제약영업마케팅 활동은 가장 매력적인 일이라 할 수 있다. 코로나-19 제약영업마케팅 환경은 언택트 디테일의 비중이 증가될 것이다. 또한 제약영업마케팅 사원의 전문성이 요구되는 시기가 가속화될 것이다. Searching보다는 Thinking으로 지식을 습득하고 이해하여 설명할 수 있는 공부방법은 자신감을 갖게 한다. 이를 실질적으로 활용해 의료인들에게 필요한 정보를 제공할 수 있는 역량을 개발하여 실천하면 자존감을 높일 수 있고 더욱 건강한 삶을 영위할 수 있다.

제약영업사원 누구나 Best MR이 되고 싶지만, 저절로 이루어지지 않는다. Best MR이 되기 위해서는 소통 능력(communication skill)도 중요하지만 학술적 지식을 함양하는 일이 더 우선 되어야 한다.

저자는 제약영업사원 출신으로 항상 제약영업의 매력과 중요성에 대하여 이야기 한다. 'SELLING IS MARKETING, BUT MARKETING IS NOT SELLING.' 즉 '영업 경험을 가지면 마케팅뿐만 아니라 어떤 일이든 할 수 있다. 나는 마케팅보다는 영업의 중요성을 훨씬 더 강조한다. 가끔 제약회사 영업부와 마케팅부가 서로 갑론을박 하는 경우가 있다. 영업과 마케팅은 동일한 개념이 아니고 마케팅이 영업을 포함하는 상위 개념이라고 생각할 수 있지만, 제약 영업과 마케팅은 목표 지향점이 같고 상호 보완적이다. 고객의 니즈(needs)를 정확히 파악하고 고객에게 어떻게 효과적인 판매와 이익 실현을 할 수 있는지 연구한다는 점에서 동일하게 볼 수 있다. 제약영업사원의 중요한 역할 중 하나는 정확한 제품 메시지(Right Message)를, 정확한 빈도(Right Frequency)로, 정확한 환자(Right Patient)를 치료하기 위한 정확한 의사(Right Doctor)에게 어떻게 효과적으로 전달하는가이다.

고객과의 면담 과정 중 가장 중요한 순간(MOT : Moment of Truth)은 단 15초에 지나지 않는다. 자신 있는 사람들만이 심플해질 수 있고 자신감을 갖게 된다. 심플해야 빠를 수 있다. 빠르지 못하면 글로벌 경제에서 이길 수 없다.

제약영업마케팅은 고객과의 면담 과정에서 정확한 메시지를 전달하기 위해서는 수많은 학습과 경험을 적용해야 한다. 짧은 시간에 고객이 인지하기 쉽게 정확한 메시지를 전달해야 하기 때문이다. 이런 이유로 제약영업마케팅은 제약산업 전체를 이해해야 하고, 마케팅의 기본개념을 이해해야 하고, 고객의 이해가 있어야 한다. 고객을 이해하기 위해서는 우선 내 자신의 이해가 선행되어야 한다. 내 자신의 설득 없이 타인을 설득하는 것은 불가능하다. 제약영업마케팅의 1차 고객인 의사를 이해하기 위해서는 그들이 제일 관심을 갖는 환자치료에 도움이 되는 질환, 제품에 대한 정보와 더불어 다양한 의약 정보를 전달할 수 있는 능력을 키워야 한다.

이 책은 제약영업마케팅 trend를 정확하게 이해하고 향후 대책을 모색하기 위하여 제약영업마케팅에 필요한 다양한 지식과 정보를 제공하고 있다. 특히 고객과의 면담 과정(Call Process)을 구체적으로 기술하고 있어 제약영업마케팅 직원들과 제약영업마케팅에 관심 있는 대학생, 대학원생에게 많은 도움이 될 것으로 기대한다. 이 책을 계기로 제약산업의 가장 중요한 분야 중 하나인 제약영업마케팅에 대한 체계적인 연구가 진행되어 한국 제약산업과 더불어 제약바이오 영업마케팅이 한 단계 진보되기를 기대한다.

임형식, 임진보

_ CONTENTS

PART 04 제약바이오마케팅 실제 현장

부록 제약영업마케팅 Selling Model

PART 01

제약마케팅
이론

마케팅 정의

　마케팅(marketing)은 19세기 후반 혹은 20세기 초반에 미국을 중심으로 탄생한 학문으로, 물리적인 시장(market)에 현재 진행형인 동명사(~ing)를 붙여 만든 신조어이다. 마케팅은 자사의 제품이나 서비스가 경쟁사의 것보다 소비자에게 우선적으로 선택되도록 하기 위해 행하는 모든 활동을 의미한다. 마케팅에서 가장 기본적으로 갖는 개념은 소비자의 니즈(needs)와 원츠(wants)이다. 즉 마케팅은 소비자의 니즈와 원츠를 파악하여 이를 충족시켜주기 위한 기업의 모든 활동을 다루고 있는 학문이다.

　미국 마케팅학회(AMA: American Marketing Association, 2013)에 따르면 '마케팅은 조직과 이해 관계자들에게 이익이 되도록 고객가치를 창출하고, 의사소통하며 고객을 관리하는 조직 기능이자 프로세스의 집합이다.'라고 정의하고 있다.

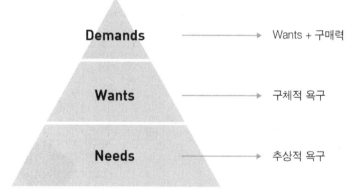

▸그림 1.1 ▮ Demands, Wants, Needs

01. 마케팅 믹스

마케팅 믹스(marketing mix)란 마케팅 목표의 효과적인 달성을 위하여 일정한 환경적 조건과 일정한 시점 내에서 여러 가지 형태의 마케팅 수단들을 적절하게 결합, 조화해서 사용하는 전략을 의미한다. 즉, 어떠한 제품에 사용된 모든 마케팅 전략의 집합체를 조정하고 구성하는 일이다. 마케팅 믹스를 보다 효과적으로 구성함으로써 소비자의 욕구나 필요를 충족시키며, 이익, 매출, 이미지, 사회적 명성, 사용자본이익률(ROI: return on investment)와 같은 기업목표를 달성할 수 있게 된다. 마케팅 믹스라는 용어는 E. 제롬 맥카시 교수가 1960년 처음 소개하였다. E. 제롬 맥카시 교수는 회사가 그들의 타깃 고객층을 만족시키기 위해서 제품(Product), 가격(Pricing), 장소(Place), 촉진(Promotion)으로 크게 4P로 나뉘는 마케팅 전략을 전체적으로 균형이 잡히도록 조정하여 사용해야 한다고 하였다. 결국 마케팅 믹스는 '마케팅을 통해 제품을 잘 팔려면 이를 위해 필요한 핵심 요소들을 골고루 신경써야 한다'라는 메시지를 전달하기 위해 탄생한 개념이다.

마케팅 믹스는 다음과 같은 submix로 성립된다. ❶ 제품, 서비스 믹스(브랜드, 가격, 서비스, 제품라인, 디자인, 색상 등) ❷ 유통 믹스(수송, 보관, 하역, 재고, 소매상, 도매상 등) ❸ 커뮤니케이션 믹스(광고, 인적판매, 판매촉진, 디스플레이, merchandising, 카탈로그 등)이다. 마케팅 믹스는 고정된 것이 아니라 기업이나 제품에 따라 달라지며, 환경변화에 대응하여 수정된다.

1) 전통적 분류(1960년 ~ , Marketing 1.0) : 4P

(1) Product(제품)

단순히 제품이나 서비스를 생산하는 것 이외에 그 제품이 줄 수 있는 종합적인 혜택(Benefit)을 통틀어서 이르는 것이다. 디자인, 브랜드, 상징, 보증, 상품 이미지 등을 폭넓게 포함하고 그것을 관리하는 전략이다.(Contemporary Business, 2010)

(2) Price(가격)

기업이 특정 물품의 가치(Value)를 가장 객관적이며 수치화된 지표로 나타내는 전략이다. Skimming(가격을 높게 잡는 고가화 전략), Penetrating(가격을 낮게 잡는 침투전략), EDLP(Every Day Low Price), Competitive Pricing(경쟁사와의 관계를 이용하는 가격 전략) 등이 있다.

(3) Place(장소)

기업이 특정 물품의 판매를 촉진하기 위해서 활용하는 공간의 단순한 배치를 넘어서, 고객과의 접촉을 이루어지게 하는 전체적인 유통경로의 관리를 포함하는 공급사슬 관리이다.

(4) Promotion(촉진)

기업이 마케팅 목표 달성을 위하여 사용하는 광고, 인적판매, 판매촉진, PR, 직접마케팅 등의 수단으로 대중들의 원활한 의사소통을 기반으로 구매를 이끌어내는 유인기법을 말한다.

2) 구매자 측 시점(1993년 ~ , Marketing 2.0) : 4C

로버트 로터본이 1993년에 구매자 측 시점에 의한 4C 분류방법을 소개했다. 이것은 4P가 판매자 측의 시점에서 파악되어 있어 소비자의 시점으로 다시 파악한 것이다. 코틀러식 관점에서 보면 이 시대의 마케팅을 "마케팅 2.0"이라고 정의하며,
4C 전략으로는 ▶ Customer value(고객가치) ▶ Cost to customer(고객비용) ▶ Convenience(편리성) ▶ Communication(커뮤니케이션)을 들 수 있다.

- Customer value의 측면에서 고객은 단순한 소비자가 아니라 기업의 가치를 사는 사람이 된다. 그러므로 기업은 고객의 니즈를 파악하고 고객이 원하는 가치를 찾아내야 한다.
- Cost to customer는 기회비용, 처분비용, 사용가치, 소유가치를 고려하여 소비자 입장에서 가격을 책정해야 한다.
- Convenience의 측면에서 소비자의 제품/서비스 구매를 위해 좀 더 편한 플랫폼을

구축해야 한다.

- Communication 측면에서 기업은 일방향적 프로모션이 아닌 쌍방향 소통을 해야 한다. Mass media와 오프라인 행사에 집중한 고전적 방식 대신 현재와 미래에는 SNS 등의 뉴미디어를 활용한 Communication 방법으로 새로운 시장을 개척할 수 있다.

마케팅을 요약 정리해 보면, 첫째, 제품과 시장을 조사(Research)하고, 둘째, 시장의 세분화(Segment), 목표시장(Target) 그리고 자신의 위치(Positioning)를 분석하며, 셋째, 마케팅 믹스 즉 7P를 실현(Implementation)하는 것이다. 즉 아래의 흐름처럼 진행하고 통제해 나가는 지속적인 순환시스템을 말하는 것이다.

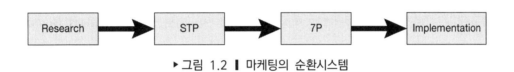

▶그림 1.2 ▌마케팅의 순환시스템

3) 마케팅믹스(7P)가 마케팅 본질이다.

❶ Product(제품) : 어떤 제품을 만들거나 팔 것인가.

❷ Price(가격) : 어떤 가격으로 팔 것인가.

❸ Place(장소) : 어디에서 만들며 어느 장소에서 팔 것인가.

❹ Promotion(판매촉진) : 어떻게 홍보하며 판매촉진을 시킬 것인가.

❺ People(사람) : 누가 판매할 것이며 누구에게 팔 것인가.

❻ Process(절차) : 그 순서나 방법론은 무엇인가.

❼ Physical Evidence(물질적인 증빙) : 판매를 위한 생산시설, 판매시설, 물류시설 등은 무엇이 있는가.

마케팅 믹스는 그 자체가 마케팅 본질이라고 말할 수 있는데 앞의 알파벳을 따서 7P라고도 한다. 7P 중에서 가장 보편적으로 사용되는 것이 4P(제품, 가격, 장소, 판촉)이며 4P를 다시 아래와 같이 4C(제품가치, 원가, 고객접근성, 고객소통)로 연결하여 재구성하고 분석해보면 마케팅이 구체화 된다.

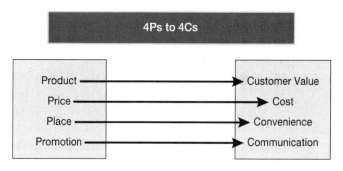

▶그림 1.3 ▌ 마케팅 믹스 4Ps to 4Cs

4) 마케팅 믹스 7P 전략

최근에는 위의 4P에 1981년에는 미국의 대학교수인 버나드 붐스(Bernard Booms)와 메리 비트너(Mary Bitner)가 여기에 3P를 추가했다. 추가된 3P는 사람(People), 과정(Process), 물리적 환경(Physical Evidence)을 말한다.

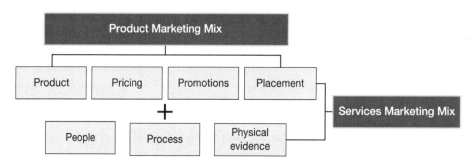

▶그림 1.4 ▌ 마케팅 믹스 7P 전략

Process는 서비스의 수행과정, 수행흐름, 고객과의 접점관리가 중요하며, Physical evidence는 매장의 분위기, 공간배치, 사인, 패키지 등 서비스 품질의 요소이다. 마지막으로 People은 종업원, 소비자, 경영진 등 소비와 관련된 모든 인적 요소를 의미한다.

02. 마케팅 환경분석

1) 거시환경분석

거시환경분석(PEST : Political, Economic, Social and Technological analysis)은 전략관리 구성요소 중 환경 파악에 사용되는 거시적 환경 요소를 말한다. 일부 학자들은 이 내용에 법적(Legal) 특성과 환경(Environmental) 분야를 추가하여 PESTEL 혹은 PESTLE로 칭하기도 하지만, 제약 마케팅 거시환경분석은 여기에 인구학(Demographic)을 추가하여 PEST+LED로 표현하기도 한다.

시장조사나 전략 분석을 할 경우 특별히 거시경제 요소에서 기업이 의사결정을 내려야 할 때 사용하는 기법이다. 시장 성장과 축소, 사업 포지셔닝, 사업 방향 등을 파악하는 데 효과적인 도구이다. 환경 및 생태학적 요소가 21세기 들어 높아지기 때문에 녹색 비즈니스의 성장세도 높아지고 있어 PEST의 사용 범위도 넓어지고 있다. PEST 분석을 할 때는 단지 PEST를 파악하는 것만이 아니라, 그것이 사업에 미치는 경로와 충격의 크기를 이해하여 대책을 수립하고 실행하는 것이 중요하다. 즉 PEST 항목을 분석하는 것이 아니고 그 항목이 우리 산업에 어떤 영향을 미치는지 파악하고, 현재 트렌드나 주변 환경을 활용할 지에 대한 것이 중요하다고 할 수 있다.

주요 요소인 PEST와 LED를 살펴보면 다음과 같다.

- 정치적(Political) 요소 : 정부가 경제에 간섭하는 정도이며 세금, 노동법, 무역 제재, 환경법, 관세, 정치적 안정성 등을 포괄한다. 정치적 요소는 정부 차원에서 진흥하거나 제재하고자 하는 재화나 용역의 종류를 포함하기도 한다. 국가적 차원에서 중앙정부가 보건, 교육, 인프라 구축 등에 끼치는 영향을 고려한다.
- 경제적(Economic) 요소 : 경제성장률, 금리, 환율, 인플레이션 정도 등을 포함한다. 이러한 요소는 경제 주체(기업)가 의사결정을 내리는 데 막대한 영향을 끼친다. 일례로 금리는 비용에 영향을 끼치기 때문에 어느 정도에서 기업이 성장하고 확대될지를 가늠한다. 환율 또한 수출입 및 수입가격에 적잖은 영향을 끼치는 요소이다.
- 사회적(Social) 요소 : 문화적 요소와 보건인지도, 인구성장률, 연령대 분포, 직업

태도, 안전 관련 요소 등이 포함된다. 사회적 요소에 따라서 기업체의 제품과 경영 방식이 영향을 받을 수도 있다. 고령인구가 많다면 노동력이 줄고 노동투입비용은 늘어날 것이다. 또한 다양한 경영전략을 세워서 중장년층 채용과 같은 사회적 변화를 반영하게 될 것이다.

- 기술적(Technological) 요소 : R&D 활동, 자동화, 기술 관련 인센티브, 기술혁신 등을 포함한다. 위 요소는 진입장벽, 최소한의 효율적인 생산수준과 아웃소싱 결정에 영향을 줄 수 있다. 기술적 요소는 기술 투자와 품질, 비용 및 혁신에도 영향을 끼치는 요소이다.

- 법적(Legal) 요소 : 차별법, 소비자법, 고용법, 독점금지법 등을 포함한다.

- 환경적(Environmental) 요소: 생태학적, 환경적 요소로 날씨, 기후, 기후변화 등을 포함하며 관광, 농업, 보험업계 등에도 영향을 끼치는 것으로 본다. 기후변화의 문제점이 대두되면서 제공 생산품의 경영과 신시장 개척, 현존하는 제품의 단종과 변화, 제품의 시장 축소나 소멸 등에도 영향을 미치는 부분이다.

- 인구학(Demographic) 요소 : 인구통계학적 환경(demographic environment)으로 소비자를 구분할 때 연령, 성별, 인종, 직업이나 수입, 학력, 인종 등 인구통계학적인 부분으로 세분화시키는 것을 말한다. 제약시장은 인구의 연령, 성별, 인종, 수입, 학력에 따라 유병률이 다를 수 있어 인구에 따른 세분화는 무엇보다도 중요하다.

Political	Economic	
Socio-Cultural	Technological	※ Paretor's Law
Legal	Demographic	→ 20% 고객으로부터 80%의 매출이 온다
Environmental		◎ 제약시장 : 30% 고객으로부터 70% 매출이 온다

PEST + LED

▶그림 1.5 ▮ Macro Environment

WORKSHOP

- 제약시장에도 Pareto's Law 법칙이 그대로 적용되나요?

2) 미시환경분석

(1) 3C 분석

기업활동의 원점이라고 할 수 있는 개념에는 마케팅의 '3C'가 있다. 3C란 마케팅을 둘러싼 다양한 환경을 분석하는 수법으로 널리 알려져 있다.

3C 분석이란? 3C(Company, Competitor, Customer) 분석은 같은 고객을 대상으로 해서 경쟁하고 있는 자사와 경쟁사를 비교하고 분석하여 자사를 어떻게 차별화해서 경쟁에서 이길 것인가를 찾아내는 것이다.

▶그림 1.6 ▌3C 분석

- Customer : 모든 전략에서 가장 중요한 것은 어떤 대상이나 타깃인지 파악 후 대상의 필요(needs), 욕구(wants)를 알아내는 것이며 아무리 좋은 제품이나 서비스를 가지고 있더라도 그것이 시장이나 실소비자들에게 필요치 않다면 시장에서 실패하거나 성과를 내지 못하게 된다.
- Competitor : 시장 내 경쟁에서 완전한 독점이 불가능한 경쟁환경에서 내가 누구와 경쟁해야 하는지를 정확히 파악하고 분석하여 출혈적인 경쟁은 피하고 시장 및 소비자들에게 경쟁자와 차별되는 강점을 찾아내는 것이 중요하다.
- Company : 지피지기 백전백승이라는 말처럼 자사에 대한 객관적인 분석은 절대적으로 필요하며, 내부분석을 통한 핵심역량을 찾아 전략수립을 하는 것이 중요하다.

WORKSHOP

- OOO제품을 거시환경분석과 미시환경분석으로 분석해 보세요.

3) SWOT 분석

(1) SWOT 분석이란?

어떤 기업이나 상황의 내부환경을 분석하여 강점과 약점을 발견하고, 외부환경을 분석하여 기회와 위협을 찾아내어 이를 토대로 강점은 살리고 약점은 보완하고, 기회는 활용하고 위협은 억제하는 마케팅 전략을 수립하는 것이다.

(2) SWOT 분석의 요소

SWOT분석에 사용되는 4요소를 강점, 약점, 기회, 위협(SWOT)이라고 하는데, 강점은 경쟁기업과 비교하여 소비자로부터 강점으로 인식되는 것은 무엇인지, 약점은 경쟁기업과 비교하여 소비자로부터 약점으로 인식되는 것은 무엇인지, 기회는 외부환경에서 유리한 기회요인은 무엇인지, 위협은 외부환경에서 불리한 위협요인은 무엇인지를 찾는 것이다.

(3) SWOT 분석방법

❖ **내부환경 분석**(Strength, Weakness)

경쟁자와 비교하여 나의 강, 약점을 분석한다. 강, 약점의 내용, 보유하거나 동원 가능하거나 활용 가능한 자원(resources)을 정리한다.

❖ **외부환경 분석**(Opportunities, Threats)

자신을 제외한 모든 정보를 기술한다. 좋은 쪽으로 작용하는 것은 기회, 나쁜 쪽으로 작용하는 것은 위협으로 분류한다. 언론매체, 개인 정보망 등을 통하여 입수한 상식적인 세상의 변화 내용을 시작으로 당사자에게 미치는 영향을 순서대로, 점차 구체화한다. 인과관계가 있는 경우 화살표로 연결한다. 동일한 DATA라도 자신에게 긍정적으로 전개되면 기회로, 부정적으로 전개되면 위협으로 나누어진다. 외부환경분석에는 PEST를 활용한다.

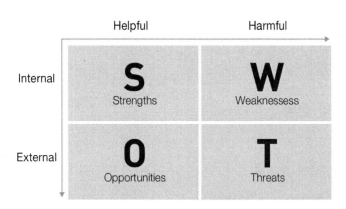

▶ 그림 1.7 ┃ SWOT 분석

(4) 전략도출

SWOT 분석의 결과 얻어진 것 중 핵심적인 SWOT을 대상으로 하여 전략을 도출 한다.

- SO(강점을 가지고 기회를 살리는 전략)
- ST(강점을 가지고 위협을 회피하거나 최소화하는 전략)
- WO(약점을 보완하여 기회를 살리는 전략)
- WT(약점을 보완하면서 동시에 위협을 회피하거나 최소화하는 전략)

(5) 중점전략 선정

도출된 전략을 통합적인 브랜드를 구성해 나갈 수 있도록 하고 기능별 효과가 큰 것을 선택하여 운영 중점전략으로 선정한다. 선정방법은 목적달성의 중요성, 실행 가 능성, 남과 다른 차별성(자신의 상황에 가정 적합한 것) 고려해야 한다.

WORKSHOP

- 자기 자신을 SWOT 활용하여 분석해 보세요.

03. 마케팅 시장조사

1) 시장조사의 정의

시장조사의 목적은 의사결정을 위한 정보, 즉 정확성, 현실성, 발전성, 관련성, 이용 가능성을 지닌 정보를 수집하여 비즈니스의 여러 가지 전략이나 계획을 수정, 보완하는 데에 있다. 시장조사는 대기업에서만 필요한 것으로 보이지만, 실제로는 방법과 규모의 차이가 있을 뿐 대기업뿐만 아니라 상권분석을 위한 소규모 자영업에도 꼭 필요한 단계임을 명심해야 한다.

쉽게 말해서 시장조사란 어떤 아이템에 대한 전망을 예측하기 위하여 과거에서 현재까지의 시장상황, 트렌드를 살펴봄으로써 구상 중인 아이템의 개발이 사업성을 가지고 있는지, 개발한다면 어떤 방향으로 가야 할지를 타진해 보는 일련의 과정이다.

시장조사를 하는 근본적인 이유는 시행착오를 줄이고 기업의 이윤을 극대화하기 위해서이다. 시장조사에 근거하여 시장을 세분화하고 그 시장에 맞는 적절한 전략을 수립하여 고객을 공략해야만 성공적인 전략이 될 확률이 높기 때문이다. 시장조사에 근거하지 않은 무분별한 전략은 실패할 확률이 높고, 시행착오로 인한 시간, 금전적인 낭비를 가져올 수 있다.

2) 시장조사의 적용범위와 시점

시장조사의 적용범위는 그 역할만큼 다양하고 넓다. 가장 보편적으로 사용되고 있는 시장조사의 적용범위는 다음과 같다. 시장조사의 목적이 다양한 만큼, 정확한 전략 도출 및 의사결정을 위해 각각 단계별로 필요한 시기에 적절한 방법을 통한 자료수집이 중요하다. 마케팅의 많은 비용과 노력이 집중되는 제품의 출시 준비 기간과 시장 출시 이후 성장하는 2~5년 정도의 시기에 일반적으로 시장조사의 규모가 가장 많이 집중되고 있으나, 시장의 불확실성과 의사결정의 복잡성 혹은 전략적 의사결정의 Impact 등에 따라 시장조사의 적절한 비용과 자원의 투입이 달라질 수 있다.

(1) 시장 크기 조사

제품이 활동할 수 있는 시장의 정의와 이를 바탕으로 접근 가능한 시장의 크기 및 시장변화 트렌드 등을 마케팅을 위한 투자 규모와 시기, 이를 통해서 얻어질 수 있는 기대 가치를 예측하는 데 매우 중요하다.

(2) 질환의 이해

시장의 정의 및 크기를 조사한 이후, 이 시장 내 환자의 특성, 이들의 지역적 분포, 질병 정도 등 몇 가지 기준을 통한 세분화도 시장조사의 주요 범위 중의 하나이다. 질환별 환자 혹은 처방하는 의사들에 대한 세분화는 각기 다른 그룹에 따른 추후 다양한 마케팅 전략의 기초 작업으로서 의미를 갖게 된다.

(3) 질병관리 과정

질병의 치료 및 관리를 위해 일반적 혹은 이상적으로 취할 수 있는 과정을 이해하는 것도 미래의 마케팅전략의 기본이자 시장조사의 주요 영역이다. 이때는 특정 질병의 치료 가이드라인, 각 치료별 만족도, 시장에 존재하거나 향후 출시될 다양한 제품들의 현재와 미래의 포지션, 그들이 주는 혹은 소비자들에 의해 인지되고 있는 가치 등을 조사하게 된다.

(4) 경쟁사 조사

시장과 소비자를 조사하는 것과 더불어 경쟁사들의 영업마케팅 형태나 그들의 역량을 조사하는 것도 시장조사의 주요 영역이다. 영업 역량 조사에는 경쟁사의 영업 형태, 조직, 투자 정도, 소비자 인지도, 마케팅 형태에 대한 조사, 영업마케팅 Tool 등을 조사하여 자사와 비교 판단하고 수선·개선을 통해서 새로운 전략을 수립할 수 있게 된다.

3) 시장조사분석 방법

마케팅전략 프로세스 과정 이해를 통해 마케팅전략이 어떻게 만들어지는지 살펴보면 다소 복잡해 보이긴 하지만 외부환경 분석에서 내부 환경분석을 거쳐 마케팅에 미치는 외적요소, 내적요소로 정리할 수 있다. 이렇게 정리된 SWOT이라는 분석 Tool

을 이용하여 전략의 방향을 도출하고, 도출된 방향을 토대로 타켓에 맞는 세부적인 전략을 설정할 수 있다. 이후 목표를 잡고 실행을 위한 4P를 믹스하여 타이밍을 두고 준비 실행하는 과정을 거치게 된다.

마케팅 기획의 핵심은 시장을 구성하고 있는 이해관계를 파악하기 위한 조사와 분석이다. 그 철저한 조사와 분석을 통해 전략을 수립하고 단계적으로 만들어 나가야 한다. 이는 아무리 강조해도 지나침이 없고 조사 시 다양한 이해 관계자를 통해 파악하는 것이 중요하다. 조사와 분석이 마케팅 기획의 절반 이상을 차지할 정도로 매우 중요한 과정이므로, 아무리 바쁘고 급하더라도 시장(Market) 조사 과정은 반드시 거쳐야 한다. 그것이 기획력을 높이고 논리를 타당하게 만드는 방법이다.

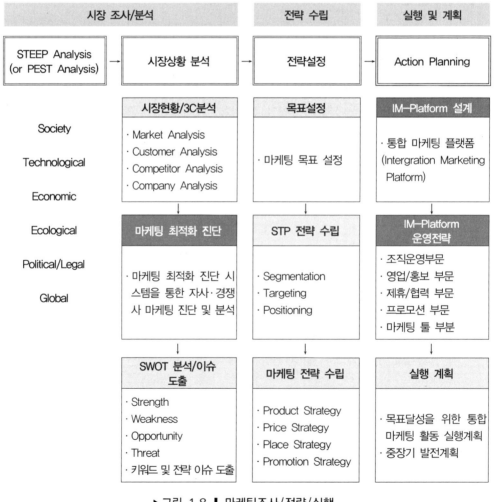

▶ 그림 1.8 ┃ 마케팅조사/전략/실행

CHAPTER 02

제약바이오
마케팅이란?

제약바이오마케팅이란?

제약바이오마케팅은 규제산업이라고 하는 제약바이오산업의 특수한 환경의 이해가 있어야 한다.

첫째, 의약품은 인간의 생명과 건강에 밀접하게 관련된 필수 소비재이다. 일반적인 상품들과는 다른 안전성에 대한 요구가 매우 크기 때문에 제조, 판매, 취급, 수출입, 유통, 광고 등을 포함한 모든 행위가 약사법의 강력한 규제를 받는다.

둘째, 전문의약품을 선택할 수 있는 권한은 최종 소비자인 환자가 아니라 처방하는 의사에게 있으므로 제약회사의 마케팅 활동은 의사, 의료전문가, 의료기관을 대상으로 실시하고 있다. 또한 전문의약품의 경우에는 대중 광고가 제한되어 있어 소비자에게 충분한 정보를 제공해주지 못하는 상황이다.

셋째, 오늘날 인류를 위협하는 질병의 종류는 너무나 다양하며 이와 같은 질병을 치료하기 위해 새로운 의약품이 계속 개발됨에 따라 그 종류도 매우 빠르게 늘어나고 있어 의료전문가뿐만 아니라 제약회사에 근무하는 근로자들도 지속적인 연구와 학습이 필요하다.

넷째, 의약품은 환자의 구매할 수 있는 경제적 능력과 상관없이 의약품을 무조건 사용해야만 한다. 따라서 가격이 높더라도 비용을 지불하고 구매해야 하므로 대부분 의약품의 가격은 비탄력적이라고 할 수 있다. 이런 특성 때문에 정부에서는 지속적인 규제산업으로 인식하고 많은 규제와 장치를 마련하여 입법하고 있다.

제약바이오마케팅은 다양한 외부적인 요소의 영향을 받는다. 특히 정부와 회사의 정책이 바뀌거나 제약산업 또는 환자의 특성이 변화하게 되면 커다란 영향을 받게 된다. 경제적인 여건이나 사회적인 변화 등 통제가 어렵거나 거의 불가능한 여러 가지 요인에 의해서도 영업활동은 달라지게 마련이다. 더욱이 전문 의약품을 위한 영업 및 마케팅에서는 의사의 처방 선택 권한이 실제 수요 창출의 근원이므로 의사의 영향력이 절대적이라고 할 수 있지만, 최근에는 고객인 의사뿐 아니라 환자와 사회 전반적인 현상을 파악하여 접근하는 것이 필요하다.

제약바이오마케팅은 이러한 제약산업의 특수한 환경을 이해하고 의약품이 가진 가치(positioning message)를 지속적으로 강조하고, 의료인들이 의약품의 치료가치를 받아들이도록 의료인의 치료관점에 변화를 주도록 하는 모든 활동을 의미한다. 제약바이오마케팅은 일반 소비자마케팅과 같이 고객의 니즈와 원츠를 충족시켜는 것이라는 면에서 비슷하지만, 1차 고객이 최종 소비자인 환자가 아닌 의사나 의료전문가로 매우 독특하고. 마케팅조직과 이해 관계자들이 매우 복잡하고 특수하다.

01. 제약바이오마케팅의 특수성

1) 제약바이오마케팅이 특수한 이유

제약바이오마케팅의 특수성은 다른 소비재와는 달리 소비자의 선택권이 제한된다는 점이다. 처방하는 의사를 통해 소비자의 질환 특성에 맞게 선택되고, 약사에게 조제되어 소비자에게 전달하는 구조이다. 더구나 처방 의사의 의약품 선택에 있어서도 자유롭지만은 않다. 처방 의사가 속한 병원의 의약품 선정기준에 따라 처방이 제한될 수 있다. 미국의 경우 보험회사인 HMO(Health Management Organization) 혹은 이들이 약제 관리만 외부에 위탁하는 약제 관리 위탁회사인 PBM(Pharmacy Benefit Manager)의 철저한 관리에 의해 약제 선택권이 제한되기도 한다. 또 다른 특수성은 경제 주체의 상의성이다. 최종 소비자인 환자가 구매에 대한 비용을 모두 지불하는 것이 아니라, 환자(소비자) 일부 부담으로 나머지는 국가 혹은 보험회사가 지불하는 구조로 소비자는 자신이 구매한 의약품의 재화적 가치에 대한 민감성이 떨어진다. 바로 이러한 점에서 의약품은 다른 고객(consumer) 제품과 다르다.

제약바이오산업을 규제과학(Regulatory Science)에 입각한 규제산업이라 한다. 제약바이오마케팅 역시 다른 산업 마케팅과 비슷하지만 사람의 건강에 직접 영향을 미치는 의약품을 마케팅한다는 점이 다르다. 따라서 제약바이오마케팅은 식품의약품안전처의 규제를 엄격히 받는다. 시판된 의약품이 마케팅 과정에서 표기되는 모든 용어와 특·장점은 과학적 데이터에 의해 입증되어야 한다. 효능, 안전성 그리고 삶의 질 향상과 같은 주장들은 임상시험을 통해 입증되어야 의사와 환자들의 위험을 줄일 수 있다. 또한 흔한 부작용과 위험들은 의약품 프로모션 할 때 반드시 함께 고지하도록 되어 있다. 이러한 책임에 대해서는 프로모션은 마케팅부서만 신경 쓰는 것이 아니라 의약품의 임상시험, 연구개발, 생산, 학술부 등 제품과 관련된 모든 부서가 함께 해야 한다. 마케팅은 소비자들의 사고를 전환시키는 과정을 통해 가치를 창출하는 일이다. 그러므로 제약바이오마케팅은 처방이 필요한 전문의약품(ETC: Ethical The Counter Drug)과 일반의약품(OTC : Over The Counter Drug)에 따라 전문의약품과 제네릭 의약품에 따라 제네릭 의약품과 개량신약 의약품에 따라 마케팅전략을 차별화해야 한다. 제약회사에서 고객은 관점에 따라 1차 고객인 처방 의사, 최종 소비자인 환자 그리고 약값의 일부를 지원하는 정부가 각각 독립된 주체이다. 상호작용에 의해서 약의 소비가 이루어지고 있다. 환자와 정부는 보통 적은 비용으로 최고의 가치와 최고의 치료 효과를 원하지만, 의사는 치료적 목표를 달성하기 위하여 환자에게 최적의 제품을 처방하기를 원한다. 제약바이오마케팅은 복잡한 이해 당사자(Stakeholders)들을 이해하고 상대하는 것이다.

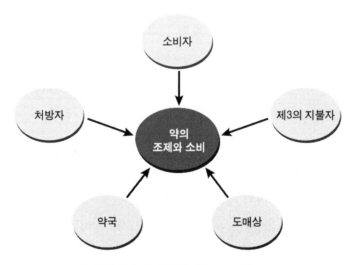

▶ 그림 2.1 ▌ 복잡한 Stakeholders

(1) 전문의약품 vs 일반의약품 마케팅

처방이 필요한 전문의약품과 일반의약품은 같은 분야에서 많은 공통점을 가지고 있어 시장에서의 전술이나 홍보 전략이 같을 것이라고 생각하기 쉽다. 그러나 이 두 의약품이 유사한 메시지를 전달하더라도 주요 소비층과 그들의 니즈는 각각 다르다. 전문의약품 시장의 주 고객은 의사, 약사, 도매업자, 소비자이다. 소비자들은 다양하지만 궁극적으로 의약품을 소비하기 위해 같은 결정을 한다. 그러나 일반의약품 소비자는 현저히 다른 생각을 한다. 의사에게 일반의약품 제조회사는 주위를 기울이지 않는다. 대신에 일반의약품 마케터들은 구매력이 높은 일반 소비자에게 집중한다. 중간에 처방자가 없기 때문에 일반의약품 시장은 여타의 소비자 제품 시장과 유사한 부분이 있다. 따라서 일반의약품 생산자는 한 번에 관심을 끌고 기억할 만한 브랜드를 만들어야만 한다. 일반의약품 마케팅 전략은 그들의 브랜드가 잘 자리 잡을 수 있도록 높은 품질을 갖거나 소비자가 쉽게 접할 수 있는 저렴한 가격을 제시해야만 한다.

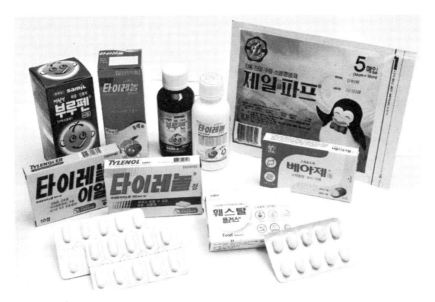

▶ 그림 2.2 ▌ 일반의약품(OTC)

(2) 오리지날 의약품 vs 제네릭 의약품 마케팅

1984년, Hatch-Waxman 법으로 알려진 의약품 가격분쟁과 특허 연계법(Drug Price Competition and Patent Team Restoration Act)은 근래 제네릭 의약품 시장을 부흥시

켰다. 제네릭 제조사들이 브랜드 의약품의 기전을 똑같이 가지고 있을 필요가 없고 작용시간 부분만 승인받도록 하면 된다. 사실 Hatch-Waxman 법이 통과하기 전엔 특허가 만료된 오리지널 약의 35%만이 제네릭 의약품을 가지고 있었다. 현재 제네릭 의약품 제조사들은 더 낮은 가격으로 높은 매출을 기록하고 있다. 브랜드 의약품의 최우선 고객이면서 마케팅 포커스를 두고 있는 주체는 의사이다. 제네릭 의약품 시장에서의 약은 상품으로 생각한다. 따라서 제네릭 의약품의 마케팅전략은 다른 의약품과 다르게 4P에 해당하는 가격(Price), 유통(Place), 제품(Product), 판촉(Promotion) 중 가격에 가장 초점을 맞춰 진행한다. 제네릭 의약품 시장에서의 가장 큰 차이점은 의사가 최우선 고객이 아니라는 점이다. 일반적으로 의사가 선택하는 의약품은 제약사 입장에서 볼 때 시장에서 유리한 입지를 다지기 쉽다. 그러나 의사들은 환자들이 요구하는 약을 선택해서 제공했고, 그 결과 제약회사는 의약품을 공급하는 회사들을 공략했다. 유통과정도 공동구매나 도매업에 따라서 의약품 공급자에게 영향을 줄 수 있다. 의약품 종류와는 상관없이 제약시장에서 소비자를 충족시키는 것은 가장 중요한 마케팅 전략이다. 제네릭 마케팅은 고객 중심보다는 제품 중심의 마케팅을 원칙으로 한다. 고객중심의 마케팅은 시장을 이해하고, 고객의 니즈(Needs)와 원츠(Wants)를 파악한 뒤 제품을 발전시켜서 그들의 요구를 만족시켜야만 한다. 제품 중심의 마케팅은 우선 제네릭 제조사들이 제품을 생산하고 시장의 가격적인 면을 중심으로 공략하여 제품이 가능한 많이 팔리게 하는 것이다.

(3) 제네릭 의약품 vs 개량신약 의약품

개량신약을 출시하는 이유 중 가장 큰 이유는 제네릭보다 먼저 출시가 될 수 있다는 점이다. 기존에 오리지널 약물은 특허법으로 보호가 되어 보통 20년 정도 지나야 제네릭이 나올 수 있다. 하지만 개량신약인 경우는 제네릭보다 1~2년 먼저 출시가 될 수도 있다. 또한 개량신약으로 출시할 경우 종합병원 약물심사위원회(DC: Drug Committee)에서 유리한 Position을 가질 수 있다. 병원에 제네릭 의약품을 신규 리스팅하는 것보다 개량신약을 리스팅하는 것이 매우 유리하다. 제네릭은 수많은 회사에서 동일하게 만들어 내지만 개량신약은 몇몇 회사 혹은 한 회사에서 출시하기 때문에 경쟁도 비교적 적어 병원에 신규 진입하기 유리하다. 개량신약 개발 비용은 제네릭

개발 비용보다 더 많이 들기 때문에 2~5개 회사가 같이 투자하여 개발하는 경우가 많다. 수십개의 제네릭들과 경쟁하는 것에 비해 2~5개 회사와 제네릭이 출시되기 전에 먼저 경쟁한다는 장점이 있다. 하지만 개량신약의 특·장점과 이점을 적극적으로 홍보하지 못하면 일반 제네릭 의약품으로 전락할 수 있기 때문에 pre-marketing이 매우 중요하다.

WORKSHOP

- 대부분 의약품이 비탄력적이다. 탄력적인 의약품은?
- 아스피린 vs 코카콜라
- ETC vs OTC
- NME vs Generic
- First in class vs Late follower
- IMD vs Generic

02. Pre-marketing의 중요성

제약바이오마케팅이란 인간의 생명과 삶에 지대한 영향을 미치는 특수 제품인 의약품을 대상으로 하기 때문에, 사용자와 구매 결정자가 다르고 사용자와 제품 비용을 지불하는 경제 주체가 다른 특수한 환경에서의 마케팅이다. 그렇기 때문에 제약바이오마케팅은 의약품 산업의 환경과 제도를 포함한 의약품 산업 전반을 이해해야 한다.

제약바이오마케팅은 의약품을 통한 의료에 초점을 두는 것으로 의약품 그 자체에 초점을 두는 것이 아니다. 제약바이오마케팅은 제약회사나 보건 의료인인 의사나 약사를 위하는 것이 아니라 환자를 위해 존재한다. 제약바이오마케팅의 역할은 고객의 요구(needs)를 파악하여 제품을 이들 요구에 맞게 개선하고 이렇게 만들어진 제품을 의사에게 유용성과 임상적 특성, 적정사용 및 사용 시 환자들이 받을 이점 등을 전달하는 것으로, 즉 유효한 치료법을 환자 개인의 특성에 맞게 연계하는 것이다. 마케팅은 바로 연구 실험실에서 환자에 이르기까지 의약품 흐름에서 반드시 발생해야 할 기술 및 정보의 전달 역할을 한다. 제약바이오마케팅의 근본 역할은 기술전달이다. 약물 치료는 의약품이 필요한 시간에 필요한 곳에 있을 때만이 가치를 갖는다. 의약품 연구개발의 핵심은 화학적 화합물이 인체에 어떻게 작용하는가에 관한 정보를 조합하는 일이다. 제약바이오마케팅의 핵심은 이들 정보를 의사, 약사와 같은 의료인에게 전달해 주는 일이다.

제약바이오마케팅은 다른 고객 마케팅과 비교해 보면 그 접근방법이나 원리는 비슷하지만, 제약산업 자체가 나른 산업에 비해 많은 규제가 따르는 것이 다른 점 중 하나이다. 제약바이오마케팅은 일반 소비자를 대상으로 하는 고객 마케팅과는 달리 환자의 질병과 건강을 다루는 만큼 많은 규제가 있고 또한 의약품의 최종 수혜자인 환자들이 치료받기까지 보건당국의 신약허가결정, 보험약가 및 가이드라인 결정, 병원구매 및 의사의 처방 결정까지 다양한 관계자와 연관되어 있다.

제약바이오마케팅은 제품 출시 6개월간의 활동에 따른 SOV(Share of Voice), SOM(Share of Market), Positioning Message, Marketing sales Input에 따라 제품의 성공과 실패를 가늠해 볼 수 있으며, 이후 2년 이내에 해당 TC(Target Consumer)에서 1등이나 2등 제품으로 성장하는지 여부를 판단할 수 있다. 그만큼 초기 마케팅 전략이 중요하며, 첫 제품 출시에 실패한 제품을 Repositioning하는 경우에는 더 많은 자원이 투여되어도 실패하는 경우가 대부분이다. 따라서 Prelaunch marketing의 중요성은 아무리 강조해도 지나치지 않다. 제품 출시 전에는 최소한 1년 전에 마케팅 계획이 준비되어 있어야 하고, 3~6개월 전에는 영업 팀이 활동을 개시해야 한다. 이 단계에서는 Market research를 통해 제품의 Market size, Growth rate, Market Potential, Product Profile test, Strength-Weakness, Communication message, Positioning 등을 파악하여 마케팅 계획에 반영해야 하고, Innovator Group을 통해 Advocator Group을 조직하여 MTL(Medical Thought Leader)로 하여금 제품에 대한 Noise Level을 지속적으로 높여줘야 한다. 그 외 PR/ads planning, Pricing & Reimbursement planning, Supply chain 및 Medical-Regulatory Planning 그리고 Segmentation-Targeting을 통한 Sales resource allocation planning, Sales force sizing이 이뤄져야 한다. 이 시기에

준비되는 Marketing Strategy, Promotion Strategy 및 Product Strategy가 제품 초기 역동성에 기여하는 바가 매우 크기 때문에 제약바이오마케팅은 사전 마케팅이 중요하다. 그림에서와 같이 제약바이오마케팅은 Pre-marketing 뿐만 아니라 의약품 개발 전 과정에 맞는 마케팅 전략전술이 필요하다. 더불어 급속한 고령화로 인한 보험재정의 감소 등 한정된 의료자원과 의료제도를 이해한 마케팅 전략이 필요하다.

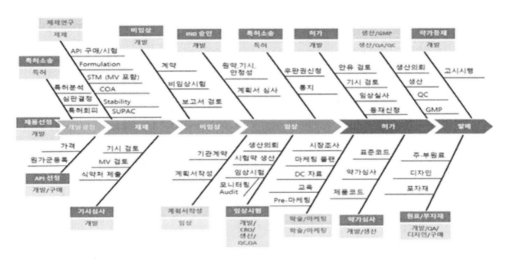

▶ 그림 2.3 ▌ 의약품 개발 단계별 마케팅자료

03. 제약영업마케팅 조직

1) 국내제약회사 영업마케팅 조직

유한양행, 한미약품, 종근당, 동아ST, 녹십자, 한독약품 등 국내제약회사들은 대부분 영업마케팅 조직뿐만 아니라 안전하고 우수한 의약품 생산을 위해 GMP 시설을 갖춘 생산시설을 갖추고 있다. 대부분 국내제약회사는 영업부와 마케팅부가 혼재되어 있고 영업부 내에 ETC 사업부와 OTC 사업부로 구분되어 있다. 또한 의료기관 분류에 따라 종합병원, 준종합병원, 개인의원 담당자로 구분하기도 한다. 국내제약 영업사원은 주로 여러 개 품목을 담당하는 경우가 있어 제품에 대한 전문성은 다국적회사와 차이가 있을 수 있었지만, 상위 국내회사들의 영업조직은 다국적회사의 영업조직과 유사하게 매우 전문성 있는 영업조직으로 급변하게 변하고 있다.

2) 다국적 제약회사 영업마케팅 조직

Pfizer, Novartis, MSD, BMS, Sanofi, GSK 등 다국적 제약회사(Pharmaceutical Muti-national Company)는 주로 생산조직은 없고 영업마케팅 조직만 있는 경우가 대부분이다. 영업조직은 주로 수평적 조직이며 전문적인 조직으로 구성되어 있다. 예를 들면 순환기계 약물 파트, 내분비계 약물 파트, CNS 약물 파트 등으로 구분되어 있다. 대부분 다국적 제약회사는 내분비계 약물 파트도 당뇨병, 갑상선, 골다공증 등 질환별로 보다 세분화된 조직을 갖추고 있어 국내회사 영업조직과 비교하여 보다 전문적이라 할 수 있다. 또한 대부분 영업조직을 팀제로 운영하여 권한과 책임이 분명하여 보다 신속한 의사결정과 업무진행이 가능한 조직으로 구성되어 있다.

WORKSHOP

- Needs vs Wants
- 제약영업 vs 제약마케팅
- 제약회사 영업마케팅 조직 세분화, 전문화하는 이유는?

---

04. 제약영업사원의 전문성

제약회사의 다양한 영업마케팅 방법 중 가장 중요한 방법은 인적자원인 영업사원 활용이다. 하지만 단순한 영업사원 숫자보다는 생산성 있는 영업사원의 활용방법을 의미한다. 방문빈도(Call Frequency)보다는 방문의 질(Call Quality)이 요구된다. 즉 전문적인 영업사원 양성이 필요하다. 전문적인 제약영업사원을 양성하려면 전문교육을 통해서 영업사원들이 의사들에게 보다 학술적이고 과학적인 정보를 제공할 수 있는 체계적인 교육이 필요하다. 특히 제약영업은 1차 고객인 의사를 만나는 영업사원의 역할이 가장 중요하다. 영업사원들의 제약마케팅에서 판촉이라고 하면 의사, 약사 같은 의료 행위 종사자들과 환자에게 필요한 정보나 지식을 전달하기 위한 의사소통을 하는 활동을 말한다. 제약회사들은 다른 산업과 마찬가지로 그들의 고객들이 필요로 하는 것과 원하는 것이 무엇인지 확인하기 위해 노력한다. 이러한 필요와 욕구를 만족시키기 위하여 기존 경쟁품을 제공하는 것보다 분명한 이점을 가진 새로운 제품을 개발하기 위해 투자를 한다. 이러한 신제품이 개발되고 나면 전 세계의 시장에 내놓게 되는데, 이러한 신제품이 처방하는 의사나 환자에게 관심을 얻으려면 이 신제품의 특징, 장점, 이점 등을 효과적으로 알려져야 한다. 제품이 시장에 잘 정착하고 처방이 많이 되려면 제약회사 영업마케팅 담당자들의 의사소통 능력 또한 무엇보다도 중요하다.

제약회사 영업도 시대의 변화에 따라 변했다. 제약회사 영업사원 호칭도 시대에 따라 변하고 있다. 80년대는 판매사원, 90년대는 영업, 디테일 사원, 2000년대는 MR, 최근에는 MSL로 변경한 회사도 있다.

제약회사 영업사원 명함에 표기된 MR(Medical Representative)의 의미는 의사들에게 보다 전문적인 정보를 전달해 주는 회사의 대표자이며 전문가를 의미한다. 일부 제약회사에서는 MSL(Medical Science Liaison)이라는 직함으로 일하는 경우도 있다. 이들은 회사에서 개발된 새로운 약품이나 의료장비에 대한 정보를 연구자와 의료인들에게 전달하고, 연구자와 의료인들이 필요로 하는 약품이나 장비가 무엇인지를 파악해서 회사에 전달하는 역할을 하기도 한다. 연구자들이 수행한 연구의 결과물(약품)이 상용화될 수 있도록 제약회사와 연결해주기도 하고 전문 분야의 연구를 직접 수행하기도 한다. 이처럼 제약회사 영업은 보다 세분화 전문화되어가고 있는 현 상황은 제약회사 영업사원 역할이 어느 때보다도 중요하다고 할 수 있다.

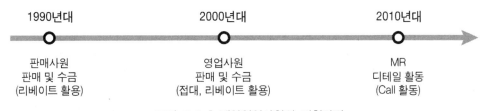

▶ 그림 2.4 ▮ 제약영업사원의 변천과정

최근 필자가 ㈜한국 오츠카제약 영업사원을 대상으로 제약영업사원들에게 제품교
육과 더불어 질환교육, selling skills, communication skills, leadership 교육 등 교육
후 영업사원의 활동(call) 변화를 연구했다. 그 연구논문결과를 인용하면 지속적이고
체계적인 교육이 영업사원들에게 자신감을 갖게 하여 의사를 만나는 방문횟수, 방문
시간, 특히 디테일시간을 늘리게 하여 매출증대에 기여할 수 있는 가장 효과적인 마케
팅 방법 중 하나임을 연구결과를 통해서 확인할 수 있었다. 그 연구결과를 자세히 살
펴보면 다음과 같다.

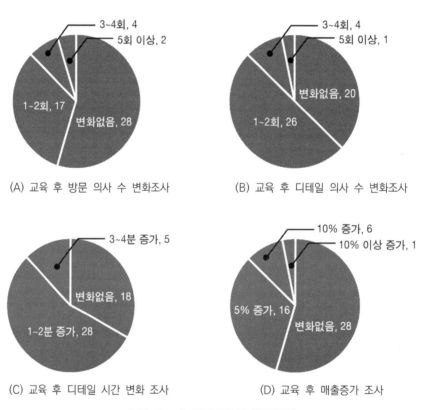

(A) 교육 후 방문 의사 수 변화조사   (B) 교육 후 디테일 의사 수 변화조사

(C) 교육 후 디테일 시간 변화 조사   (D) 교육 후 매출증가 조사

▶ 그림 2.5 ▌영업사원의 활동변화

교육 후 영업내용의 변화를 보면 방문의사 수는 45% 증가, 디테일 의사 수 59%
증가, 디테일 시간이 증가된 응답자는 65%로 나타났다. 응답자의 45%가 매출증가에
교육이 기인했다고 답변했다. 연구결과에서 알 수 있듯이 제약영업사원의 디테일 시

간의 증가(1~2분 증가)는 평균 디테일 시간이 5~7분 정도인 점을 감안할 때 약 20~30%의 증가로 매우 큰 변화를 가져왔다. 디테일 시간의 증가는 결국 매출의 증가를 가져올 수 있다. 즉 영업사원들에게 고객의 니즈를 충족시킬 수 있는 다양한 전문적인 교육이 필요함을 알 수 있었다.

ISSUE ❶

MSL(Medical Science Liaison)은 MR과 어떻게 다른가?

MSL(Medical Science Liaison)은 의료현장과 제약회사의 일종의 소통창구 역할을 한다. 회사마다 약간의 차이는 있지만, 자사가 보유한 의약품의 임상적 가치에 대한 전문지식을 전달하는 의학적 Communicator 역할을 한다.

MSL은 단순 영업 인력이 아닌 전문 의료인력으로, 현장 의료인 및 의료계 전문가와 제약회사 사이의 소통창구 역할을 담당한다. 주요 역할은 임상 자료 발굴, MR교육 프로그램개발, 임상연구(PMS), 의료진과 네트워킹 등을 포함한다.

MSL은 전문성과 관련 분야의 최신 연구와 신제품 정보를 신속하게 전달하기 위하여 지속적인 연구와 학습을 병행해야 한다. 이를 통해 확보한 정보와 지식은 전문가로서 자신들의 의견과 향후 주요 연구방향을 현장 의료인 또는 교육기관에 정확하게 전달한다. 또한 의료기관 및 교육기관의 주요 의사결정권자가 적절한 결정을 내릴 수 있도록 컨설팅을 제공하며, 이들과 관계(rapport)를 형성하는 역할을 한다. MSL은 회사 측의 정보를 의료현장에 단순히 전달하는 역할에만 그치지 않고, 의료현장의 의견과 피드백을 제약회사에 전달해 의약품과 기타 서비스의 품질 개선을 지원하기도 한다. 또 각종 임상 정보를 숙지하고 있기 때문에, 의사와 환자 사이에서 필요한 정보전달의 기능도 수행한다. MSL 비중은 글로벌 제약회사뿐만 아니라 국내제약회사에서도 점점 증가하고 있다. 이러한 현상은 제약영업마케팅이 보다 전문화되어가는 현상을 대변하고 있다.

05. 제약영업사원의 미래

취업 준비하는 학생들 일부는 '영업은 매우 힘들고 어렵고 술을 많이 마셔야 한다', '여가 시간이 없다'라는 이야기를 주변 사람들에게 많이 들었다 하며 영업직 자체를 기피하는 경향이 있다. 최근 모 대학교 약학대학 학생들에게 제약영업에 대하여 강의한 적이 있다.

모 여학생의 질문이다. "여자도 영업을 할 수 있어요? 나는 술도 마시지 못하고 내성적인데 제약영업을 할 수 있나요?" 아직도 우리사회 구성원의 일부는 영업에 대한 생각은 접대라고 잘못 생각하고 있다. 하지만 직접 경험하지 않고 다른 사람 이야기만 듣고 자신의 자존감을 키울 뿐만 아니라 다양한 장점이 있는 제약영업이라는 매력 있는 직종을 포기할 것인가? 분명한 것은 제약영업은 남녀 구분 없이 누구나 할 수 있지만, 그렇다고 아무나 할 수는 없다.

영업도 시대에 맞게 변화하고 있다. 10~20년 전에는 영업은 접대라는 말이 어느 정도 맞는 이야기였다. 술을 잘 마시는 것이 장점으로 작용한 시기도 있었다. 나는 담배도 안 피우고 소주 3잔만 마셔도 힘든 체질이기 때문에 술 잘 마시는 사람이 부러울 때도 있었다. 하지만 영업의 기본은 10~20년 전이나 지금이나 근본은 같다. 고객의 니즈를 정확히 파악하여 고객이 원하는 정보를 정확하게 전달해서 고객에게 이익을 주는 일이다.

우리나라 산업은 60~70년대 농경시대, 70~80년대 중화학공업시대, 90~2,000년대 전자산업시대, 2010년 이후는 지식정보, 바이오산업 시대, 이제는 인공지능을 기반으로 하는 4차 산업시대라 한다.

2019년 기준 전 세계 제약산업 규모는 약 1,400조 원으로 이는 자동차산업과 반도체산업을 합친 규모보다 크다. 2023년에는 약 1,700조 원 규모로 크게 증가할 것이라고 전문가들이 예측하고 있다.

인구구조 변화를 살펴보면 제약시장의 변화를 예측할 수 있다. 65세 이상 인구 비율이 7%를 넘는 고령화 사회에서 그 비율이 20%를 넘는 초고령화 사회로 진입하는데 이탈리아는 79년, 독일은 77년, 일본은 36년이 소요되었다. 한국은 2000년에 고령화 사회에 진입했고, 2026년에 초고령화 사회로 진입할 것으로 예상되어 불과 26년 만에 초고령사회에 진입하는 것이다. 생산 가능 인구 100명당 부양해야 하는 65세 이상 노인 인구수도 17.3명이다. 일본을 훌쩍 뛰어넘는 빠른 속도이다. 이들이 주로 하는 일과는 병원에 가서 의사로부터 약을 처방받는 일이다. 병원을 가지 않는 날은 의료시설을 이용하면서 생활하게 된다. 노인층뿐만 아니라 식생활의 변화와 운동 부족으로 30~40대에도 성인병이 많이 발생한다. 전문가들은 이런 생활환경으로 인하여 제약바이오산업 시장은 지속적으로 성장할 것으로 예측하고 있다.

인구구조의 변화를 예측하면 다양한 비즈니스를 창출할 수 있다. 예를 들면 기저귀 시장은 영아기, 유아기를 대상으로 했지만, 향후 기저귀 시장은 성인, 노인 시장이 더 커지고 빨리 성장할 것이다.

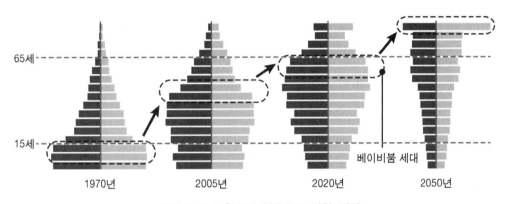

▶ 그림 2.6 ┃ 한국의 인구구조 변화 전망

앞으로 제약바이오산업의 영업은 아주 중요한 영역을 차지하며 빠른 속도로 변화하고 성장할 것으로 예측할 수 있다. 또한 매우 전문적인 영역이며 미래의 직업에서 '비전이 밝다'라고 할 수 있다. 제약회사 영업도 시대에 따라 변화되었고 앞으로는 더욱 다양한 방법으로 변화가 일어날 것이다.

일반적으로 영업활동은 판매자가 구매자보다 제품관련 정보를 더 많이 알고 있어 고객에게 제품의 특·장점과 제품을 사용하면 얻을 수 있는 이점을 설명하면서 고객을 설득시킨다. 의약품 분야도 마찬가지다. 의사들은 본인과 관련된 전공 분야의 의약품은 잘 알고 있지만 모든 의약품을 다 알고 있지는 못하다.

의사들이 가장 많은 관심을 가지는 것은 환자이기 때문에 자신의 환자를 치료하는데 도움이 되는 모든 것을 필요로 한다. 의사들이 필요로 하는 부분은 꼭 약의 정보만이 아니다. 그래서 제약영업사원들은 의사들에게 의약품정보뿐만 아니라 환자를 치료하는데 도움이 되는 약물요법, 운동요법, 식이요법, 관련 논문 등 다양한 정보를 제공해줄 수 있어야 한다.

제약 영업마케팅은 의약품을 통한 의료에 초점을 두는 것으로 의약품 그 자체에 초점을 두는 것이 아니다. 제약 영업마케팅은 제약회사나 의료인인 의사와 약사를 위하는 것이 아니라 환자를 위해 존재한다. 제약 영업마케팅의 역할은 고객의 요구(Needs)를 파악하여 제품을 이들 요구에 맞게 개선하고 이렇게 만들어진 제품을 의사에게 유용성과 임상적 특성, 적정사용 및 사용 시 환자들이 받을 이점 등을 전달하는 것으로, 즉 유효한 치료법을 환자 개인의 요구에 맞게 연계하는 것이다.

제약 영업마케팅은 일반 소비자를 대상으로 하는 고객 마케팅과는 달리 환자의 질병과 건강을 다루는 만큼 규제가 있고, 의약품의 최종 수혜자인 환자들이 치료받기까지 보건당국의 신약허가결정, 보험약가 및 가이드라인 결정, 병원구매 및 의사의 처방결정까지 다양한 관계자와 연관되어 있어 소비자 선택권이 제한되고 있다. 더구나 의사의 의약품 선택도 자유롭지 않은 구조이다. 의사가 속한 병원의 의약품 선정기준에 따라 처방할 수 있는 약제가 제한되기도 한다. 제약 영업도 마찬가지로 규제가 많아 제한적이다. 이러한 환경에서 제약마케팅의 다양한 자원 중 영업사원을 통한 마케팅 전략이 가장 중요하고 효과적인 전략 중 하나이다.

리베이트 쌍벌제 관련 법제화로 제약사들의 영업마케팅 활동에 대전환이 요구되고 있다. 기존의 영업활동 방식은 어려워질 수밖에 없는 환경이다. 이러한 새로운 영업 패러다임에서 제약회사 영업사원들은 기존의 방식이 아닌 새로운 방식을 찾아야만 한다. 다국적 제약사들은 이미 근거 중심의 영업(EBM : Evidence Based Marketing)이란 용어를 수년 전부터 사용해왔다. 또한 보험영업인이 FC(financial consultant)나 FP(financial planner)등으로 변화한 것처럼, 제약영업사원은 단순 판매, 수금사원(Salesman)에서 MR(Medical Representative)이란 용어로 전문적인 역할을 하는 전문인으로 변화를 가져왔다. 이제 감성적 영업보다 근거 중심의 과학적인 영업이 필요한 시대이다. 제품의 판매보다는 고객, 환자 그리고 정부의 가치를 존중하는 영업을 지향할 때인 것이다. 이러한 근거 중심의 영업 방법을 실현하기 위한 새로운 방법 중 하나는 교육을 통해서 자신감을 갖는 일이다.

제약회사는 영업사원들에게 다양한 교육을 실시하고 있기는 하지만 보다 전문적이고 과학적인 교육으로 전환해야 한다. 즉 제약영업사원들에게 고객의 니즈(Needs)가 다양한 만큼 고객의 니즈에 맞는 제품지식교육, 제품이 속한 질환교육과 더불어 제품의 특·장점을 전달할 수 있는 Selling Skills, Communication Skills 등 보다 전문적이고 체계적인 교육을 지속적으로 지원하여 제약영업 사원들이 시대의 요구에 맞는 전문가로서 제약영업마케팅 발전에 기여할 것으로 예상된다.

WORKSHOP

- 의사들은 제약MR들에게 어떤 역할을 원할까?
- 제약MR vs 제약MSL
- 제약회사들은 영업조직은 축소하고, 학술부를 강화하는 이유는?
- MR의 영업효율성(SFE : Sales Force Effectiveness)을 향상시키는 방법은?

06. 제약영업사원의 실제 Activity 현황과 SFE 높이는 교육방법

급변하는 환경 속에서 기업의 영업목표 달성 여부는 경쟁력 있는 영업사원에 있다. 따라서 기업 입장에서는 영업사원을 어떻게 효율적으로 활용하여 지속적인 성과를 이룰 것인가 매우 중요한 이슈이다.

제약산업은 사람의 생명과 건강에 직접적인 영향을 미치는 의약품을 연구개발 즉 신약후보물질연구, GLP[1], GCP[2] 과정을 거쳐 의약품을 허가받은 후, GMP[3] 시설에서 생산, 판매, 판매 후 PMS를 통하여 지속적인 안전성과 유효성을 입증하는 산업으로 타 산업과 다른 뚜렷한 특성을 가지고 있어 각 분야에서 매우 전문성을 요구하고 있는 산업이다.

제약산업의 직종별 고용 현황을 살펴보면, 전체 직원 95,524명 중 영업직 인원수는 생산직 다음으로 많은 25,618명으로 26.82%의 높은 비중을 차지하고 있다.

제약회사의 영업대상자는 1차 고객이 최종 소비자인 환자가 아닌 의사나 약사를 상대하기에 타 업종에 비하여 전문성을 요구하고 있다. 현재 대부분 제약회사의 영업사원들의 호칭을 MR(Medical Representative)라고 부르는 이유이다. MR의 역할이 기존의 영업방식과 다르게 고도의 의약정보를 제공하는 역할로 급격하게 변화하고 있다. MR이 의사를 만나서 담당하는 의약품의 특장점, 이점, 안전성, 부작용, 다양한 의약정보 등을 설명하는 과정을 면담(Call) 이라고 한다. 대부분 제약회사들이 어떻게 하면 영업사원 면담 빈도(Call Frequency)와 면담 질(Call Quality)을 증가시킬 수 있을까 연구하고 있는 실정이다.

수준 높은 Call이 되기 위한 가장 중요한 방법은 MR이 정확한 의사(Right Doctor)에게 고도의 의약정보를 정확한 환자(Right Patient)에게 최적의 치료가 될 수 있도록 정확한 메시지(Right Message)와 근거자료(Right Resource)를 준비하여 전달하는 능력을 향상시키는데 있다. Call quality를 향상시키는 방법은 제품에 해당되는 전문적인 질환교육, 제품교육, 의약정보, 판매 기술(Selling Skill) 교육 등 다양한 교육이 필요하다. 이런 교육 후 면담 빈도, 면담 질 및 시간의 증가된 변화는 MR의 자존감을 회복시키고 제약영업조직의 영업효율성(SFE : Sales Force Effectiveness)을 극대화시켜 결국 매출의 증가를 가져오는 매우 중요한 요인이 되고 있다.

---

1) GLP(Good Laboratory Practice) : 의약품의 승인 신청을 하기 위해 동물을 사용하여 약리작용을 연구하는 단계에서의 실험에 관한 기준
2) GCP(Good Clinical Practice) : 의약품의 임상시험 실시에 관한 기준
3) GMP(ood Manufacturing Practice) : 의약품 제조 품질 관리 기준

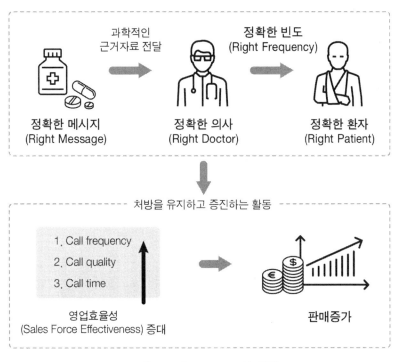

▶ 그림 2.7 ┃ MR Call의 정의

MR의 활동은 크게 3개의 종류로 진행된다. 첫째 매일매일 의사를 직접 만나서 제품의 특장점과 이점을 홍보하는 Call(Detail) 활동, 둘째 Online-Webseminar 활동, 셋째 Group Symposium 활동으로 이루어진다.

그중에서 1일 평균 10명 내외의 의사를 만나서 디테일 활동(Call)하는 것이 대부분이다.

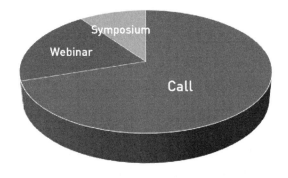

▶ 그림 2.8 ┃ MR Activity

IQVIA 자료에 의하면 코로나-19 이후에도 한국은 다른 나라에 비교하여 F2F영업 (Call) 비중이 90%로 크게 줄지 않고 매우 큰 비중을 차지하고 있다. 다양한 이유 중 하나는 한국의 제약사들은 고객을 직접 방문하는 F2F 방식 이외의 다른 방법에 아직 준비가 미흡하기 때문이다.

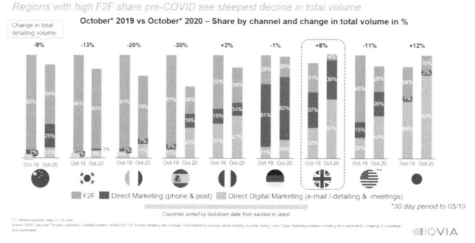

▶ 그림 2.9 ┃ COVID-19 이후 F2F 국가별 변화

제약업계는 다양한 마케팅 전략을 통해 제품의 홍보를 실시하고 있다. 다양한 전략 중 하나로 실질적 소비자인 처방을 하는 의사에게 제품을 홍보하는 MR들의 역량 강화는 필수적이며 가장 근본적인 해결책이고 교육방법 또한 기존 일방적인 교육방법보다는 Facilitator에 의한 Facilitation 교육법이 효과적이다.

필자가 연구한 "2019년에 D제약회사의 MR(413명)들로부터 수집된 데이터를 통한 통계적 분석결과"에 의하면 Facilitation 교육법은 영업사원들의 약품에 대한 이해도를 향상시켜 1일 평균 방문 의사 수, 1일 평균 디테일 의사 수, 1회 평균 디테일 시간에 대한 통계적으로 유의한 향상을 가져왔다고 결론내릴 수 있다.

개인병원, 종합병원, 대학병원 담당 MRs 모두에서 1일 평균 방문 의사 수, 1일 평균 디테일 의사 수, 1회 평균 디테일 시간이 크게 향상되었음을 확인되었다. 또한, 1일 평균 방문 의사 수 보다 1일 평균 디테일 의사 수와 1회 평균 디테일 시간에 대한 향상이 더욱 큰 것으로 나타났다. 이는 단순한 Call의 frequency 증가와 더불어 Call Quality에 더욱 영향을 준다고 볼 수 있다.

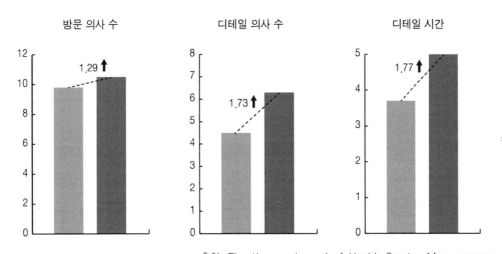

출처: The Korean Journal of Health Service Management.

▸그림 2.10 ▮ vol 13 No4 pp215-228 Dec 2019.

▸그림 2.11 ▮ Sales & Marketing Strategy

WORKSHOP

- MRs Activity?

- MR의 Call Frequency를 높이는 방법은?

- MR의 Call Quality를 높이는 방법은?

- MRs에게 필요한 교육은 어떤 교육일까?

- MRs에게 자존감을 높이는 교육방법은?

- MRs에게 가장 유용한 교육방법은?

- 코로나 19 이후에도 한국은 F2F가 크게 줄지 않았다. 그 이유는? 대안은?

- MRs에게 Facilitation 교육방법으로 진행할 때 가장 적절한 교육인원은?

- MRs에게 Flipped Learning 교육방법이 효과적일까?

CHAPTER 03

제약바이오마케팅의 새로운 변화

제약바이오마케팅의 새로운 변화

01. 제약마케팅 믹스의 변화

1960년대 초 미국 마케팅 학자 제롬 매카시(E, Jerome McCarthy) 교수가 마케팅 4P(Price, Place, Product, Promotion)을 사용한 이래로, 4P는 마케팅 전략을 개발하는 조직들의 기준이 되었다. 과거에는 영업사원이 의사에게 제품을 홍보하고 의사가 그 제품을 환자에게 처방했던 간단한 과정이었으나, 오늘날에는 여러 이해 당사자들이 마케팅과 영업 과정에 관여한다. 또한 의사 면담의 감소, 홍보 수단의 제한, 가격압박의 증가 등과 같은 새로운 외부 요소들이 생겨나면서 과거의 4P가 도전에 직면하게 되었고, 마케팅 채널이 과거의 4P를 넘어 새로운 마케팅의 변화를 가져오게 하였다.

제롬 매카시 교수가 제창한 개념 4P는 판매자 입장에서 접근한 것이며, 고객의 입장에서 바라본 관점은 로버트 로터본 교수가 정의한 4C이다. 그리고 이들은 유기적으로 연결되어 있다.

앞장에서도 언급했지만 제약마케팅 개념에서 다시 살펴보면 다음과 같다.

4P 전략이라는 전통적인 마케팅 믹스 대신 등장한 개념이 4C 전략이다. 4C 전략으로는 Customer value(고객가치), Cost to customer(고객비용), Convenience(편리성), Communication(커뮤니케이션)을 들 수 있다. 이 방법은 고객의 다양한 니즈를 Communication 방법을 활용하여 고객에게 보다 신속하게 제품을 제공하여 고객이 편리하게 그리고 고객에게 이익이 되도록 하는 방법이다. 예를 들면 고객의 Convenience(편리성) 관점에서 약품의 제제가 발전하고 있다. 하루 3번 복용하는 (TID) 제제에서 하루에 두 번(BID), 하루에 한 번(QD), 일주일에 한 번(Weekly)으로

복용하는 약이 개발되어 환자의 편리성을 높여 주고 있다. 이는 결국 환자의 복약순응도(Compliance Rate)를 높여 환자의 삶의 질(QOL : Quality Of Life)을 높여준다. 미래에는 환자의 편리성 입장에서 반년에 한 번 혹은 1년에 한 번 혹은 평생에 한 번 투여하는 약이 개발될지도 모른다. 즉 환자의 입장에서 제품이 개발되고 더불어 마케팅 전략이 급격하게 변하고 있다. 더 나아가 제약마케팅에서도 4E가 도래했다. 특히 의료기기는 소비자가 먼저 사용하도록 하는 마케팅 비중이 점점 높아지고 있다.

▶ 그림 3.1 ▌마케팅 믹스의 변화 4P → 4C → 4E

WORKSHOP

- Marketing Mix 변화가 4P → 4C → 4E로 변하는 이유는?

02. 미래 의료의 새로운 4P

초고령화 시대가 도래하는 이 시점에서 현재 치료 중심의 의료는 국가나 개인이 감당할 수 없을 만큼 의료비 지출증가가 예상된다. 우리는 건강한 미래를 위해 현시점에서 대처할 수 있는 예방과 조기진단으로 통합적이고 체계적인 분석을 통해 조기에 질병을 예측하거나 예방할 수 있도록 고도의 지적기술과 최신의 의료장비가 가능하게 할 것이다. 인공지능(AI : Artificial Intelligence)이 빅데이터를 검색하여 분석한 결과

(데이터마이닝 : Data mining)를 토대로 제안한 진단결과를 참고해 의사결정을 내리면 혹시 모를 실수를 사전에 방지할 수 있고 '진단 정확도가 높아지면 의사와 환자 모두 안전할 수 있다'라는 예측이 가능하다.

미래의 의료가 지향하는 바를 흔히 4P 의료라고 표현한다. 예방 의료(Preventive medicine)와 예측 의료(Predictive medicine), 맞춤 의료(Personalized medicine), 참여 의료(Participatory)이다. P로 시작하는 네 단어로 의료의 궁극적 지향점을 나타낸 것이다.

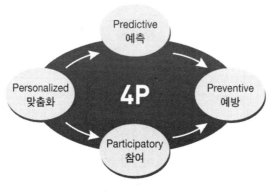

▶ 그림 3.2 ▮ 4P 의료

1) 예방의료(Preventive Medicine)

치료가 중심이었던 의학이 예방, 건강증진이 중심으로 변하고 있다. 이는 기대수명이 100세로 예상되는 고령화 사회에서 가장 중요한 보건사업이 건강한 100세, 즉 질병을 최소화하고 개인의 건강을 최대한 증진시키는 예방의학의 새로운 활성화를 가져올 것이다. 과거에는 아픈 사람을 위한 의료비지출이 대부분이었지만 최근에는 건강한 사람들이 질병에 걸리지 않도록 하는 지출이 더욱 높아지고 있다.

2) 예측의료(Predictive Medicine)

개인에게 어떤 질병이 걸릴 것을 미리 예측하고 나아가 어느 시기에 걸릴 것인지를 알려줘 사람마다 다른 예방법으로 대처하도록 만드는 것이다. 이는 마치 일기예보처럼 질병에 걸릴 확률을 예측하고 미리 대비할 수 있게 해 줄 것이다. 유전자 연구의 발전은 예측의학을 가능하게 만드는 것이 날 때부터 타고난 개인의 특성을 알려주게 끔 만들어 줄 것이다.

환자에 관한 데이터는 예방 의료(preventive medicine)와 예측 의료(predictive medicine)의 구현에도 큰 역할을 한다. 이 역시 유전정보 및 센서를 통해서 환자의 상태를 파악하는 것이 중요하기 때문이다. 특히 사물 인터넷 센서 등을 활용하면 환자의 상태를 실시간, 지속적, 정량적으로 파악함으로써 질병의 발병, 재발, 악화를 사전에 예측하고 더 나아가 예방까지도 가능하게 할 수 있다.

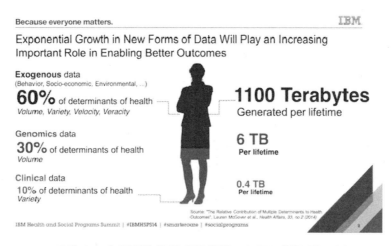

▶ 그림 3.3 ▍ 인간이 평생 만들어내는 DATA 종류 및 크기

우선 유전정보의 분석을 통해 개인 환자에게 유전적으로 발병 위험성이 높은 질병을 파악할 수 있다. 유명 여배우 안젤리나 졸리의 사례에서 보듯이 특정 유전자를 분석하면 유방암과 난소암의 발병 위험도를 계산할 수 있고, 고위험군의 경우에는 예방적인 치료를 받을 수도 있다. 안젤리나 졸리는 유전자 분석을 통해 유방암과 난소암의 발병 위험도가 각각 87%, 50%로 매우 높음을 알게 되었다. 이에 따라 안젤리나 졸리는 유방암과 난소암을 예방하기 위해 2013년에는 유방 절제술을, 2015년에는 난소 및 난관 절제술을 받았음을 뉴욕타임즈에 고백한 바 있다.

일반적으로 질병은 유전적인 요인뿐만이 아니라, 환경적인 요인도 영향을 받는다. 그런 의미에서 유전정보 분석이 결코 만능이라고 할 수는 없지만, 이를 통해 지금도 다양한 질병의 위험도를 알아낼 수 있다. 유방암뿐만 아니라, 린치 증후군(Lynch

Syndrome : 상염색체 우성으로 유전되는 질환으로 대장암을 비롯하여 자궁내막암, 난소암 등 다양한 장기에 암을 발생시킨다)이나 가족성 선종성 용종증(familial adenomatous polyposis) 등의 대장암, 알츠하이머병(alzheimer's disease), 시력 상실의 원인 중의 하나인 당뇨병, 고혈압 등 대부분 질병을 유전 정보 분석으로 위험성을 미리 판단할 수 있다.

유전정보의 분석을 통해 여러 질병의 위험도를 알 수는 있지만, 이것만으로 질병에 언제 걸리게 될지 혹은 언제 재발할지 미리 알기는 어렵다. 질병 악화나 이상 징후를 조기에 알기 위해서는 환자의 종합적인 상태를 실시간으로, 지속적으로 파악하는 것이 중요하다. 이를 위해 필요한 것이 각종 센서를 통한 모니터링과 이로부터 얻은 데이터의 분석이다.

자동차를 생각해보자. 과거에는 타이어 공기압이나 엔진오일, 부동액, 배터리 등을 정기적으로 직접 체크하거나 정비소에 들러야 한다. 때로는 이상 징후를 조기에 포착하지 못해서 문제가 커진 이후 뒤늦게 정비소를 찾는 경우도 발생한다. 하지만 현재는 각종 센서 등의 발달로 자동차의 상태가 항시 모니터링 되어 있어 이상이 있으면 운전자에게 조기에 경보를 울려줌으로써 많은 사고를 예방할 수 있게 되었다. 자동차의 이상을 감지하는 각종 센서의 종류는 갈수록 증가하여, 현재 수십 개의 센서가 설치되어 있다고 한다. 자동차의 상태를 파악하기 위해 일 년에 몇 번 체크하는 방법에서, 지속적으로 모니터링하여 문제의 발생을 사전에 알려주거나 예측할 수 있는 방법으로 변화한 것이다. 미래는 인공지능(AI : Artificial Intelligence)을 탑재한 자동차가 생산되어 운전자가 목적지를 입력하면 인공지능 탑재 자동차가 알아서 목적지까지 도착할 수 있는 시대가 될 것이다.

예방 의료와 예측 의료를 위해서는 지금처럼 일 년에 병원을 몇 번 방문해서 검사를 받거나, 몇 년에 한 번 건강 검진을 받는 것으로는 턱없이 부족하다. 진정으로 예측, 예방 의료를 구현하기 위해서는 일상생활 속에서 지속적으로 환자의 상태를 모니터링하는 것이 필요하다. 즉 각종 센서를 이용해 환자를 지속적으로 모니터링해서 얻은 데이터를 분석해야만 발병 혹은 질병의 진행을 미리 파악하고 예측할 수 있다. 이는 기존의 당뇨병과 고혈압 환자들이 스스로 혈당 및 혈압 등을 측정하는 것보다 훨씬 복합적이며 다양한 데이터를 활용할 수 있다. 예를 들어, 우울증 환자의 경우라면 대화 빈도, 활동량, 말투, 어조, 수면 패턴, 호흡 패턴, 안면 표정, 활력징후, 심박동 변화, 피부활동전위, 복약순응도 등을 모니터링하여 종합적으로 상태를 파악하고 더 나아가 향후 상태까지 예측해 볼 수 있다. 천식 환자의 경우라면 대기오염지수, 온도, 습도 등 환경의 환경적인 요인과 활동량, 활력 징후, 강제 호흡 배출량(forced expiratory volume), 호흡 패턴, 복약 등의 데이터를 분석하는 것도 가능할 것이다. 울혈성 심부전이라면 체액 상태(fluid status), 수면의 질, 무호흡 발작, 활력 징후, 체중, 복약순응도 등을 볼 수도 있다. 이렇게 데이터의 측정과 분석은 예방 의료와 예측 의료를 구현하기 위해 핵심적인 역할을 하게 된다.

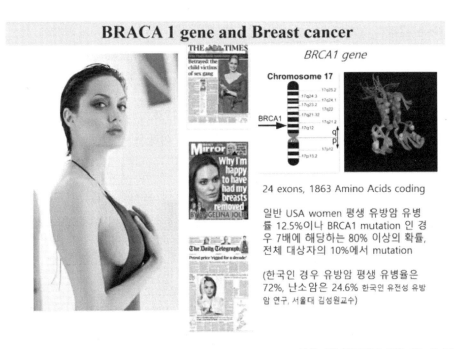

출처: 강남미즈메디 병원 항노화 클리닉

▶ 그림 3.4 ▌ 예방 의료(preventive medicine)와 예측 의료(predictive medicine)

3) 개인 맞춤 의료(Personalized medicine)

개인의 유전적 특성의 차이를 고려하는 맞춤치료 방법이다. 기존의 치료는 진료방식도 표준화되고 치료지침에 따라 환자를 맞추는 방향으로 이뤄졌다. 그 결과, 똑같은 약물의 처방이 어떤 사람에겐 효과를 내지 못하고 어떤 사람에게는 지나치게 효과를 내서 독이 되기도 했었다.

최근에는 항암제 처방 시 유전자 변이를 먼저 검사하고 이에 따라 다른 항암제를 사용한다. 영양제도 마찬가지이다. 아무리 좋은 영양제나 음식도 맞지 않는 환자가 있다. 사람마다 유전자에 따라 특정 영양제가 필요하기도 하고 불필요하기도 하다. 이처럼 향후 맞춤 의학, 맞춤 건강관리는 유전자연구와 함께 더욱 발전할 것이다.

맞춤 의료(personalized medicine)는 최근에 유행처럼 번지고 있지만, 사실 의료의 궁극적인 지향점 중의 하나이다. 개별적인 환자들은 모두 다른 유전학적, 생물학적, 생화학적 특성을 지니고 있다. 더 나아가서는 환경적, 생활양식에도 차이를 보인다. 이러한 환자들의 개별적인 차이 때문에 동일한 치료법이나 약, 심지어는 음식에 대해서도 다른 결과를 낳게 된다. 동일한 질병을 가졌다고 할지라도 어떤 환자에게는 효과가 있는 약이 다른 환자에게는 효과가 없거나 부작용이 발생할 수 있다.

이러한 개별 환자의 특성을 분석하고, 차별화된 치료를 제공함으로써 효과는 극대화하고 부작용은 최소화하는 것이 정밀의료의 목적이다. 따라서 정밀의료의 출발은 개별 환자의 특징과 상태를 분석하는 것이다. 이를 위해서는 해당 환자에 대해서 유전정보를 비롯한 종합적이고 입체적인 데이터를 측정하고 통합함으로써, 그 환자의 의학적 상태를 근본적으로 정의할 수 있다. 이는 해당 환자를 위한 최적의 치료방법을 결정하거나 새로운 약이나 의료기기를 개발할 수 있는 기반이 된다.

4) 참여 의학(Participatory Medicine)

환자가 의사와 대등한 위치에서 자신의 정보를 공유하고 능동적으로 건강을 유지한다는 개념이다. 의료소비자는 자신의 정보를 제공할 뿐 아니라 자신의 정보를 능동적으로 이용하고 미래의료는 더 이상 병원 중심이 아닌 환자 혹은 소비자 중심의 진료형태가 주를 이룰 것이다.

과거의 의료는 공급자 중심이었다. 의사는 모든 의학적인 전문성을 독점하고 있었으며, 환자들은 의료서비스를 일방적으로 제공받기만 하는 수동적인 존재일 뿐이었다. 하지만 IT 기술의 발달은 이러한 구도를 바꾸고 있다.

환자들은 이제 의료에 적극적으로 참여하는 능동적인 존재가 되어가고 있다. 과거에 비해 의료정보에 대한 비대칭성이 해결되었을 뿐만 아니라, 스스로 의료 데이터를 만들어 내는 주체가 되고 있다. 예전에는 서로 존재조차 알 수 없었던 환자들이 서로 연결되어 있으며, 크라우드 소싱(crowd sourcing) 및 오픈 소스(open source)를 통해 의료계에서 해결하지 못하는 문제의 해결책을 스스로 모색하기도 한다. 기존의 의료 데이터란 환자가 병원을 방문하여 의사를 통해 측정하는 것이었다. 환자가 비용을 부담하고, 본인의 신체에 대한 정보이지만 그 결과물은 병원 내부에 남게 된다. 환자는 그 데이터의 사본을 종이 인쇄물이나 CD의 형태로 얻을 수 있을 뿐이었다. 하지만 이제는 환자가 스스로 의료 데이터를 만들어내고 관리하는 주체가 된다. 스마트폰, 사물인터넷 센서, 웨어러블 기기, 개인 유전정보 분석 등을 통해서 다양한 건강 정보를 측정할 수 있다. 이는 환자들이 의사를 거치지 않고 병원 밖에서 스스로 만들어내므로 기존의 의료 데이터와 근본적인 차이가 있다. 더 나아가, 연결된 환자들은 자신의 데이터를 온라인에서 서로 통합하고 분석해서 혁신적인 결과를 만들어 내기도 한다.

03. 정밀 의료(Precision Medicine)

Big data와 정밀한 유전체 분석의 증가로 미래의료 4P에서 추가된 5P인 정밀 의료(Precision Medicine)의 비중이 높아지고 있다.

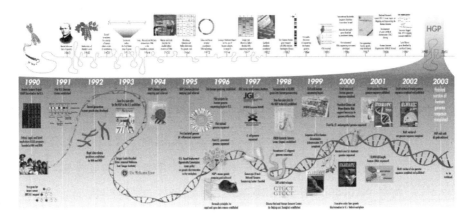

출처: The landscape of Human Genome Project(National Human Genome Research Institute

▶ 그림 3.5 ┃ 인간 게놈 프로젝트(Human Genome Project)

1) 정밀 의료란?

정밀 의료(Precision Medicine)란 유전정보, 임상정보, 생활습관정보 등을 분석하여 질병의 진단, 치료, 예측, 예방 및 관리를 위한 최적의 맞춤형 의료, 헬스케어서비스를 제공하는 기술이다. 다수를 대상으로 한 임상, 의료정보 이외에 개개인의 유전정보, 생활습관, 환경정보 등 건강에 대한 다양한 데이터를 함께 활용하는 것이 특징이다.

유전정보로 개인의 선천적 특징을, 생활습관과 환경 관련 정보로 후천적 특징을 파악해 한 사람에게 꼭 맞는 치료법과 건강 관리법을 제안한다. 유전정보에 대해서도 유전체 정보뿐만 아니라 단백질체, 전사체, 대사체 등 각종 생물학적 정보(omics)를 활용한다.

기존의 의료는 병원에 내원한 환자를 대상으로 이루어지며, 보건학적 통계에 의한 수술 및 약물 표준 치료를 통해 표준화된 방식으로 시행되는 반면, 맞춤 의학은 건강인을 포함한 소비자들을 대상으로 이루어지며, 빅데이터를 기반으로 질병을 예측하고, 예방하여 궁극적으로는 개개인의 특성에 맞게 건강을 증진시키는 방식으로 이루어질 것으로 예상된다.

현대의학은 개인 유전체 정보를 바탕으로 개별 '맞춤의료서비스'를 제공하는 정밀 의료(Precision medicine)를 지향하고 있다. 정밀 의료는 질병의 진단, 치료, 예방 활동을 포함한 모든 의료 과정에서 개개인의 고유한 유전정보, 환경요인, 생활습관(life style)에 입각한 맞춤 의료서비스를 제공하는 것을 말한다. 2005년부터 차세대 염기서열분석(NGS: Next Generation Sequencing)기술이 유전체 분석에 도입되면서 현재는 단 하루 만에도 한 사람의 전장 유전체 정보를 얻을 수 있게 됐다.

NGS 기반 유전자 검사를 통해 개인의 수많은 유전정보를 한 번에 파악할 수 있으며 이를 기반으로 질병의 진단, 치료 약제의 선택, 질병의 예후 추정이 가능해졌고, 개인별 질병 발생 위험도를 예측할 수 있게 돼 맞춤형 질병 예방이 가능하게 됐다. 개인이 지닌 유전정보는 변하지 않으므로, 일반적으로 NGS 기반 유전자 검사는 평생에 한 번만 검사하면 되기 때문에 환자의 편의성이나 경제적인 측면에서도 효율성이 높은 편이다. 이런 NGS를 활용하여 맞춤의료 서비스를 제공할 수 있을 것이다.

2) 정밀의료를 응용할 분야

(1) 약물유전체 맞춤치료

약물유전체학(pharmacogenomics)은 약물의 기전과 유전체의 기능 간 차이 등 유전체로 인해 일어나는 특정 약물에 대한 환자 반응의 다양성을 연구하고 그 다양성을 초래하는 유전적, 비유전적 바이오마커를 발굴하여 얻은 유전적 정보를 바탕으로 환자 개개인에게 최적화된 맞춤 약물치료를 효과적이면서도 안전하게 제공할 수 있게 하는 정밀의학의 기반이 되는 학문이다. 약물유전체 맞춤치료는 이러한 약물유전체학을 바탕으로 개인의 유전적 요인에 따른 약물 반응의 다양성 및 차이를 관찰하고 약물유전체 검사를 통해 환자별 특정 유전자 유무에 따른 특정 치료제의 안전성, 유효성, 약물 용량을 결정하는 개인 맞춤형 치료라 할 수 있다.

(2) 동반진단(Companion diagnostics, CDx)

동반진단은 특정 약물치료에 대한 환자의 반응성을 예측하기 위한 분자진단 기법의 일종으로, 분자진단 검사와 더불어 MRI, NIR Fluorescence 등과 같은 진단 방법과 동시에 치료제 투약이 하나로 통합된 진단 방법이다. 동반진단은 환자의 유전적 특성 및 변이에 따른 개인적 차이로 인해 같은 항암제를 투여해도 치료에 차이가 나타나는 것에 착안하여 개인적 유전 특성 및 변이를 진단하고 치료제를 선택함에 있어 치료제의 선택의 근거를 공고히 하기 위해 만들어졌다. 동반진단에는 면역조직화학검사를 통해 특정 단백질의 과발현을 확인하는 방법, 특정 유전자의 유전자 증폭을 DNA probe를 이용한 FISH(Fluorescense in situ hybridization) 또는 CISH(Chromogenic in situ hybridization) 검사를 통해 확인하는 방법, 그리고 q-PCR 등 유전체학적 기법을 이용하여 바이오마커 유전자의 돌연변이 여부를 검사 및 확인하는 방법 등이 있다.

(3) 표적치료

항암화학요법의 대부분을 차지하는 세포독성 항암제는 빠르게 증식하는 세포에 작용하기 때문에 암세포 뿐 아니라 정상 세포 중에서도 빠르게 자라는 세포들에 영향을 주어 부작용을 유발한다. 표적치료는 흔히 암과 관련하여 정상세포에 해를 입히지 않으면서 특정 암세포를 인지하여 공격하는 약물 등을 사용하는 치료법이다. 생체지표와 동반진단을 활용하여 질환이 발생하는 생물학적 중요 프로세스를 표적으로 하는 모든 형태의 치료방법을 포괄하는 개념이다. 항암제 표적치료는 종양이 자라거나 인접 세포로 전이되는 것과 관련 있는 특정 분자의 기능을 저해하거나, 종양이 성장하기 위한 필수적인 혈관의 생성을 억제한다. 또한 특정 부위의 암세포를 공격하도록 면역체계를 자극하거나 암세포만을 선택적으로 괴사시킬 수 있도록 독성물질에 표지자를 달아 전달하는 등의 모든 방법이 표적 항암치료제의 범주에 속한다. 하지만 표적치료는 유전자와 같은 특정 원인 물질 및 발병 메커니즘을 알고 있더라도 실제로 임상 치료에 활용될 수 있는 약물이나 치료법이 개발되지 않으면 활용이 어렵다는 단점이 있기 때문에 표적치료에서는 임상적 타당성(clinical validity) 의 유무가 중요한 이슈가 된다.

❖ 단클론항체(monoclonal antibody)

표적 항암치료제 중 하나인 단클론항체 혹은 단일클론항체는 항체의 일종으로 암세포에 과발현되는 표적 물질을 쫓아가서 암세포를 파괴하는 기능을 한다. 단일클론항체는 암세포에만 달라붙은 후 주위의 자연살해세포들(NK-cell)을 소집하여 암세포를 사멸시키는 기전을 통해 작용한다.

❖ 신호전달경로 억제제(signal transduction pathway inhibitor)

암세포의 성장, 분화 및 생존에는 세포 내 신호전달경로의 활성화가 매우 중요한 역할을 하는데, 이 신호전달경로를 활성화시키는 중요한 매개 효소들에는 tyrosine kinase, protein kinase C, famesyl transferase 등이 있다. 특히 tyrosine kinase는 현재까지 가장 많은 표적치료 항암제가 개발된 타겟으로, 신호전달경로 억제제는 'EGFR 수용체에 리간드(ligand)가 결합하여 tyrosine kinase가 활성화되면 세포 내로 암세포의 증식과 전이'를 일으키는 세포성장 신호를 전달하는 경로를 억제하는 small molecule 치료제이다.

❖ 신생 혈관 생성 억제제(angiogenesis inhibitors)

종양이 성장하기 위해서는 산소와 영양분을 공급받아야 하며, 이때 종양 세포 주위에 신생혈관이 생성되어야 한다. 신생 혈관 생성 억제제는 이러한 신생 혈관의 형성을 억제함으로써 종양의 성장과 전이를 차단하여 항암효과를 나타낸다. 암세포가 분비하는 혈관 내피세포 성장인자(VEGF)가 혈관 내피세포 표면에 있는 VEGF 수용체에 결합하면 앞서 언급한 tyrosine kinase가 활성화되면서 신생혈관 등이 생성되는데, 신생혈관 생성 억제제는 이 과정을 억제하는 표적치료제로 개발되어 사용되고 있다.

(4) 유전체 분석을 통한 질병위험도 예측

유전체 분석을 통한 질병위험도 예측의 대표적인 사례로 유명 배우 안젤리나 졸리가 있다. 안젤리나 졸리는 유방암에 걸리지도 않은 상태에서 가족력과 유전자 검사를 통해 본인이 강력한 유방암 유전자인 BRCA1 유전자 돌연변이를 보유하고 있다는 사실을 알고 유방 절제술을 선택했다. 지미 카터 전 미국 대통령이 말기뇌종양 진단 후 표적치료법으로 4개월 만에 완치된 사례는 모두 NGS 검사를 통한 몸 안의 DNA 정보를 분석해 암세포의 유전체 서열상의 변이를 밝혀낼 수 있었기 때문에 가능했다. 이는 정밀의학의 유전체 정보를 이용한 예방중심 의학으로서의 가치를 입증하는 사례로, 정밀의학은 다양한 질병에서 유전체 분석을 통한 유전정보를 바탕으로 하여 특정 질병의 발병 가능성을 낮출 수 있는 치료 등 예방적 조치를 취할 수 있게 한다. 유전자 검사는 현재 임상의 다양한 분야에서 활용되고 있다. 이렇게 질병 위험도를 예측할 수 있는 것에 대한 관심은 개인 유전체 분석의 수요를 늘려 해당 분야 산업의 발전을 촉진시켰고, 유전자 검사 및 그와 관련된 DTC 유전체 분석 사업이라는 새로운 산업 분야를 창출하는 등 정밀의학의 발전에도 많은 영향을 미치고 있다.

NGS 검사는 환자의 적은 암 조직을 통해 1회에 수백 개 이상의 암 관련 유전자변이 여부를 신속 정확하게 찾아내는 검사 기법이다. 암을 일으키는 유전정보의 세부 진단과 각각의 환자 맞춤형 치료제 선택 및 위험도 평가, 예후 예측 등이 가능해졌다. 또한 환자별 맞춤형 항암제를 투여할 수 있어 치료 효과는 높이고 부작용은 줄일 수 있어 NGS 검사는 더욱 많이 활용될 것이다.

❖ 마이크로바이옴

마이크로바이옴은 인간의 몸에 서식하며 공생하는 미생물인 마이크로바이오타(Microbiota)와 게놈(Genome)의 합성어이다. 인체 마이크로바이옴의 수는 순수한 인체의 세포 수보다 두 배 이상 많고 유전자 수는 100배 이상 많다. 따라서 미생물을 빼놓고 유전자를 논할 수 없을 정도이기에 제2의 게놈(Second Genome)이라 부르기도 한다.

마이크로바이옴은 유익균과 유해균이 생성되는 원리와 질병간의 연관성 등을 분석할 수 있어 신약개발 및 불치병 치료법 연구에 폭넓게 활용될 수 있는 분야이다.

❖ 액체생검(Liquid Biopsy)

혈액 등 체액 속 DNA에 존재하는 암세포 조각을 찾아 유전자 검사로 분석하는 것이다. 현재 암 진단 분야에 적극 활용 중이다. 조직생검 보다 위험성이 낮으며, 암 이질성이나 다양성으로 인한 진단 한계를 개선할 수 있다.

❖ 후성 유전학

부모에게 물려받은 유전자가 변하지 않지만, 환경변화 때문에 발현이 변화하여 후세에 전달되는 것이다. 즉, 화학적 오염물질, 섭취하는 영양성분, 심한 스트레스 등이 모두 유전자 발현에 영향을 미칠 수 있다.

❖ 영양 유전제학

개인의 유전체 변이에 따라 영양소의 대사 및 작용이 다르기 때문에, 사람마다 다른 음식을 섭취하게 해야 한다는 것이다. 유전적으로 특정 질병에 걸릴 확률이 높아도 적절한 음식, 운동, 스트레스 완화로 질병 발생을 늦출 수 있다는 것이다.

3) 정밀 의료가 가져올 혁신

(1) 약물의 효과개선, 부작용 최소화로 최적의 처방을 가져오게 한다.

약물 효력은 환자 개개인별로 다르게 나타날 수 있다. 하지만 기존 의료현장에서는 개인별 특성을 거의 고려하지 않는 상황이다. 환자 개인 특성에 따라 치료 효과가 적게 나타나거나 부작용이 일어나는 것에 대해 사전 대처를 할 수 없다는 의미이다. 문제가 발생하면 치료제를 변경하여 적절한 방법을 찾는 수밖에 없는 실정이다. 이와 같이 처방 한계는 모든 의료인이 고민하는 문제이다. 전세계적으로 수도 없이 의약품 유해사례가 발생하고 있으며, 약물 부작용으로 수많은 환자들이 사망하고 있다. 특히 화학 항암제, 면역세포 항암제, 대사질환 치료제와 같이 환자 건강에 중요한 영향을 미치는 영역에서는 개인 간 치료 효과 차이가 크다. 개인 특성을 고려하지 않고 처방을 하면 암은 25%, 알츠하이머는 30% 환자에게만 효과를 보일 수 있다. 보편적인 사람들에게 분명한 효과를 보이는 약이 없어 unmet needs를 충족시킬 신약개발을 촉진할 것이다.

정밀 의료 기술에서는 민족적·인종적 특성을 포함해 기타 개인의 유전 특징을 반영해서 약물을 처방한다. 치료제 효과, 부작용 등에 따라 개인을 분류한 후 유의미한 효과가 예상되는 환자들에게만 선별적으로 적용하는 방식이다. 통계적 유의성에 따라 처방하는 기존 방식보다 효과적일 수밖에 없다. 무엇보다도 어떤 치료약이 잘 맞을지 환자가 일일이 위험을 감수하며 시행착오를 겪지 않아도 된다.

(2) 빠르고 정확한 진단 실현

각종 질병에 걸릴 확률 또한 개인별로 차이가 있다. 특히 각종 암과 고혈압, 당뇨와 같은 만성질환, 심장질환 등이 발병하는 데에는 유전적인 요소도 상당한 영향을 미친다. 정밀의료에서는 개인이 특정 질병에 걸릴 확률을 예측한다. 각 개인을 질병 민감도에 따라 세부 그룹으로 분류해 질병 예방, 조기진단, 치료를 위한 최적 방법을 수립할 수 있다. 발병할 확률이 높은 질병을 조기에 파악해 이를 예방하기 위한 생활습관, 식습관, 운동법 등을 제안할 수도 있다.

의사 개인 역량이나 숙련도에 대한 의존과 오진을 줄일 수도 있다. 특히 암과 같은 치명적인 질병에 대한 진단 정확도를 높인다. 소비자원 발표에 따르면 2017년 국내 질병 오진의 58%는 암에 대한 것이다. 그 중 폐암 진단이 19%, 유방암 진단의 14.7%가 오진인 것으로 전해졌다.

(3) 불필요한 의료 비용 감소

환자 개개인의 특성을 다각적으로 고려한 치료법으로 정확도를 높이는 만큼 불필요한 의료 행위를 줄일 수 있다. 잘못된 처방과 진단으로 인한 개인의 고통을 줄이는 것은 물론, 의료비용 부담과 건강보험 재정도 개선한다. 특히 전 국민 의료보험 체계가 갖춰진 우리나라에서 불필요한 의료비를 줄여 건강보험 재정 악화로 이어지는 만큼 활약할 수 있을 것이다.

(4) 의료 불평등 해소

미래 정밀의료 서비스는 언제 어디서나 간편하게 접할 수 있는 방식으로 조성될 예정이다. 자신의 데이터를 제공하고 분석결과를 받을 수 있는 수단만 있다면 온라인 쇼핑으로 물건을 주문하고 배송받는 것처럼 쉽게 이용 가능해질 전망이다. 이와 같은 편리성으로 정밀의료는 국내뿐만 아니라 국제적으로도 지역 간 의료 격차를 줄일 것으로 기대된다. 의료 인프라가 부족한 지역에서는 정밀의료를 통해 예방중심 의료 문화를 정착시켜 의료 접근성을 개선할 수 있다. 코로나-19 상황에 한시적으로 실시한 원격 진료와 디지털 치료제 보급이 가능해질 수 있다.

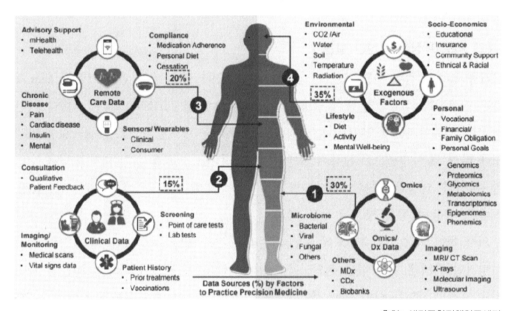

출처: 생명공학정책연구센터

▶ 그림 3.6 ┃ 정밀의료(precision medicine) 주요 DATA

WORKSHOP

- 정밀의료 기술이 원격 진료 기회를 줄 것인가?
- 디지털 치료제의 실행이 보편화 되려면?
- 영양 유전체 기술 활용이 늘어날까? 그 이유는?

PART 02

제약바이오
마케팅
현황

CHAPTER 04

국내 제약바이오산업 현황

국내 제약바이오산업 현황

01. 제약산업의 개요

1) 제약산업의 특성

제약산업은 사람의 생명 및 건강과 직결된 의약품을 개발, 생산, 판매하는 산업으로 다른 산업과 뚜렷이 구별되는 독특한 특성을 가지고 있다.

제약산업의 특성은 연구개발, 정부규제, 경쟁구조 그리고 소비자 수요의 변화와 밀접한 관계가 있고, 연구개발이 집약된 고도의 융합기술 분야이며, 전 세계적으로 미래 성장 동력으로 주목받고 있는 산업이다. 제약산업은 21세기 경제성장을 주도하는 생명공학(BT : Bio Technology) 분야의 대표산업이다.

제약산업은 한국의 미래 신성장동력이자 고부가가치산업, 양질의 일자리 창출산업인 동시에 국민의 생명과 건강에 직결되는 의약주권을 지키기 위해서도 국가적 관심과 지원으로 육성, 발전시켜 나가야 할 산업이다.

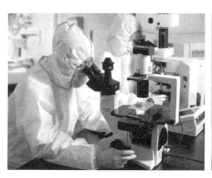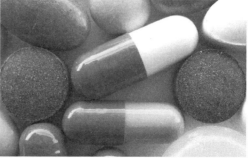

▶ 그림 4.1 ▮ 제약산업

2) High risk, High return 산업

제약산업은 고부가가치 산업이다. 생물, 미생물, 화학 등 기초과학 약학, 의학, 통계 등의 산업과 융·복합이 가능하기 때문에 높은 위험이 있지만 동시에 고수익, 고부가가치를 창출해 내는 유망산업이다.

10년 이상의 장기간이 소요되는 신약개발은 지식기반의 고부가가치산업이다. 하지만 신약 개발의 첫 단계인 후보물질 탐색부터 마지막 신약승인까지 성공 가능성은 평균 0.01%로, 통상 5,000~1만 개의 후보물질 가운데 최종 신약승인의 관문을 통과하는 약물은 단 한 개에 불과하다.

신약개발에 15년이라는 긴 시간과 1~3조 원에 이르는 대규모 자본이 소요되지만 성공하면 막대한 부가가치를 창출할 수 있어 제약산업은 대표적인 'High risk, High return' 산업으로 불린다. 실제 휴미라(자가면역질환치료제), 란투스(당뇨병치료제), 소발디(C형 간염치료제), 아빌리파이(조현병치료제) 등과 같은 일명 블록버스터 약물들의 연 매출액은 각각 10조가 넘는다. 만성골수성 백혈병치료제 글리벡이 2006년부터 2012년까지 6년간 전세계에서 발생한 수익은 268억 1,700만 달러(약 30조 원)에 달한다. 미국의 다국적 제약기업 화이자는 약 10년간 1조 원 이상을 들여 고지혈증치료제 리피토를 개발, 상용화 이후 20년 동안 150조 원 이상의 수익을 창출했다. C형 간염치료제인 하보니(Harvoni)를 보유한 Gilead Sciences는(2016년 기준) 총매출액 38조원을 기록했고, 그중에서 영업이익 26조 원을 기록했다.

3) 성장동력산업

지식기반의 고부가가치 제약산업은 인구 고령화와 만성질환, 신종질병의 증가에 따른 의약품 수요 증가로 인해 세계경제의 저성장 기조에도 불구하고 탄탄한 성장세를 이어가고 있다.

세계의약품 시장규모는 2019년 기준 1,250 b$(약 1,400조 원)으로 이는 반도체시장(약 500조원)의 약 3배에 해당하는 매우 큰 시장으로 미래에도 지속적인 성장이 예상된다. 미국, 중국, 유럽 등 선진국을 비롯한 세계 각국이 제약산업 육성에 국가 차원의 역량을 결집하고 있는 것은 미래 성장엔진을 확보하기 위한 불가피한 선택이라고 할 수 있다.

글로벌 경기 침체가 장기화되고 있지만 최근 2014년-2019년 글로벌제약시장을 보면, 미국을 비롯한 EU 5개국, 일본 등 선진국의 제약시장은 연 평균 3~8%의 성장률을, 특히 중국과 브라질 등 파머징 국가의 제약시장은 연 평균 10% 이상의 높은 성장세를 나타내고 있다.

연도	billion USD	전년대비 성장률
2014	983.0	8.03
2015	1,052.9	7.11
2016	1,104.2	4.87
2017	1,175.0	6.41
2018	1,204.8	2.54
2019	1,250.4	3.78

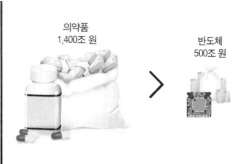

출처: IQVIA, 2019, Dec

▶ 그림 4.2 ▌ 세계의약품시장 규모

4) 의약주권의 중요성

의약품의 개발생산은 인구 고령화, 생활습관의 변화 등에 따른 만성질환 증가로 의약품 수요증가에 맞춰 국내시장에 생산·공급하고 또한 생산된 의약품 수출을 통하여 의료비용과 사회적 비용을 크게 절감할 수 있게 한다. 국내 제약산업이 생산시설 등 제반시설과 의약품 개발 기술이 국제적 요구에 부합하지 못하면 제약산업은 더 이상 성장 발전하지 못할 것이다.

국내 제약산업이 성장하지 못하고 붕괴할 경우 의약품의 안정적 공급에 차질을 빚는 것은 물론 연쇄 구조조정으로 대규모 고용 감축이 이루어지고, R&D 축소 등 사회적, 경제적으로 심각한 문제가 발생한다. 국내 제약산업이 무너지면 결과적으로 해외에서 수입되는 의약품에 대한 의존도가 심화되어 이에 따른 약가에 대한 정부의 통제력이 약화되고 국민의 약값 부담이 증가되는 현상으로 이어질 수밖에 없다. 동남아 국가들 중 국내 제약산업 기반이 무너져 다국적 제약사와 수입의약품에 국민건강권을 의존하는 국가들이 많다. 싱가포르, 말레이시아, 베트남, 대만 등 동남아시아의 경우 제약시장의 80% 이상, 브라질과 페루 등 중남미 국가들도 70% 이상을 수입의약품에 절대적으로 의존하고 있다. 자국 제약산업 육성에 실패한 필리핀은 오리지널 의약품을 세계 각국 평균치보다 비싼 가격으로 구매하여 사용하고 있다. 동남아시아 국가는 의약품자급률이 20%에 불과하지만 대한민국은 76%이다. 이와 관련하여 250곳 국내 제약기업은 완제의약품 생산시설을 보유하고 있고 양질의 의약품을 공급하고 있다.

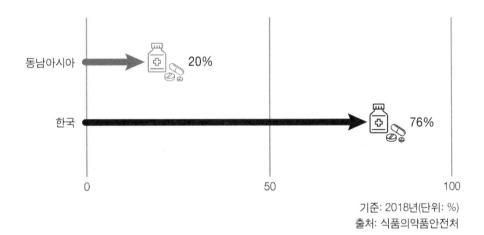

기준: 2018년(단위: %)
출처: 식품의약품안전처

▶ 그림 4.3 ▌ 한국의 의약품 자급률

수입의약품에 대한 의존이 심화되면 의약품 공급 차질과 국민의 약값 부담이 증가하는 문제를 야기할 수 있다. 약가, 공급, 신약 접근성 등의 주도권을 다국적 제약사에게 넘겨주면 정부 통제력의 약화와 함께 국가 보건 수준의 저하를 초래, 국민건강을 다국적 제약사에 맡기는 결과를 가져오게 된다. 2013년 UN은 각국 제약산업이 외국에 의존하지 않고 공장 등 자체적으로 생산할 수 있는 역량을 가지고 있는지의 여부가 그 나라 국민의 건강권을 위한 필수요소 중 하나라고 강조했다.

한국의 제약기업은 응급·위급 환자에 꼭 필요한 기초필수의약품을 안정적으로 생산, 공급하고 있다. 백신은 전세계 상용화된 28종 가운데 14종에 대해 국산화를 이뤘으며, 헌터증후군치료제, 고셔병치료제 등 30여종의 희귀질환치료제를 개발했다.

출처: 한국제약바이오협회

▶그림 4.4 ▮ 국내제약기업 백신 점유율

2009년 전 세계를 공포에 떨게 했던 '신종플루' 발생 당시 국내 제약산업의 기술력으로 개발한 국산 백신이 있어 우리나라는 상대적으로 큰 타격 없이 위기를 극복할 수 있었다. 국가적 위기를 극복해낸 경험에서 보듯 필수의약품을 우리의 힘으로 생산, 공급할 수 있는 제약주권의 보유 여부는 국민의 생명과 건강에 직결되는 의약주권을 지키는 것이 매우 중요하다.

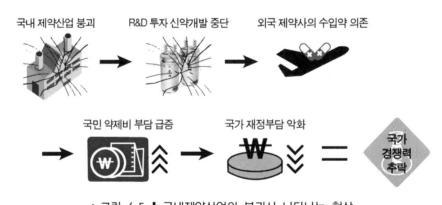

▶그림 4.5 ▮ 국내제약산업의 붕괴시 나타나는 현상

WORKSHOP

■ 의약주권이 왜 중요한가?

5) 제약산업의 직종별 고용현황

제약산업은 일자리 창출을 선도하고 있다. 저성장기조에 따른 제조업계 전반의 고용감축 흐름과는 달리 매년 지속적인 인력 채용으로 제약산업 종사자는 약 10만 명을 넘어서고 있다. 양적으로도 질적으로도 석·박사 등 양질의 인력 유입을 통해 고용시장에 활기를 불어넣고 있다. 2019년 기준 제약산업의 직종별 고용현황을 살펴보면 총 102,912명 중 영업직 인원수는 생산직 다음으로 많은 25,580명(비율 25%)으로 매우 높은 비중을 차지하고 있다.

▶표 4.1 ▌제약산업 직용별 고용현황

구분	업체수/총인력(명)	사무직		영업직		연구직		생산직		기타	
		인원수	비율	인원수	비율	인원수	비율	인원수	비율	인원수	비율
2015	842 94,510	19,115	20.2	25,747	27.2	11,057	11.7	31,664	33.5	6,927	7.3
2016	853 94,929	17,604	18.5	26,443	27.9	11,862	12.5	32,104	33.8	6,916	7.3
2017	855 95,524	17,984	18.8	25,618	26.8	11,925	12.5	33,129	34.7	6,868	7.2
2018	842 97,336	18,979	19.5	25,263	26.0	11,884	12.2	34,217	35.2	6,993	7.2
2019	918 102,912	20,702	20.1	25,580	24.9	12,314	12.0	37,215	36.2	7,101	6.9

출처: 한국제약바이오협회 2020

6) 높은 부가가치산업

전세계 제약 분야 종사자 수는 약 440만 명으로 추정되며, 연 평균 3.3%의 증가율을 보이고 있다. 4차 산업혁명 시대의 도래와 제약산업의 꾸준한 성장으로 제약 분야 종사자는 앞으로도 꾸준히 증가할 전망이다.(독일 wifor 경제연구 보고서, 2015)

국내 제약산업의 경우 제조업은 물론 전 산업 평균 부가가치율을 크게 상회하고 있다. 신약개발에 성공하면 특허를 통해 시장을 독점(물질특허 존속기간 20년)할 수 있어 장기간 고수익 창출이 가능하기 때문이다. 제약산업의 고부가가치, 양질의 일자리 창출 역량에 주목한 정부도 제약산업을 미래 먹거리 산업으로 육성하겠다는 의지를 구체화하고 있다. 정부는 2016년 11대 신산업 분야 가운데 하나로 신약개발을 포함한 바이오·헬스산업을 지정해 미래 성장동력으로 집중육성 한다는 방침을 정했다. 또한 정부는 5대 유망 소비재산업 중 하나로 의약품을 선정해 수출을 확대시켜 나간다는 계획을 밝혔다.

WORKSHOP

- 제약산업 직종별 고용 인력은 증가할까? 줄어들까? 그 이유는?
- 향후 제약 MR의 비중은 증가할까? 줄어들까? 그 이유는?
- 국내제약회사 영업이익률이 높은가? 낮은가? 이유는?

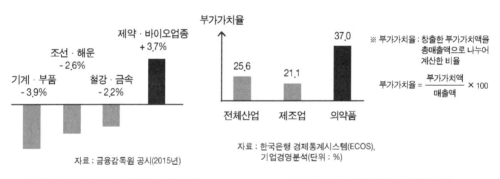

▶ 그림 4.6 ▮ 주요 산업별 고용시장　　　▶ 그림 4.7 ▮ 제약산업 부가가치율

신약개발의 경제를 효과를 보면, 2015년 기준 삼성전자는 매출 200조 원 대비 13%(26조 원)의 영업이익을 얻는 데 비해 미국 제약회사인 길리어드 사이언스는 매출 38조 원에 대한 68.4%(26조 원)의 영업이익을 창출하였으며, 의약품의 부가가치는 37%이다. 이는 제조업 21.1%, 전체산업 25.6%보다 높다.

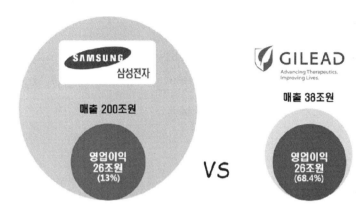

출처: 2017 한국제약산업길라잡이. 한국제약바이오협회

▶ 그림 4.8 ▌ 삼성전자 vs. 길리어드 매출대비 영업이익 비교(2015년기준)

02. 제약산업의 환경

제약산업은 기본적으로 국민의 건강과 삶의 질(QOL : Quality of Life) 향상을 위해서 없어서는 안 되는 21세기 핵심 산업으로 제약시장은 여러 가지 다양한 외부 환경에 영향을 받고 있다.

1) 인구구조의 변화

선진국과 개발도상국 중심으로 보건의료 기술의 발달과 복지개선의 노력으로 인간의 수명은 크게 늘어나고 있다. 2011년에 전 세계 인구는 70억을 돌파했고 2050년에는 96억으로 늘어날 것으로 전망된다. 수명연장은 사회가 고령화되어가는 것을 촉진시키고 있다. 특히 한국은 인구 고령화와 초고령화 사회로의 진입속도가 가장 빠른 국가이다. 이와 같은 고령인구 증가는 제약산업의 성장을 가져올 것으로 예상되는 가장 큰 요인 중의 하나이다.

2) 기후변화로 인한 신종질병의 발생

지구 온난화로 인하여 세계 각국의 기후 변화가 촉진되고 있고, 이는 새로운 질병의 출현과 더불어 기존 질병의 변형을 가져오고 있다. 최근에 발생된 신종플루, 메르스, 조류독감, 코로나-19 등 새로운 질병의 발현은 기후변화가 하나의 중요한 원인 중 하나로 작용하고 있다.

3) 의료 패러다임의 변화

IT 기술의 발전으로 보건의료와 관련된 여러 가지 기술들의 융합이 일어나고 있어, 단순한 질병치료에서 개인의 유전적 특성에 맞는 맞춤형 진료와 사선에 예방과 예측이 가능한 치료로 새롭게 변화하고 있다. 이는 기존의 치료제 중심에서 진단 장비와 의료기기 그리고 보건의료 서비스 사업을 하나의 시스템으로 통합하는 방향을 제공할 것으로 예상된다.

4) 시장의 지속적인 성장

국내 제약산업은 인구 고령화에 따른 만성질환 및 삶의 질 향상(QOL), 의약품 수요 증대와 특허 만료에 따른 제네릭 의약품 시장의 성장, 정부의 중증질환, 희귀의약품의 급여확대, 블록버스터 품목 집중 마케팅으로 정책적 악재가 극복되어 매출 증가와 수익성 증대가 개선되고 있다.

WORKSHOP

- 최근 신종 바이러스 감염증이 유행하는 이유는?

03. 국내 제약산업 현황

1) 국내의약품 생산실적

식품의약품안전처의 자료에 의하면 2020년도 의약품 생산실적은(24조 5,655억 원)으로 전년 대비 10.1% 증가했다.

2020년 의약품·의약외품의 생산·수출·수입실적을 분석한 결과 의약품 무역수지 흑자(1조 3,940억 원)를 기록했다. 수출실적은(9조9,648억 원)으로 전년 대비 62.5%, 수입실적은(8조5,708억 원)으로 전년 대비 5.2% 증가했다. 전체 수출액(9조9,648억 원)의 79.6%를 차지한 완제의약품의 수출이 2019년 대비 92.3% 증가(7조 9,308억 원)한 것이 주된 원인이었다.

2020년도 의약품 시장규모는(23조 1,715억 원)으로 전년 대비 4.7% 감소했으나, 지난 5년간 의약품 시장규모는 수출실적의 상승세로 인하여 연평균 1.6%의 성장률을 보였다.

▸ 표 4.2 ▌ 최근 5년간 전체의약품 생산실적 현황

구분	생산실적	증감률	수출실적	증감률	수입실적	증감률
2016년	188,061	10.8	36,209	5.9	65,404	13.8
2017년	203,580	8.3	46,025	30.5	63,077	-1.0
2018년	211,054	3.7	51,431	14.8	71,552	16.5
2019년	223,132	5.7	60,581	11.2	80,549	6.2
2020년	245,655	10.1	99,648	62.5	85,708	5.2

출처: 식약처

의약외품은 코로나-19 방역물품 생산 증가로 생산실적인(3조 7,149억 원)을 기록하며 2019년 대비 124% 급증했다. 이는 마스크, 외용소독제의 생산실적이 2019년 대비 각각 818%, 926%씩 큰 폭으로 증가하는 등 감염병 예방 물품 수요가 늘어난 영향이 크게 작용했다.

2020년 국내 의약품 시장의 주요 특징은 다음과 같다.

- 완제의약품 생산 비중 및 국산 신약 생산 증가
- 무역수지 흑자 전환을 주도한 완제 의약품 수출 증가
- 국내 바이오의약품 시장 성장, 바이오시밀러 중심으로 수출 증가
- 코로나-19 영향으로 의약외품 수출 증가
- 전문의약품 생산 비중 유지, 국산 신약 생산 꾸준한 증가

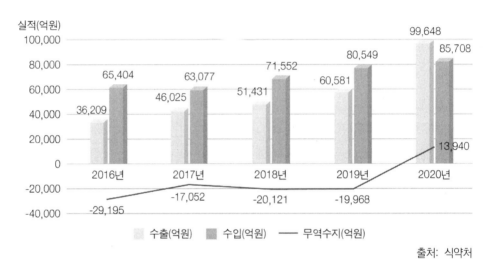

출처: 식약처

▶ 그림 4.9 ┃ 연도별 의약품 수출입 실적 및 무역수지

2) 전문의약품 비중의 증가

식품의약품안전처의 의약품 생산현황을 연도별로 분석한 결과, 2020년 의약품 생산 품목은 2만1,226개로 지난 2016년의 1만846개에 비해 2,680개 늘어났다. 제약사들은 일반의약품 생산을 줄이고 전문약 생산은 늘린 것으로 분석됐다.

지난 2016년 전문약 생산품목 수는 1만3,069개에서 2020년에는 1만5,946개로 2,877개로 전문의약품 수가 증가했다. 반면에 일반의약품 생산품목 수는 5,447개로 약간 감소하였다.

일반의약품 생산액은 2016년(2조743억 원)에서 2020년에는(3조1,779억 원)으로 5 년간 5,036억이 늘어났다. 전문의약품 생산실적은(17조 8,450억 원)으로 완제의약품 중 84.9%를 차지해 최근 5년간 83~85% 수준을 유지했다.

▶ 표 4.3 ▌ 전문의약품 vs 일반의약품 생산실적, 비중

(단위: 개, 억 원, %)

구분	일반의약품					전문의약품					계		
	품목수	전년비 증감률	생산액	전년비 증감률	비중	품목수	전년비 증감률	생산액	전년비 증감률	비중	품목수	생산액	전년비 증감률
2020년	5,280	-3.6%	31,779	-1.4%	15.1	15,946	4.7%	178,450	7.4%	84.9	21,226	210,229	5.9%
2019년	5,478	2.7%	32,245	9.0%	16.3	15,225	7.2%	166,180	6.6%	83.7	20,703	198,425	7.0%
2018년	5,336	-5,6%	29,586	0.1%	16	14,203	4.1%	155,852	6.8%	84	19,539	185,438	5.7%
2017년	5,652	3.2%	29,562	10.5%	16.8	13,639	4.4%	145,949	6.9%	83.2	19,291	175,511	7.5%
2016년	5,477	-2.6%	26,743	9.9%	16.4	13,069	6.4%	136,581	10.0%	83.6	18,546	163,324	9.9%

출처: 식약처

WORKSHOP

- 'Why' 전문의약품 비중은 지속적으로 증가할까요? 그 이유는?
- 완제의약품비중의 수출 비중이 높은 이유는?
- 의약외품 수출이 지속적으로 증가할까?

3) 국내 신약개발 현황

한국의 신약개발 역사는 비교적 짧다. 국내에서 신약개발이 본격화한 시점은 물질특허가 도입된 1987년이다. 물질특허 도입이 제약업계의 신약 연구개발을 촉진시키는 기폭제로 작용하면서 제약업계는 1990년대 신물질 창출과 신약개발의 기반을 축적하게 된다. 1999년 토종 신약 1호 '선플라주'가 탄생하며 신약개발국의 지위를 얻게 된이후 1999년 SK케미칼의 '선플라주' 이후 2018년 CJ헬스케어 '케이캡'정까지 총 30개의 국산 신약이 출시되었고, 2019년 2020년에는 한 품목도 개발되지 못했지만 2021년에 유한양행의 폐암치료제 '렉나자정', 셀트리온의 코로나-19 항체치료제 '레키노나주', 한미약품의 호중구 감소증 치료제 '롤론티스'가 허가를 받아 현재까지 33개의 신약이 탄생되었다.

제약업계는 30년이라는 길지 않은 시간에 쌓은 신약개발 역량을 바탕으로 1999년

이후 18년 동안 연 평균 1.6개의 신약을 꾸준히 탄생시켰으며, 이제 한국 시장을 넘어 세계시장으로 속속 진출하고 있다. 연구개발이 대폭 활성화되면서 현재 1,000개가 넘는 신약후보물질(파이프라인)이 가동되고 있다. 단순히 수가 많아지는 수준에서 탈피해 이제는 국내 개발 신약이 글로벌 무대에 당당히 이름을 올리고 있다.

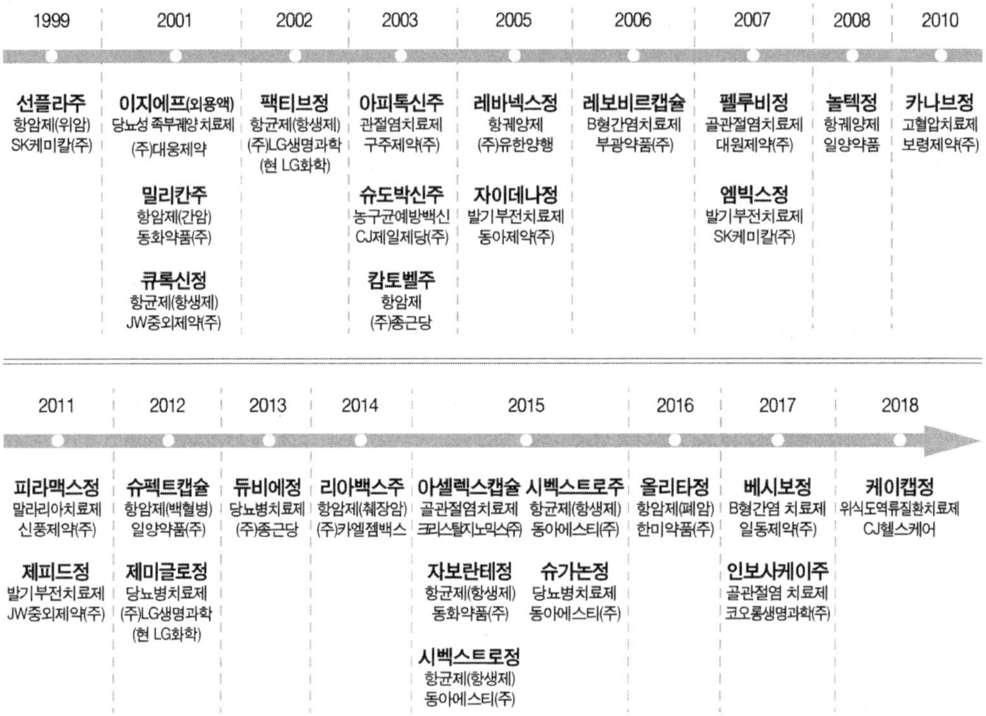

1999	2001	2002	2003	2005	2006	2007	2008	2010
선플라주 항암제(위암) SK케미칼(주)	이지에프(외용액) 당뇨성 족부궤양 치료제 (주)대웅제약	팩티브정 항균제(항생제) (주)LG생명과학 (현 LG화학)	아피톡신주 관절염치료제 구주제약(주)	레바넥스정 항궤양제 (주)유한양행	레보비르캡슐 B형간염치료제 부광약품(주)	펠루비정 골관절염치료제 대원제약(주)	놀텍정 항궤양제 일양약품	카나브정 고혈압치료제 보령제약(주)
	밀리칸주 항암제(간암) 동화약품(주)		슈도박신주 농구균예방백신 CJ제일제당(주)	자이데나정 발기부전치료제 동아제약(주)		엠빅스정 발기부전치료제 SK케미칼(주)		
	큐록신정 항균제(항생제) JW중외제약(주)		캄토벨주 항암제 (주)종근당					

2011	2012	2013	2014	2015	2016	2017	2018
피라맥스정 말라리아치료제 신풍제약(주)	슈펙트캡슐 항암제(백혈병) 일양약품(주)	듀비에정 당뇨병치료제 (주)종근당	리아백스주 항암제(췌장암) (주)카엘젬백스	아셀렉스캡슐 골관절염치료제 크리스탈지노믹스(주) 　　시벡스트로주 항균제(항생제) 동아에스티(주)	올리타정 항암제(폐암) 한미약품(주)	베시보정 B형간염 치료제 일동제약(주)	케이캡정 위식도역류질환치료제 CJ헬스케어
제피드정 발기부전치료제 JW중외제약(주)	제미글로정 당뇨병치료제 (주)LG생명과학 (현 LG화학)		자보란테정 항균제(항생제) 동화약품(주) 　　슈가논정 당뇨병치료제 동아에스티(주)		인보사케이주 골관절염 치료제 코오롱생명과학(주)	
			시벡스트로정 항균제(항생제) 동아에스티(주)			

▶ 그림 4.10 ▌ 국산신약 개발현황

2020년도 국산 신약 매출을 분석한 결과 전체 매출은 3,447억 원으로 2019년 2,833억 원 대비 약 21.7% 성장했다.

LG화학의 당뇨병 치료제 '제미글로'군 총 매출은 약 890억 매출로 전년 대비 12% 성장했다. 보령제약의 고혈압 치료제 '카나브'군 총 매출은 약 718억 원으로 전년 641억 대비 12% 매출이 늘었다. 일양약품의 놀텍과 동아에스티의 '슈가논' 군도 높은 성장률을 달성하며 순위 상승에 성공했다. '놀텍'은 전년도(208억 원) 대비 17.1% 증가한 244억 원을, '슈가논' 군은 전년도(138억 원) 대비 51.3% 증가한 208억 원의 연매출을 각각 기록했다. 특히, HK이노엔의 위식도역류질환 치료제인 '케이캡'은 약

639억원의 매출로 전년대비 106%의 성장을 이루었다. 조만간 HK이노엔의 '케이캡'은 LG화학의 당뇨병 치료제 '제미글로'군과 보령제약의 '카나브' 군과 함께 매출 1,000원을 기록할 것으로 예상된다.

▶ 표 4.4 ▌ 국산신약 매출현황(2020년 기준)

(단위: 백만 원)

순위	제품명	회사명	2019년	2020년	증감률	허가 일자
1	제미글로군	LG화학	79,512	89,063	12.0%	2012. 6. 27
2	카나브군	보령제약	64,102	71,828	12.1%	2010. 9. 9
3	케이캡	HK이노엔	31,026	63,945	106.1%	2018. 7. 5
4	놀텍	일양약품	20,891	24,473	17.1%	2008. 10. 28
5	슈가논군	동아에스티	13,802	20,879	51.3%	2015. 10. 2
6	펠루비	대원제약	22,898	20,437	-10.7%	2007. 4. 20
7	듀비에군	종근당	14,459	16,419	13.6%	2013. 7. 4
8	슈펙트	일양약품	4,893	5,862	19.8%	2012. 1. 5
9	자이데나	동아에스티	6,043	5,647	-6.6%	2005. 11. 29
10	아셀렉스	크리스탈지노믹스	5,336	5,474	2.6%	2015. 2. 5
11	엠빅스군	SK케미칼	6,555	5,403	-17.6%	2007. 7. 18
12	캄토벨	종근당	3,114	3,565	14.5%	2003. 10. 22
13	이지에프군	대웅제약	3,772	3,548	-5.9%	2001. 5. 30
14	피라맥스	신풍제약	0	2,791	759364.3%	2011. 8. 17
15	팩티브	일동제약	2,293	1,525	-33.5%	2002. 12. 27
16	베시보	일동제약	907	1,261	39.0%	2017. 5. 16
17	레보비르	부광약품	1,195	964	-19.3%	2006. 11. 13
18	큐록신	JW중외제약	1,575	890	-43.5%	2001. 12. 17
19	레바넥스	유한양행	721	637	-11.6%	2005. 9. 15
20	올리타	한미약품	113	75	-33.6%	2016. 5. 13
21	자보란테	동화약품	84	63	-25.1%	2015. 3. 20
22	구주제약	아피톡신	36	3	-92.2%	2003. 5. 3
총합계			283,330	344,750	21.7%	-

출처: IQVIA, 2020

4) 개량신약

개량신약(Incrementally Modified Drug, IMD)이란? 안전성, 유효성, 유용성(복약순응도·편리성 등)에 있어 이미 허가(신고)된 의약품에 비해 개량되었거나 의약기술에 있어 진보성이 있다고 식약청이 인정한 의약품으로 신약의 물리화학적 특성, 제제의 다양화 및 효능을 개선함으로써 약효개선, 적응증 추가, 변경, 부작용감소 등 치료개념을 향상 발전시켜 효율을 극대화하고 새롭게 허가 등록된 의약품을 의미한다.

개량신약은 신약에 비해 R&D 비용이나 개발기간의 부담이 적어 국내 제약사의 개발이 활발한 추세이며 주로 이미 승인된 의약품의 구조나 제형 등을 변형해 출시하는 상황이다. 개량신약 개발에 대한 평균 연구개발비는 약 30억 원으로 신약개발 1건에 투입되는 400억 원 대비 약 7-8%의 비용만으로도 개발이 가능하며, 연구기간도 약 3년으로 신약개발의 1/3에 그치는 것으로 알려졌다.

2009년 한미약품의 아모잘탄이 개량신약 1호로 허가 받은 것을 시작으로 2018년까지 모두 233개 품목(자료제출의약품제외)의 개량신약이 허가를 받았다. 고혈압 치료제인 Amlodipine의 경우, Amlodipine maleate 외에도 다양한 형태의 염 변경 개량신약이 출시되었는데 adipate, besylate, camsylate, mesylate, nicotinate 등이 있다.

▶ 표 4.5 ▌ 신약, 개량신약, 제네릭 비교

항목	신물질 신약	개량신약	제네릭
시험항목	효능 독성시험(전체) 임상시험(Ⅰ, Ⅱ, Ⅲ)	효능 독성시험(일부) 임상시험(일부)	생물학적 동등성 시험
개발기간	10~15년	3~5년	2~3년
개발비용	1,000억 원~3조 원	10~40억 원	2~3억 원
독점기간	장기독점/배타적 권리 14년 물질특허 20년	장기독점/배타적권리 3~7년 물질특허 20년 특허분쟁기능	최초 제네릭 출시시 장기독점/배타적 권리 6개월 특허분쟁 및 과다 경쟁

처음 개량신약은 특허를 회피하여 시장에 조기에 진입하는 수준이었으나, 현재는 효능이 향상되고 부작용이 개선된 제품, 복약순응도(drug compliance)를 향상시키는 개선된 제품이 개발되고 있고, 더욱 진보된 방법으로 개량신약이 개발될 것으로 예상된다.

WORKSHOP

- 국산신약이 허가받은 대부분의 임상시험은? 이유는?
- Drug Repositioning 전략으로 성공한 국내 신약은?
- 개량신약(IMD)vs Bio better
- 제네릭 의약품 허가사항 중 공동생동 1+3이란?

▶ 표 4.6 ┃ 개량신약의 성공 사례

종류	오리지널 개발사/제품	개량신약 개발사/제품	개량신약 특징	개량신약 성과
구조변형 (이성체)	AstraZeneca/ Omeprazole (LosecTM)	AstraZeneca/ Esomeprazole (NexiumTM)	S-이성체는 R-이성체에 비해 대사안정성 증가→약효증가, 부작용 감소	LosecTM의 특허 만료 시점에 NexiumTM으로 성공적 제품 Switch→2005년 기준 57억 불의 거대 제품화
구조변형 (Prodrug)	Pfizer/ Gabapentin (NeurontinTM)	XenoPort/ XP13512	Gabapentin의 새로운 Prodrug 개발로 흡수율을 획기적으로 증가시키고 개체별 흡수차이를 줄였으며, SR Formulation 가능	Astellas에 동남아 판권 US 85Mil. +Running Royalty에 매각, 현재 임상 3상 진행중
신규제제 (제어방출)	Bayer/ Nifedipine (AdalatTM)	Alza/Oros Technology (Adalat orosTM)	삼투압을 이용한 Oros Technology의 개발로 부작용을 줄이고 1일1회 요법제 개발	Bayer에 기술을 이전하여 2004년 기준으로 약 8억불의 연간 매출을 올림
신규용도 (적응증)	Merck/ Finasteride 5mg (ProscarTM)	Merck/ Finasteride 1mg (PropeciaTM)	기존 Proscar는 전립선 비대증 치료제로 개발되었으나, 이후 용량을 줄여 대머리 치료제 용도로 개발	2004년 기준 Proscar 매출 약 7.3억불 이외에 신규 용도인 Propecia 매출을 약 2.7억불 올리고 있음
구조변형 (신규염)	Pfizer/ Amlodipine besylate (NovarscTM)	Hanmi/ Amlodipine camsylate (AmodipinTM)	기존의 베실산염을 캄실산염으로 바꾸어 광안정성을 획기적으로 개선함	2005년도 국내 매출 약 400억원의 거대품목으로 성장. 국내에 개량신약 성공모델 제시

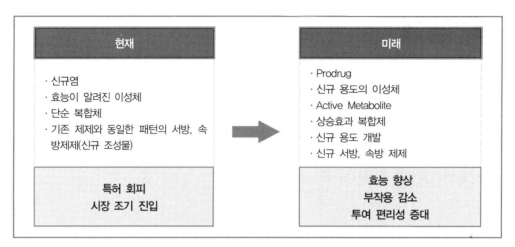

▶ 그림 4.11 ▌ 국내 개량신약 개발전략

5) 제네릭 의약품

제네릭 의약품은 주성분, 안전성, 효능, 품질, 약효 작용원리, 복용방법 등에서 최초 개발의약품(특허 받은 신약)과 동일한 약이다. 제네릭 의약품은 개발할 때 인체 내에서 이처럼 최초 개발의약품과 효능, 안전성 등에서 동등함을 입증하기 위하여 반드시 생물학적 동등성 시험을 실시해야 하며 정부의 엄격한 허가관리 절차를 거쳐야 시판할 수 있다. 생물학적 동등성 시험은 동일한 약효 성분을 함유한 동일한 투여경로의 두 제제(오리지널과 제네릭)가 인체 내에서 흡수되는 속도 및 흡수량이 통계학적으로 동등하다는 것을 입증하는 시험이다.

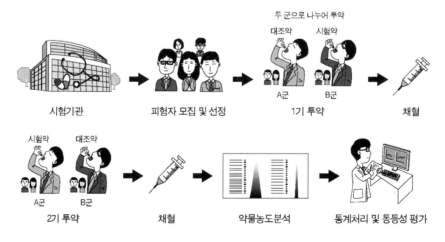

▶ 그림 4.12 ▌ 생물학적 동등성 시험 방법

미국, 유럽, 일본 등 선진국에서도 제네릭 의약품 허가시 생물학적 동등성 시험을 요구하고 있다. 특히 미국 FDA는 생물학적 동등성 시험이 비교 임상시험보다 정확성, 민감성, 재현성이 우수하여 제네릭 의약품의 동등성 입증방법으로 권장하고 있다. 우리나라도 선진국의 심사기준과 동일한 기준을 적용, 생물학적 동등성 시험과 비교 용출시험 등 여러 단계의 안전성과 유효성을 심사하는 과정을 거쳐 제네릭 의약품을 허가하고 있으며 허가 이후에도 주기적으로 제조시설에 대한 점검을 실시, 의약품의 제조와 품질을 엄격하게 관리하고 있다. 각국의 약제비 억제정책 강화에 따른 제네릭 의약품 사용 권장과 글로벌 신약의 특허만료 등으로 제네릭 의약품의 매출 비중이 증가하는 추세이다. 오리지널과 비교, 효능과 안전성 등은 동일하고 상대적으로 가격이 저렴하기 때문에 보험정책상 선호되고 있다. 2009년 IMS Health의 각 국가별 제네릭 의약품 처방 비중 조사에 따르면 최대 제약시장인 미국의 경우 약 90%에 달하는 것으로 나타났다.

제네릭 의약품 전문기업인 테바(이스라엘)의 경우 1999년 매출규모가 13억 달러에 불과했으나 2017년 235억 달러로 세계 10대 제약기업 대열에 진입하는 등 신약개발 주력기업과 대등한 경쟁을 하고 있다. 테바는 2013년 11월 ㈜한독과 합작회사(joint company)인 ㈜한독테바를 설립, 한국시장에 진출했다.

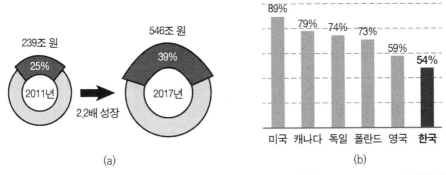

출처: IMS Health, 보건산업진흥원

(a) 전체 의약품 중 제네릭 의약품 비중 추이 (b) 주요 국가별 제네릭 의약품 사용 비중

▶ 그림 4.13 ▎ 제네릭 의약품의 추이

6) 바이오 의약품

바이오 의약품은 사람이나 다른 생물체에서 유래된 세포, 조직, 호르몬 등을 이용해 개발된 의약품으로 백신, 혈액제제, 유전자재조합 의약품, 세포치료제, 개량생물의약품(바이오베터), 유전자치료제 동등생물의약품(바이오시밀러) 등을 들 수 있다.

바이오 의약품은 합성의약품에 비해 복잡한 구조를 가지고 있으나 생물 유래물질로 고유의 독성이 낮고 난치성, 만성질환에 뛰어난 효과를 가지고 있다. 특히 의약산업 환경이 치료 중심에서 개인 맞춤형에 기반한 예방중심으로 점차 전환하면서 세포치료제와 유전자재조합 의약품 등 새로운 개념을 지닌 의약품의 연구개발이 활발해지고 있다.

세계 의약품 시장에서 신약 연구개발(R&D)중심이 합성의약품에서 바이오의약품으로 이동하고 있다. 바이오의약품은 합성의약품에 비해 약효가 우수하고 부작용이 적은 장점이 있다. 더구나 임상시험에서 상업화까지 가는 전체 신약개발 성공률도 합성의약품에 비해 상대적으로 높아 글로벌 빅파마들은 연구개발에 바이오의약품 비중을 높이고 있다. 바이오의약품 종류에는 생물학적 제제, 유전자재조합 의약품, 세포치료제, 유전자 치료제, 바이오베터, 바이오시밀러가 있다. 한국은 아직 바이오의약품 연구개발에 있어 걸음마 단계에 있지만 바이오의약품의 한 분야인 바이오시밀러 개발이 활발히 진행되면서 축적된 기술력을 바탕으로 향후 바이오의약품 개발에 있어서도 성과를 낼 것으로 기대된다.

지난 2003년부터 2019까지 FDA 승인 신약 23개 중 바이오의약품이 10개로 나타났다. 특히 셀트리온과 삼성바이오에피스의 FDA 승인이 최근에 많이 이루어지고 있다. 아직 개발되는 전체 신약 중 합성의약품의 수가 많기는 하지만 해가 갈수록 개발되는 신약 중 바이오의약품 비중이 갈수록 증가될 것으로 예상된다.

▶ 표 4.7 ▌ 미 FDA 승인 신약 현황(2003~2019년)

순번	허가시기	회사명	제품명	효능군	분류
1	2003년 4월	LG화학 (전 LG생명과학)	팩티브	항생제	합성신약
2	2007년 4월	LG화학 (전 LG생명과학)	밸트로핀	인간성장호르몬	바이오시밀러
3	2013년 8월	한미약품	에소메졸	항궤양제	개량신약
4	2014년 6월	동아ST	시벡스트로(경구용)	항생제	합성신약
5	2014년 6월	동아ST	시벡스트로(주사제)	항생제	합성신약
6	2015년 12월	대웅제약	메로페넴	항생제	제네릭
7	2016년 4월	셀트리온	인플렉트라 (국내명 램시마)	자가면역질환치료제	바이오시밀러
8	2016년 5월	SK케미칼	앱스틸라	혈우병치료제	바이오신약
9	2017년 4월	삼성바이오에피스	렌플렉시스 (국내명 레마로체)	자가면역질환치료제	바이오시밀러
10	2017년 7월	휴온스	0.9% 생리식염주사제	수분결핍 공급 등	제네릭
11	2018년 11월	셀트리온	트룩시마	항암제	바이오시밀러
12	2018년 11월	셀트리온	테믹시스	항바이러스제	개량신약
13	2018년 12월	셀트리온	허쥬마	항암제	바이오시밀러
14	2018년 4월	휴온스	리도카인주사제	국소마취제	제네릭
15	2019년 1월	삼성바이오에피스	온트루잔트 (국내명 삼페넷)	항암제	바이오시밀러
16	2019년 2월	대웅제약	주보(국내명 나보타)	주름개선제	바이오신약
17	2019년 3월	SK바이오팜	수노시 (성분명 솔리암페톨)	수면장애치료제	합성신약
18	2019년 4월	셀트리온	리네졸리드	항생제	제네릭
19	2019년 4월	삼성바이오에피스	에티코보	자가면역질환치료제	바이오시밀러
20	2019년 7월	삼성바이오에피스	하드리마 (유럽명 임랄디)	자가면역질환치료제	바이오시밀러
21	2019년 11월	SK바이오팜	엑스코프리 (성분명 세노바메이트)	뇌전증 치료제	합성신약
22	2019년 11월	SK케미칼	SID710 (성분명 리바스티그민)	치매치료제(패치)	제네릭
23	2019년 12월	휴온스	부피바카인염산염 주사제	국소마취제	제네릭

출처: 제약바이오협회, 2020

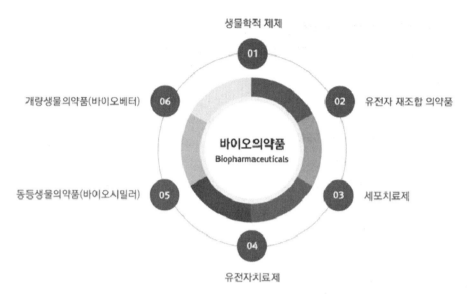

출처: 한국바이오의약품협회

▶ 그림 4.14 ┃ 바이오의약품의 종류

7) R&D 투자 현황

전 세계적으로 신약개발 경쟁이 치열하게 전개되고 있다. 글로벌 제약기업들은 매년 천문학적인 연구개발비를 투자하며 신약개발에 집중하고 있다.

'Evaluate pharma(2020)'에 따르면 2019년 기준 글로벌 의약품 R&D 투자는 1,860억 달러로 추정되고 있다. 향후 7년간('19~'26년) 연평균 3.2% 증가하여 2026년에는 2,325억 달러에 이를 것으로 전망하였다.

'Roche'는 2019년 글로벌 R&D 투자 부문에서 전체 매출액의 21.3%인 103억 달러를 투자하며 1위를 차지하였다. 2026년 R&D 투자금액은 129억 달러로 향후에도 글로벌 R&D투자 상위 순위를 유지할 것으로 예상된다. 글로벌 R&D 투자 부문 7위를 차지한 'Eli Lilly'는 2019년 56억 달러로 글로벌 R&D 투자 상위 10위 기업 중 매출 총액 대비 R&D 투자액 비중이 22.7%로 가장 높게 나타났다.

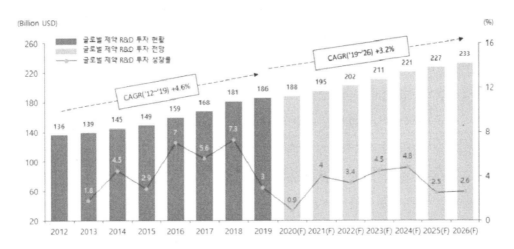

출처: Evaluate Pharma Word Preview 2020, Outlook to 2026, Evaluate Pharma, 2020.7.16.

▸ 그림 4.15 ┃ 글로벌 제약 R&D 투자 현황 및 전망(2012년~2026년)

▸ 표 4.8 ┃ 글로벌 R&D 투자 상위 20대 기업 현황 및 전망('19년, '26년)

(단위: 억 달러.%)

순위 　　　　　 기업명	R&D 투자액(억 달러)		매출 총액대비 R&D 투자액 비중(%)	
	2019년	2026년(F)	2019년	2026년)
1 Roche	103	129	21.3	21.2
2 Johnson & Johnson	88	107	22.0	19.1
3 Merck & Co	87	110	21.3	20.6
4 Novartis	84	97	18.2	17.7
5 Pfizer	80	97	18.2	18.9
6 Bristol-Myers Squibb	59	94	23.4	21.0
7 Eli Lilly	56	70	27.9	22.7
8 GlaxoSmithKline	55	76	17.7	18.6
9 AstraZeneca	53	75	22.9	18.3
10 Abbvie	50	73	15.4	13.9
상위 10위 소계	716	928	21.6	20.4
기타	1,146	1,397		
총 합계	1,861	2,325	21.4	16.7

출처: Evaluate Pharma Word Preview 2020, Outlook to 2026, Evaluate Pharma, 2020.7.16

반면 국내 제약기업들은 연구개발비는 명백한 열세에 있다. 국내 제약기업 전체의 연간 연구개발비 총액은 글로벌 제약사 한 곳의 연간 연구개발비에 불과한 실정이다. 제약산업은 다른 산업 대비 R&D 투자 비중이 매우 높은 기술집약적 산업으로서 국내 제약사업계는 신약개발 투자를 지속적으로 확대하고 있다. 한국제약협회에 따르면 2002년 국내 제약바이오 기업의 매출액 대비 연구개발비 비중은 4.9%에 불과했으나, 2018년 제약기업들의 매출액 대비 연구개발비중은 약 6.4%, 2019년 8.6%로 증가했고, 그중 매출액 상위 10대 기업 평균은 14.8%로 나타났다. 국내 제약사의 연구개발비는 글로벌 제약사에 비해 매우 작지만 매년 그 규모를 늘려가며 신약개발에 한 걸음씩 다가서고 있다.

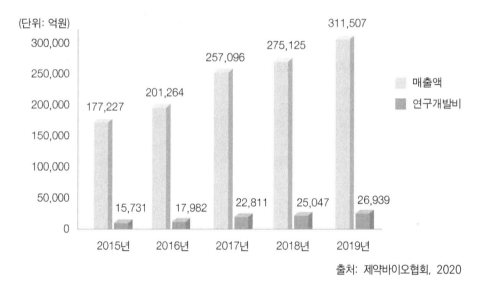

출처: 제약바이오협회, 2020

▸그림 4.16 ┃ 국내상장기업 매출액 VS 연구개발비(2015-2019)

WORKSHOP

- 제약기업이 다른 산업에 비하여 R&D 비중이 높은 이유는?

8) 선진국 수준의 생산관리 시스템

2000년대 중반 이후 GMP 선진화 project에 따라 미국 등이 요구하는 cGMP 수준의 생산기반 구축을 위해 3조 원 이상의 비용이 투입되었다. 2014년 식약처의 PIC/S (의약품 실사 상호협력기구) 가입과 의약품 설계기반 품질 고도화(QbD : Quality by Design) 도입을 추진하고 있다. QbD는 제조공정과 품질관리로 이원화된 현 시스템을 하나의 시스템으로 융합, 첨단기술을 활용해 의약품 생산공정에서 발생할 수 있는 위험성을 사전에 예측하고 대처하는 품질관리시스템 구축, 미국, 유럽, 일본 등이 주도한 의약품 국제조화회의(ICH)에서 확립한 국제기준으로서 식약처는 제형별 QbD 적용모델 및 기초기술 개발을 통한 제도의 도입기반 구축을 추진하고 있어 향후 국산의약품의 글로벌 위상 제고와 해외수출 증대가 기대된다. 선진국 수준의 생산관리 시스템 확보로 인하여 항암제 등 특화된 제품을 유럽시장에 수출하는 한국기업의 수가 증가하고 있다.

1977		1994		2008		2014		2016
GMP 기준 제정	➡	GMP 전면의무화 (제형별, 사후 GMP 평가)	➡	GMP 기준 개정 (품목별, 사전 GMP 평가, 밸리데이션 실시)	➡	PIC/S 가입	➡	ICH 정회원 가입

▶ 그림 4.17 ▮ GMP 기준 발전 현황

WORKSHOP

- 국내제약회사의 R&D 비율은 증가할까? 줄어들까? 그 이유는?
- 제약산업을 규제산업이라고 한다. 그 이유는?

04. 국내 제약회사의 경영전략

1) 윤리경영의 필요성

제약업계에 윤리경영이 확산되고 있다. 한국의 제약업계가 글로벌 제약시장에 성공적으로 진출하기 위해서는 약의 효능효과 못지않게 그 의약품을 만든 기업의 투명성이 강조되고 있다.

제약산업이 사람의 생명과 연관된 의약품을 다루는 만큼 다른 산업보다 높은 윤리의식이 필요하다는 인식이 강화되고 있다. 제약사의 윤리경영이 단순한 기업 이미지 개선이 아닌 필수적인 요소로 인식되면서, 업계 투명성 강화를 위한 요구도 높아지고 있는 상황이기에 한국제약협회(KPMA)와 한국다국적의약산업협회(KRPIA)는 국내 제약기업의 윤리경영 실천방안을 모색하고 지키기 위해 노력하고 있다.

전 세계적으로 공정경쟁의 자율규제를 장려하고, 위반행위를 대중에게 공개하는 등 투명성 제고에 대한 관심이 높아지고 있다. 제약업계와 보건의료 전문가 등 모든 이해당사자의 윤리기준이 높아져야 한다. 제약업계의 투명성 제고를 위해서는 제약사뿐 아니라 요양기관과 의료인의 참여가 필요하다. 자정 노력을 뒷받침하기 위해서는 관련자들의 합의에 의해 이루어진 지침을 마련하는 등 시스템구축이 절실하게 필요하다. 윤리적인 업무 수행은 필수지만, 업계에 통일된 행동강령과 예측 가능한 운영시스템 구축이 뒤따라야 자율행동강령의 실효성을 높일 수 있다. 한국제약협회(KPMA)와 한국다국적의약산업협회(KRPIA) 회원 대부분 회사들은 2015년 공정거래 관련 법규를 자율적으로 준수하기 위해 운영하는 준법시스템인 자율준수프로그램(CP : Compliance Program)을 선포하고 실천하고 있다. 더 나아가 2017년부터 상위 제약기업들은 준법경영 강화 및 부패방지경영시스템을 도입하고 있다. ISO 37001(ISO 37001: anti-bribery management systems)은 국제표준화기구(ISO: International Organization for Standardization)가 제시하는 표준에 따라, 조직에서 발생 가능한 부패 행위를 사전에 식별하고 통제하기 위해 고안된 부패방지경영시스템이다. 정부기관과 비정부기구, 기업체 등 다양한 조직이 반부패경영시스템 프로그램을 수립하고, 집행·유지하는데 도움을 주고자 고안된 부패방지 국제표준이다. 한국제약협회에 따르면

2019년 12월 현재 2017년 11월 한미약품을 첫 시작으로 2년 만에 ISO37001(글로벌 부패방지경영시스템) 인증 제약업체가 38개 회사로 늘어났다. 일부 제약기업들은 스스로 부패방지 책임자와 내부 심사원 등으로 구성된 부패방지위원회를 구성하여 각 부서에서 발생할 수 있는 부패 리스크 식별 및 평가를 통해 부패방지경영시스템을 수립·실행·유지 및 개선하는 등 전사적인 노력을 기울이고 ISO 37001 인증을 통해 부패방지경영시스템이 기업문화로 정착될 수 있도록 정기적인 임직원 교육과 모니터링 등을 지속적으로 실시하고 있다.

'ISO 37001'과 'CP'의 차이점은 Compliance Program이 위에서 아래를 관리, 통제하는 하향처리방식이라면 'ISO 37001'은 전 직원에게 역할과 권한, 책임이 부여되는 전사적 개념이라는 점에서 차이가 있다. Compliance Program이 조직에 한정해 적용되는 시스템인데 반해 'ISO 37001'은 조직과 사업관계자 등 이해당사자를 포함한다는 점도 차이점인 것이다.

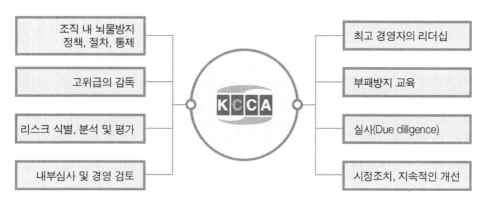

▶ 그림 4.18 ┃ ISO37001(부패방지 경영시스템)의 주요 요구사항

윤리경영이란 막연히 기업은 도덕적이어야 한다는 생각에서 더 나아가 기업이나 종업원에 관한 도덕적 규범이나 규칙, 경영자의 올바른 가치관, 임직원의 정직한 행동, 정당한 실행을 최우선 가치로 생각하며, 투명하고 공정하며 합리적인 업무 수행을 추구하는 경영 정신을 의미한다.

윤리경영은 글로벌기업과의 파트너십 비중이 높아지는 상황에서 필수조건이며 회사 생존문제로 직결된다. 불법 리베이트 영업은 당장의 매출에서는 효과를 볼 수 있지만 약가인하, 품목 허가취소까지 이어질 수 있고, 잘못하면 회사의 존립마저 위협할 수 있으므로 현대사회에서 제약사의 윤리경영은 선택이 아닌 필수라고 볼 수 있다.

2) CSR vs CSV

(1) 기업의 사회적책임(CSR: Corporate Social Responsibility)

기업이 경제적 책임이나 법적 책임 외에도 폭넓은 사회적 책임을 적극적으로 수행해야 한다는 것을 말한다. 이는 기업 경영방침의 윤리적 적정, 제품 생산 과정에서 환경파괴, 인권유린 등과 같은 비윤리적 행위의 여부, 국가와 지역사회에 대한 공헌 정도, 제품 결함에 대한 잘못의 인정과 보상 등을 내용으로 한다.

국내 동아제약은 기업의 사회적 책임(CSR) 활동으로 재활용이 가능한 종이봉투와 무색투명 페트병 용기를 전면 도입하는 등 제약업계에 친환경 바람을 일으키고 있다. 동아제약은 친환경, 사회적 기여, 투명한 지배구조 등 비재무적 가치를 중시하는 경영을 위한 의사협의기구인 사회적 가치위원회를 신설하여 지난 1991년부터 29년간 약국에 공급해온 박카스 비닐봉투를 종이봉투로 전면 교체를 통하여 사회적 책임 활동을 하고 있다.

다국적기업 존슨앤존슨의 '타이레놀' 사례는 의약품은 사람의 생명과 직결되므로 안전한 제품을 공급하기 위한 기업의 사회적 책임을 잘 보여주는 사례다. '타이레놀'은 가장 유명한 해열진통제 중 하나이다. 1982년 누군가 의도적으로 타이레놀에 독성물질을 넣어 그 타이레놀을 먹은 7명이 사망하는 사건이 발생했다. 수사 결과 누군가가 소매 단계에서 고의로 약품을 오염시켰다는 사실이 밝혀져지고, 독극물 주입이 시카고에서 이루어졌다는 것도 드러났다.

존슨앤존슨은 생산과정에서 독성물질이 발견되었다는 누명을 벗었음에도 '타이레놀' 전 제품을 모두 회수하는 강력한 안전조치를 취한다. 이 과정에서 많은 비용이 소모되었다. 그럼에도 불구하고 존슨앤존슨은 안전성을 위해 과감히 유명브랜드를 몇 년간 접었다. 몇 년 후 다시 안전성이 보강된 '타이레놀'이 출시되었다. 그 당시 단기적으로는 손해를 봤지만, 지금은 미국과 전 세계에서 가장 안전한 해열진통제로 각인되어 옛 명성을 회복한 강력한 브랜드가 되었다.

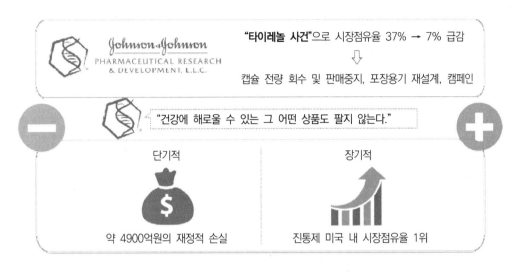

▶ 그림 4.19 ▌ 존슨앤존슨의 CSR 활동

(2) 기업의 공유가치 창출(CSV: Creating Shared Value)

기업이 수익 창출 이후에 사회공헌을 하는 것이 아니라 기업활동 자체가 사회적 가치를 창출하면서 동시에 경제적 수익을 추구하는 것이다. 이는 경제적, 사회적 여건을 개선시키면서 동시에 사업의 핵심 경쟁력을 강화하는 일련의 기업정책 및 경영활동으로, 기업의 경쟁력과 주변 공동체의 번영이 상호 의존적이라는 인식에 기반하고 있다.

유한양행의 유일한 박사는 1936년 개인 소유였던 유한양행을 법인체 주식회사로 전환했다. '사회 전체의 발전을 위해 기업을 성장시키는 것이 기업의 임무이며 책임'이라고 생각했기 때문이다. 이처럼 유한양행은 태초부터 사회적가치를 창출하는 활동을 하며, 한국제약기업에 CSV시스템을 최초로 구축시켰다.

3) ESG 경영

❖ **ESG(Environment, Social, Governance)란?**

기업활동에 친환경 경영, 사회적 책임경영, 지배구조 개선 등의 요소를 고려해야 지속 가능한 발전을 할 수 있는 철학을 담고 있다

ESG는 환경보호(Environment), 사회공헌(Social), 윤리경영(Governance)의 줄임말이다. 기업이 환경보호에 앞장서고, 사회적 약자에 대한 지원과 사회공헌활동을 활발히 하며, 법과 윤리를 철저히 준수하는 윤리경영을 실천하는 것을 말한다. 즉, 기업이 경영이나 투자를 할 때 매출 같은 재무적 요소에 더해 ESG 같은 사회적, 윤리적 가치를 반영해 경영하거나 투자하는 것이 ESG 경영이다.

지속 가능한 경영이 중요해지면서 앞으로는 ESG 경영 성과가 기업의 운명을 좌우하는 경영평가 지표로 대두될 전망이다. 정부도 2030년부터 모든 코스피 상장사에 ESG 정보를 반드시 공시하도록 했다.

이 같은 ESG는 기업뿐 아니라 국가 평가에도 도입되어 국제신용평가사인 무디스는 국가별 ESG 신용 영향 점수를 평가하기 시작했다. 이에 따르면 우리나라는 독일, 스위스 등과 함께 1등급을 받았고, 미국, 영국 등 30개 나라는 2등급, 일본, 중국 등 38개 나라는 3등급을 받았다. 국가 및 기업 경영, 자본시장 투자에 ESG가 필수조건인 시대가 된 것이다. 특히, 코로나-19, 기후위기 등 다양한 이슈 때문에 ESG가 큰 관심을 받고 있다.

ESG경영 중요성과 이유는 무엇인가?

첫 번째, 심각해진 기후변화 때문이다. 최근 심각한 자연재해가 빈번하게 발생하고 있는데, 균형을 잃은 생태계로 인해 홍수, 가뭄 등의 자연재해가 발생하고 있고, 이미 해수면 온도는 산업화 이전보다 1.1도나 올랐고 해수면 비용은 무려 17조 달러라고 추산하고 있다. 이런 상황으로 전세계 각국들은 환경과 관련된 규제를 강화하고 있다. 탄소는 규제하고 친환경 에너지는 독려하고 있다.

두 번째, 친환경 에너지 생산, 탄소규제는 지금까지는 관심이 미진했다. 하지만 기후변화로 인해 위기가 도래하자 정부가 직접 나서고 있다. 기후위기 대응을 위해 탄소사회법안을 발의했고 20조 규모의 뉴딜펀을 조성했다. 국내 국민연금은 2020년까지 전체 자산 절반을 ESG관련 영역에 집중하겠다고 밝혔다. 현재 기업들이 ESG에 집중하는 이유도 경제활성화를 위해 ESG투자를 받고 싶기 때문이다.

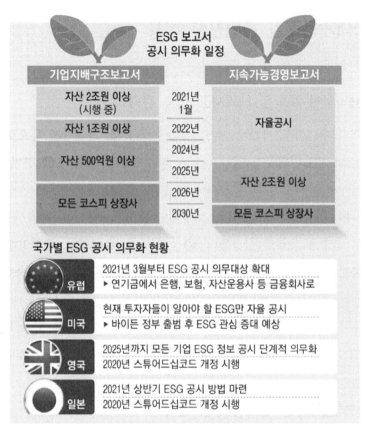

출처. 매일경제 https://www.mk.co.kr/news/stock/view/2021/01/46387/

▶ 그림 4.20 ▎한국을 포함한 세계 각국의 ESG공시 의무화

WORKSHOP

- 제약산업의 윤리경영이 왜 필요한가?
- CP vs ISO 37001
- 제약회사들이 ESG경영을 강조하는 이유는?

05. 국내제약기업 해외진출 현황

1) 주요 제약사별 특화된 해외시장 진출 전략

내수 중심의 전문의약품 사업이 약가인하와 정부규제, 과다경쟁 등으로 성장의 한계에 직면하여 다양한 해외시장 진출 시도가 활발해질 전망이다. ❶ 한미약품과 녹십자 등 상위 제약사는 시장이 큰 선진국에 진출하기 위해 글로벌 신약개발에 투자 집중하고 있다 ❷ 대웅제약과 종근당, 보령제약 등의 제약사는 제약산업 신흥시장(Pharmerging) 진출을 목표로 설정했다. ❸ 에스티팜, 유한화학, 유한양행 등과 같은 제약사는 다국적 제약기업에 원료의약품을 수출하여 선진국 시장에 진출한다. 정부의 신약개발 지원과 제약사의 신약개발 의지는 지속될 전망이다. 오픈이노베이션을 통한 신약개발 활동이 증가되고, 제약사와 바이오벤처 간의 노하우 공유 및 외부 신약 파이프라인을 도입하는 오픈이노베이션 차원의 신약개발 제휴가 증가될 것이다.

2) 신약후보물질 개발 및 기술수출 전략

정부 및 제약사의 지속적인 R&D투자 증가로 임상단계의 신약후보물질 수가 크게 증가했다. 제약사들은 자체적으로 신약후보물질을 개발하거나 외부에서 개발 중인 후보물질을 도입하여 공동 개발하는 경우도 증가하고 있어, 임상 단계의 신약 파이프라인 양적으로 크게 증가했다. FDA 임상 3상에 진입하는 사례가 증가하는 등 질적으로도 성장한 경우도 있지만 비임상 단계 이전의 선도물질 및 후보물질은 상대적으로 부족하여 이에 대한 파이프라인 강화가 필요하다.

신약 개발과 관련하여 글로벌 판매망이 구축되지 않은 국내 바이오텍에게 가장 필요한 것은 신약의 기술이전과 관련된 의사결정 과정이다. 각 임상 단계별 성공확률이 다르고, 어느 임상 단계에서 기술이전 계약을 하느냐에 따라서 총 계약금액과 로얄티가 달라지기 때문이다. 이런 기술이전 계약의 특징과 바이오텍의 취약한 재무 구조 등으로 인하여, 바이오텍이 글로벌 Big pharma를 상대로 기술이전을 하는 stage를 정하는 것은 매우 중요한 의사결정이 문제가 된다.

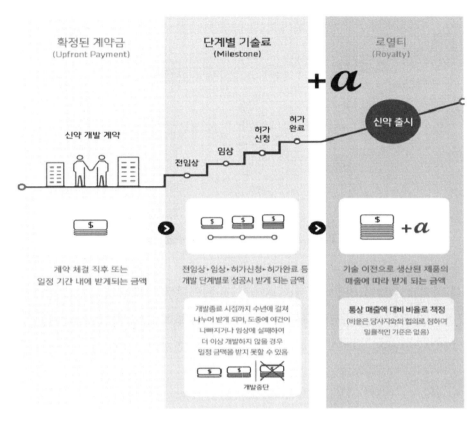

▶ 그림 4.21 ┃ License계약시 수익구조

WORKSHOP

- 글로벌 Big Pharma들이 주로 License in 하는 신약개발 단계는?
- 국내제약기업의 기술수출 계약금(Upfront) 비율은?
- 국내제약기업의 기술수출 계약금(Upfront) 비율이 낮은가? 높은가? 그 이유는?

3) 제약바이오산업 기술 수출 현황

제약바이오산업 기술 수출 실적은 최근 3년간 꾸준히 성장해왔다. 2017년 1조3,955억원, 2018년 5조3,706억원, 2019년 8조5,165억원, 2020년 10조1,488억원으로 매년 사상 최대치를 경신했다.

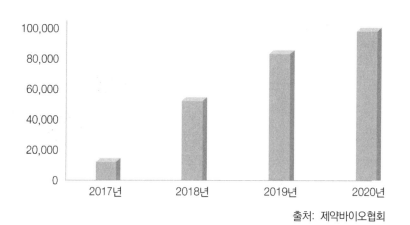

출처: 제약바이오협회

▸그림 4.22 ┃ 최근 4년간 기술수출 실적

국내 바이오 산업이 성장하면서 해외시장 진출에 대한 기대가 높아지고 있다. 개발을 끝낸 치료제를 외국 파트너사를 통해 판매하거나 임상 단계에 있는 후보물질을 다국적 제약사에 높은 가격으로 파는 방식으로 해외 진출이 이뤄지고 있다.

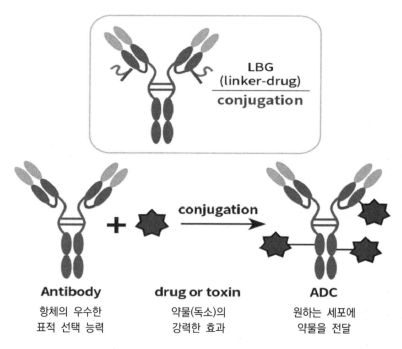

출처: 레고켐바이오

▸그림 4.23 ┃ 차세대 ADC플랫폼 기술

▶ 표 4.9 국내제약사 기술특허 수출 현황(2019-2020년)

연도	기술수출기업	대상업체(국적)	기술수출내용	계약조건 및 기술료
2019년	유한양행	미국 / 길리어드사이언스	YH-25724 (NASH치료제)	7억8,500만달러
	GC녹십자	중국 / 캔브릿지생명과학	헌터라제	비공개
	티움바이오	이탈리아 / 키에지	TGF-β	약 827억원
	SK바이오팜	스위스 / 아벨테라퓨틱스	세노바메이트	5억 3천만달러
	올릭스	프랑스 / 떼아오픈이노베이션	OLX301A	226만달러
	레고켐바이오	미국 / 밀레니엄파마슈티컬	ConjuALL	약 4,500억원
	셀트리온	일본 / 비공개	CT-G20	약 283억원
	GC녹십자	일본 / 클리니젠	헌터라제ICV	2억 2천만달러
	브릿지바이오	독일 / 베링거인겔하임	BBT-877	약 1조 5,183억원
	유한양행	독일 / 베링거인겔하임	YH25724	8억 7천만$
	JW중외제약	중국 / 심시어	URC-102	약 836억원
	지아이이노베이션	중국 / 심시어	GI-101	약 9,393억원
	큐라티스	인도네시아 / 국경기업바이오파마	QTP101	약 1조 2,000억원
	알테오젠	비공개 글로벌 10대제약사	ALT-B4	약 1조 6,190억원
2020년	레고켐바이오	영국 / 익수다	ConjuALL	약 4,963억원
		영국 / 익수다	LCB73	약 2,784억원
	퓨쳐켐	오스트리아 / 이아손	FC303(전립선암진단 방사성의약품)	약 16억원
	알테오젠	비공개 글로벌 10대제약사	ALT-B4	약 4조 6,770억원
	한미약품	미국 / MSD	(LAPS)GLP/글루카곤 수용체듀얼아고니스트	약 1조 273억원
	유한양행	미국 / 프로세사	YH12852	약 5천억원
	퓨쳐켐	중국 / HTA	FC303	약 23억 7천만원
	올릭스	프랑스 / 떼아오픈이노베이션	OLX301D	약 2천288억원
	SK바이오팜	일본 / 오노약품공업	세노바메이트	약 5천788억원
	보로노이	미국 / 오릭 파마슈티컬	돌연변이 비소세포폐암·고형암 치료제 후보약물	약 7천2백억원
	JW홀딩스	중국 / 산둥뤼신제약그룹	3체임버 종합영양수액제 (위너프)	약 440억원
		중국 / 시스톤	항체-약물 복합제(ADC) 항암제 후보물질	약 4,000억원
	레고켐바이오	미국 / 픽식 온콜로지	항체-약물 합제(ADC) 분야	약 3,250억원
		일본 / 비공개	항체-약물 복합제(ADC) 분야	비공개

출처: 한국제약바이오산업 DATA BOOK

WORKSHOP

- 글로벌제약 마케팅에서 IP 중요성이 강조되는 이유는?

- 수출과정에서 현지의 Culture code를 이해해야 하는 이유는?

- Evergreen effect 무엇인가?

- 의약품 특허연계제도는 무엇인가?

- 의약품 개발단계 중 Licensing out 시점은?

- 글로벌 제약마케팅 전략 중 현지화 전략 비중이 높은 이유는?

- 국내제약기업이 성공한 기술수출은?

CHAPTER 05

글로벌 제약산업 현황

글로벌 제약산업 현황

01. 글로벌 제약시장 현황 및 전망

코로나-19 Pandemic이 제약바이오산업에 미치는 영향은 불확실하지만, 이러한 상황 속에서도 혁신적이고 효과적인 새로운 치료법에 대한 수요는 계속되고 있으며 이로 인해 글로벌 제약산업은 2020년을 넘어 2026년까지 지속적인 성장세를 유지할 전망이다. 코로나-19의 위기를 또 하나의 기회로 삼아 글로벌 제약바이오산업이 한층 더 빠르게 발전할 수 있는 계기가 될 것으로 생각된다.

2020년 기준 국가별 시장규모는 미국이 압도적으로 크지만, 중국을 포함한 파머징(Pharmerging) 국가들의 시장이 커지고 있다. 즉, 한국 제약기업이 진출할 시장은 미국, EU, Pharmerging 국가를 포함한 매우 큰 시장이다.

신약개발 성공률은 매우 낮다. 신약개발 첫 단계인 후보물질 탐색부터 마지막 신약승인까지 성공 가능성은 평균 0.01%로, 통상 5,000~10,000개의 후보물질 가운데 최종 신약승인의 관문을 통과하는 약물은 단 한 개에 불과하다. 신약개발에 약 15년이라는 긴 시간과 1~3조 원에 이르는 대규모 자본이 소요되지만 성공하면 막대한 부가가치를 창출할 수 있어 제약산업은 대표적인 High risk, High return 산업으로 지금까지는 주로 R&D 투자가 활발한 제약산업 선진국에서 주도적으로 신약개발을 해 왔다. 하지만 지금은 신약개발과정도 AI, 바이오마커등을 활용하여 신약개발 기간을 단축시키고 신약개발의 여러 단계 중 중간단계에서 기술수출을 하는 등 신약개발 모델이 다양해져서 소규모의 작은 회사에서도 신약개발이 가능해졌다. 글로벌 제약마케팅 역시 의약품 개발 전단계에서 이루어지고 있다. 특히 특허기술의 이해가 선행되어야 단계별 마케팅 전략을 활용하여 기술수출을 할 수 있다.

1) 글로벌 처방의약품 시장의 고성장

코로나-19 Pandemic 상황 속에서도 글로벌 제약시장은 혁신적이고 효과적인 치료제에 대한 지속적인 요구로 글로벌 처방의약품 시장은 지속적으로 성장하고 있다. 특히 희귀의약품 시장의 급성장과 혁신적 의약품 승인에 힘입어 앞으로도 지속적인 성장이 기대된다. 전세계 처방의약품 매출액은 2020년 9,030억 달러(약 1,074조 원)에서 연평균 7.4%씩 성장해 2026년에는 1조 3,903억 달러(약 1,650조 원) 규모가 될 것으로 전망했다.

Whole genome sequencing, Wearable technology, AI 등 첨단기술과 헬스케어의 융합이 현실화되고 있으며, 이는 제약산업에 새로운 기회를 제공함으로써 새로운 헬스케어 시대로의 진입을 가능케 할 것으로 예측된다. 세포 및 유전자치료제와 같은 새로운 기술의 출현은 제약산업 진화의 변곡점이 되며, 면역항암(Immuno-oncology) 계열의 확장은 제약산업 성장에 기여하고 있다. 특히 희귀의약품의 매출 성장이 두드러져 2020년 1,380억 달러에서 2026년 2,550억 달러로 확대될 것으로 예상된다. 첨단기술과 헬스케어의 융합은 현실화되고 있어, 업계에 새로운 기회를 제공하고 있다. 약물의 효능을 사전에 측정하여 승인 및 투자 결정을 할 때 활용되고 있으며, 기계학습 기술은 신약개발 속도를 높일 뿐만 아니라 데이터 중심 접근방식으로 R&D 비용 및 실패율 감소에 도움이 될 것이다.

코로나-19로 인하여 2020년에는 글로벌 제약산업은 매출 하락이라는 악재를 겪었다. 또한, 수백 건의 임상시험이 보류되고 시험 판독이 지연되는가 하면, 국가 간 이동에 제한이 생기며 M&A 협상이 중지되는 등 여러 문제가 발생하기도 했다.

코로나-19 Pandemic으로 글로벌 폐쇄가 시작된 이래, 글로벌 15대 제약기업의 2020년 매출은 약 49억 달러 감소했다. 특히, 코로나-19로 인해 가장 큰 영향을 받는 분야는 병원 내 의사로부터 투여받는 약물과 만성질환 치료제이다. 이러한 의약품은 제약사 매출의 3분의 2를 차지하고 있는 상황으로 사회적 거리 두기와 봉쇄 조치 등으로 인해 환자들의 병원 접근이 어려워지면서 수술 횟수가 감소하는 등 영향을 크게 받을 수밖에 없어 의약품 매출이 감소하고 있다.

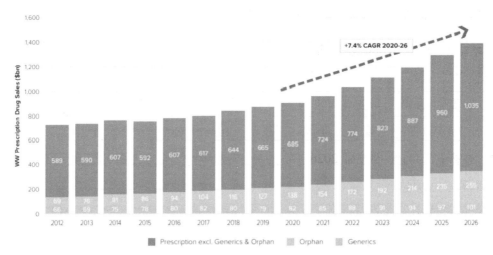

출처: EvaluatePharma, 'World Preview 2020, Outlook to 2026

▶ 그림 5.1 ┃ 전세계 처방의약품 매출액(2020-2026)(단위: $bn)

2) 포트폴리오 다각화를 통한 글로벌 상위 제약사의 약진

글로벌 상위 제약사들은 코로나-19 상황에서도 치열한 경쟁은 여전히 계속되고 있다. 2019년 로슈가 글로벌 처방의약품 매출 1위를 차지한 가운데 2026년에도 1위 자리를 유지할 전망되고 있다. 로슈는 2018년 매출 1, 2위를 차지했던 화이자(Pfizer)와 노바티스(Novartis)를 제치고 전세계 처방의약품 매출액 1위 기업으로 등극했고, 다발성 경화증 치료제 '오크레부스', 항암제 '티쎈트릭', A형 혈우병 치료제 '헴리브라', 유방암 치료제 '퍼제타'의 판매 증가로 2026년에는 약 254억 달러(약 30조 659억 원)의 매출이 추가될 전망이다. 또한, 최근에는 유전자치료제 전문기업인 'Spark Therapeutics'와 섬유증 전문기업으로 알려진 'Promedio'를 인수하면서 포트폴리오 다각화를 통하여 글로벌 리딩 기업으로 도약하고 있다.

2019년 매출 2위를 차지한 존슨앤존슨(Johnson & Johnson) 역시 2026년에도 그 자리를 유지할 전망이다. 블록버스터 신약인 혈액암 치료제 '다잘렉스'의 강력한 매출 성장으로 2026년 매출액이 80억 달러에 달할 것으로 기대된다.

한편, 상위 10대 제약사 중 2019년부터 2026년 사이 시장 점유율이 확대될 것으로 기대되는 기업은 아스트라제네카(AstraZeneca), BMS(Bristol-Myers Squibb), 애브비(AbbVie) 3개 회사다. 아스트라제네카(AstraZeneca)는 주요 성장동력이자 항암제인

'타그리소(Tagrisso)', '임핀지(Imfinzi)', '린파자(Lynparza)'의 판매가 성장을 이끌고 있으며, BMS(Bristol-Myers Squibb)와 AbbVie는 각각 Celgene, Allergan의 인수로 인해 포트폴리오가 확대될 것으로 전망된다. 특히, AbbVie의 인수합병 전략은 2023년 자가면역 질환 치료제인 '휴미라'의 미국 내 독점권 상실에 대비하여 제품 포트폴리오를 다양화하고 매출을 확대하기 위한 전략적인 움직임으로 분석되고 있다.

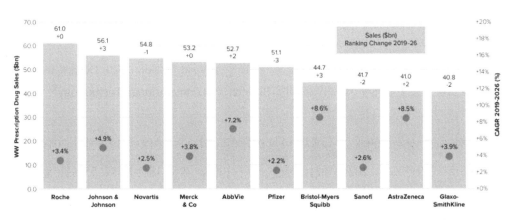

출처: EvaluatePharma, 'World Preview 2020, Outlook to 2026
▶ 그림 5.2 ▮ 전세계 처방의약품 매출 상위 10대 기업 전망

3) 바이오의약품 비중 증대

'Evaluate pharma' 2020에 따르면, 2019년 기준 글로벌 전체 의약품 시장은 9,100억 달러이며, 바이오의약품 시장은 2,660억 달러로 전체의약품 대비 29%를 차지하고 있는 것으로 추정하였다. 글로벌 바이오의약품 시장은 최근 7년('12~'19년)간 연평균 8.6%로 성장하였으며, 향후 6년('20~'26년)간 연평균 10.1% 성장하여 2026년 5,050억 달러에 달할 것으로 전망했다.

전체의약품 시장에서 바이오의약품 매출 비중은 '12년 20%에서 '19년 29%로 증가했으며, '26년 35%로 증가할 것으로 전망했다.

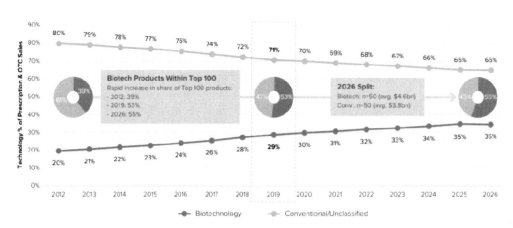

출처: EvaluatePharma, 'World Preview 2020, Outlook to 2026

▶그림 5.3 ▐ 전세계 처방의약품 비율(Biotech vs. Conventional Technology)

글로벌 매출 상위 100대 제품에서 바이오의약품 비중은 2012년 39%에서 2019년에는 53%로 증가했으며, 2026년에는 매출 상위 100대 제품 내 비중이 55%를 점유할 것으로 예상된다. 이러한 바이오의약품 시장의 대표 주자는 로슈(Roche)로 2019년 411억 달러(약 48조 6,500억 원)의 판매액을 기록했고, 2026년에는 486억 달러(약 57조 5,278억 원)의 매출을 달성하여 선두자리를 유지할 것으로 전망된다.

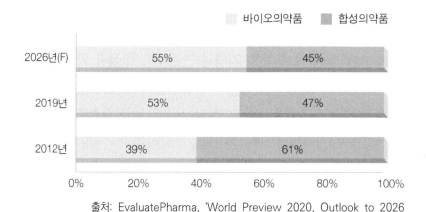

출처: EvaluatePharma, 'World Preview 2020, Outlook to 2026

▶그림 5.4 ▐ 매출상위 100대 제품에서 의약품 종류별 비중

▶ 표 5.1 ▮ 바이오 의약품 글로벌 매출상위 10개 회사

Rank	Company	WW Sales($bn)			WW Market Share			Rank Chg.
		2019	2026	% CAGR 19-26	2019	2026	Chg.(+/−)	
1	Roche	41.1	48.6	+2.4%	15.4%	9.6%	−5.8pp	+0
2	Merck&Co	19.8	37.4	+9.5%	7.5%	7.4%	−0.0pp	+1
3	Novo Nordisk	17.9	28.1	+6.6%	6.7%	5.6%	−1.2pp	+2
4	Sanofi	15.6	25.2	+7.1%	5.9%	5.0%	−0.9pp	+3
5	Eli Lilly	14.1	22.5	+7.0%	5.3%	4.5%	−0.8pp	+3
6	Amgen	19.6	21.4	+1.3%	7.4%	4.2%	−3.1pp	−2
7	Johnson&Johnson	17.7	21.1	+2.5%	6.7%	4.2%	−2.5pp	−1
8	Bristol-Myers Squibb	12.2	20.6	+7.7%	4.6%	4.1%	−0.5pp	+1
9	Novartis	8.6	19.0	+12.0%	3.2%	3.8%	+0.5pp	+4
10	GlaxoSmithKline	8.7	16.1	+9.2%	3.3%	3.2%	−0.1pp	+2

출처: EvaluatePharma, 'World Preview 2020, Outlook to 2026

'Nature Reviews(2020)'에 따르면, 2019년 글로벌 매출 상위 10위 의약품 중 바이오의약품은 8개 품목이다.

글로벌 매출 상위 1위 제품은 Abbvie의 '휴미라(Humira)'로, 192억 달러를 기록하였으며, 뒤이어 Merck의 '키트루다(Keytruda)'가 111억 달러를 기록하는 등 바이오의약품 대부분이 상위매출을 기록하고 있다.

▶ 표 5.2 ▮ 글로벌 10대 의약품 매출 순위

순위	제품명	성분명	기업명	'19년 매출액 (억 달러)
1	Humira	adalimumab	AbbVie	192
2	Keytruda	pembrolizumab	Merck&Co.	111
3	Revlimid	lenalidomide	Celgene	97
4	Eliquis	apixaban	Bristol-Myers Squibb	79
5	Opdivo	nivolumed	Bristol-Myers Squibb	72
6	Avastin	bevacizumab	Roche	71
7	Rituxan	rituximab	Roche	65
8	Stelara	ustekinumab	Johnson&Johnson	64
9	Herceptin	trastuzumab	Roche	61
10	Prevnar13	pneumococcal CRM197 protein conjugate vaccine	Pfizer	58

출처: Nature Reviews Drug Discovery, 19 228(2020)

국가별 바이오의약품 시장은 2019년 매출액 기준 미국이 61% 시장을 차지하며 다른 국가에 비해 월등히 높은 점유율로 전 세계 바이오의약품 시장을 주도하고 있다. 다음으로는 유럽 주요 5개국(독일, 프랑스, 이탈리아, 영국, 스페인)이 16%를 차지하고 있다. 아시아 국가 중 일본 5%, 중국 3%를 차지하고 있고 한국은 2019년 기준 전체 시장의 0.7% 정도의 시장 점유율이다.

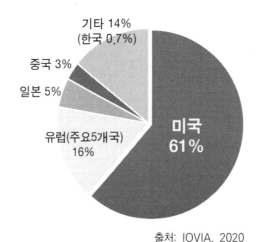

출처: IQVIA, 2020

▶ 그림 5.5 ▎ 국가별 바이오의약품 시장

바이오의약품 치료영역 측면에서 약효군 별로는 블록버스터급 의약품 'HUMIRA', 'ENBREL', 'REMICADE' 등이 포함되어 있는 면역억제제가 21%로 가장 많은 비중을 차지하고 있다. 다음으로는 항암제, 당뇨병 치료제로 각각 17%를 차지하고 있다. 대표적인 바이오의약품 항암제로는 'OPDIVO', 'KEYTRUDA', 'AVASTIN'이 있으며, 당뇨병 치료제로는 'LANTUS', 'TRULICITY', 'NOVORAPID' 등이 있다.

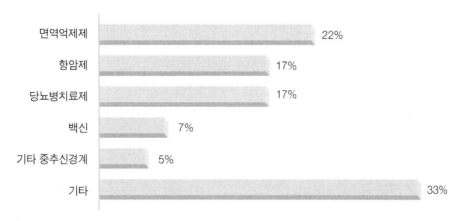

▶ 그림 5.6 ▮ 바이오의약품 약효군별 시장 점유율(2019년)

4) 고성장이 기대되는 종양학(Oncology)

치료영역에서는 면역항암제와 표적항암제가 중심이 된 종양학(Oncology) 분야가 가장 높은 시장 점유율과 성장률을 기록하고 있다.

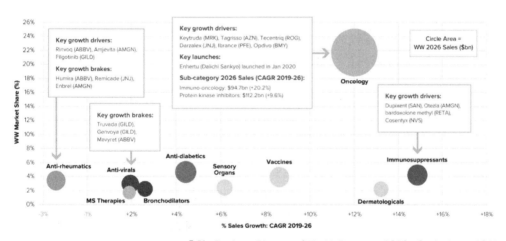

출처: EvaluatePharma, 'World Preview 2020, Outlook to 2026

▶ 그림 5.7 ▮ Therapy Areas in 2026, Market Share & Sales Growth

종양학 분야의 2019년 점유율은 16%로 2026년까지 연평균 11.5%로 성장하여 2026년에는 21.75%로 점유율이 확대될 것으로 기대된다. 이러한 종양학 분야의 매출 성장은 면역항암제인 '키투르다'와 '옵디보'가 성장을 견인했다. 2026년 종양학 분야에서 면역항암제와 표적항암제의 매출이 약 66%를 차지할 것으로 예상되는 가운데, 이들 두 제품은 2019년~2026년까지 연평균 20.2%의 고성장이 전망되고 있다. 이외에도 면역억제제(immunosuppressant)와 피부(Dermatologicals) 분야의 연평균 성장률이 각각 14.3%와 12.7%에 달할 것으로 보인다.

WORKSHOP

- 의약품 시장이 지속적으로 늘어나는 이유는?
- 바이오의약품 임상성공률이 화학의약품보다 높다. 그 이유는?
- 바이오의약품 비중이 왜 늘어날까?
- 항암제 비중이 늘어나는 이유는?
- 항암제는 왜 비싼가? 이유는? 대책은?

02. 글로벌 제약시장의 Big Deal 현황

1) 글로벌 제약사들의 Big Deal Types

글로벌 제약기업의 Big Deal의 대표적인 유형으로 다음 6가지가 있다. 약물의 후보물질의 판권을 다른 회사에 넘기는 Licensing, 회사를 사고파는 M&A, 두개의 서로 다른 회사가 하나의 회사를 설립하는 Joint Venture를 통한 신약개발, 주로 임상 후기 단계(임상2상, 임상3상)가 끝난 단계에서 상용화에 대한 판권만 협업하는 Commercialization, 약물개발을 공동으로 한다는 전제하에 deal(Collaboration deal)하는 Co-Development, 상용화가 끝난 후 marking과 sales만의 판권을 파는 Co-Promotion 등이 있다.

Licensing

A licensing agreement is between the owner of a company/ asset which gives another party permission to develop/ commercialise.

Joint Ventures

A joint venture is a pact between two companies to combine resources to develop / launch.

Co-Development

Co-development allows parties to increase value and reduce risk, but also keep a part of the potential upside should the asset reach the market.

Mergers & Acquisitions

General term that refers to the purchase/ merger of companies/ assets through a variety of financial agreements.

Commercialization

Process by which an asset is commercialized by a partner in a specific geographical region post-development.

Co-Promotion

Sales and marketing practice that allows companies to combine their sales force in order to promote a product under the same brand name and price.

▶ 그림 5.8 ▌글로벌 제약기업의 Big Deal의 대표적인 유형

2) Licensing Deal

제약바이오회사에서 가장 많이 사용하는 Deal로 단일 회사가 신약개발의 전 과정을 수행하는 것이 아니라, 임상 단계별로 역할을 분담해 신약개발의 risk를 줄이면서도 빠르게 상업화할 수 있도록 신약후보물질의 권리(기술·물질·제품·특허) 등을 도입 또는 이전하는 계약이다. 신약 라이선스는 기본적으로 동업자 계약의 형태를 지닌다. 신약개발이 후기 단계로 갈수록 상당한 자본과 방대한 경험이 필요하기 때문에 국내 제약회사는 주로 초기 단계의 신약후보물질을 자사보다 규모가 큰 회사나 신약개발 경험이 풍부한 회사에 license out 하는 경우가 많다. 또, license 계약의 세부적인 내용은 치열한 시장 경쟁상황 등을 고려해 계약 당사자 간 협의에 따라 통상적으로 비공개로 한다. 신약개발은 장기간 막대한 자금이 투입되고 투자 회수 기간이 긴 특징을 가지기 때문에 벤처기업과 대형 제약사 간 licensing을 통한 파트너십이 매우 중요하다. 바이오신약개발도 기존 합성신약과 크게 다르지 않기 때문에 바이오벤처의 경우 license out은 성공을 위한 매우 중요한 과제이다. 제약기업의 입장에서도 개발 파이프라인을 비교적 손쉽게 확보하는 방법으로 license in 전략을 활용하고 있다. 벤처와 제약기업이 각각 리스크와 비용을 최소화하면서 최대의 성과를 내기 위한 대안으로 파트너십이라는 'Win-Win 전략'을 구사하고 있다.

제약바이오 분야 관련 licensing의 특이사항으로는 일방적인 지식 이전 형태인 licensing을 통해 필요한 기술을 이전받는 것이 매우 어려우므로 제공받는자

(Licensee)는 반드시 이전될 지식의 습득 가능성을 평가해야 하며 지식 이전의 핵심인 흡수력을 가늠하는 중요한 잣대의 하나인 기술제공자(Licencer)와 제공받는자(Licensee) 간의 지식이 어느 정도 중복되어야만 licensing을 통한 지식 이전이 가능하다는 특징이 있으며 두 가지로 분류된다.

- Licensing-In : 타사가 보유한 경쟁력 있는 기술·물질·제품·특허 등의 권리를 자사로 들여오는 것으로 정의할 수 있으며, 라이센스인(License In)의 경우 글로벌 대형 제약회사들이 가진 경쟁력 있는 기술에 대한 권리를 자기 회사로 들여오는 것을 의미한다.

- Licensing-Out : 자사가 보유한 기술·물질·제품·특허·노하우 등의 권리를 타사에 허여하는 것으로 정의할 수 있으며, 최근 들어 국내 제약회사들의 해외 계약 체결에서 자주 언급되고 있다. 국내를 비롯한 글로벌 제약기업들의 경우, 통상 임상실험 단계에서 licensing-out 계약 진행을 체결하거나, 임상실험이 끝난 이후에는 제조 및 판매에 대한 내용을 중심으로 licensing-out 계약을 맺기도 한다.

3) 글로벌 제약사의 M&A

글로벌 제약사들이 M&A(Mergers & Acquisitions)를 적극적으로 많이 하는 특징은 제약업계의 가장 큰 특징 중 하나이다. 특허 만료기간이 끝나면 제네릭 의약품이 나오며, 제네릭 의약품은 신약개발 비용이 없이 개발 비용이 신약개발 비용에 비해 5%, 1% 수준이라서 수많은 기업들이 만들고 판매하여 가격이 10% 또는 5%까지도 내려가기 때문이다. 이런 경우 오리지날 제약사는 같이 가격을 낮추어야 하고 시장을 대부분 잠식당하여 해당 분야의 차기 신약이 없다면 많은 영업마케팅 직원들을 다른 부서로 보내거나 관련 부서나 사업본부를 폐쇄할 수준까지 이르게 된다. 그 때문에 화이자의 경우 리피토가 매년 13조원 이상씩 판매될 때 특허가 5년 이상이 남아있는데도 특허 만료를 대비하여 다양한 복합제와 개선제 등을 개발하고 수많은 임상시험들을 진행하여 다양한 특허를 보유하게 되어 에버그린 정책으로 특허 만료 후에도 지속적인 매출을 가져올 수 있었다. 화이자는 장기간 제약회사 1위 자리에 있었으나 2012년에 노바티스에게 1위 자리를 내줬지만 2019년 업존을 인수하여 다시 1위 자리를 유지했다.

수많은 M&A와 기술이전을 통하여 신약개발 아이템들을 확보하는데도 불구하고 상위 10대 제약사의 시장 점유율을 보면 43%에서 42%로 약간 떨어져서 겨우 유지되고 있다. 다른 산업이라면 상위 10대 글로벌 회사가 전체 시장의 70~90%를 차지할 것이다. 스마트폰 시장이나 자동차 시장을 생각해보면 비교가 된다. 상위 10대 글로벌 회사들이 전 세계시장의 대부분을 차지하고 있고 나머지는 시장에서 살아남지 못한다. 하지만 제약산업만은 그렇지 않다. 또한 신약개발 분야에 있어서는 매우 많은 분야의 다양한 질병이 있으며 그에 대한 모든 알맞은 약이 나와 있는 것이 아니며 약을 개발하는 데는 오랜 시간과 비용, 전략이 따라야 한다. 그렇기 때문에 신약개발을 하는 대형 제약사들 외에 특수한 질환, 질병을 연구하여 기술수출하는 작은 벤처회사나 제네릭만으로 살아가는 시장도 있다.

글로벌 제약사들은 최근 40년 사이에 적극적으로 M&A를 해왔다. 제약사들의 성장 히스토리는 M&A의 역사라고 해도 과언이 아니다. 특히 최근 2000년에는 그 정도가 더욱 가속화되고 있다. 새로운 기술과 신약 아이템을 확보하기 위하여 기술이전, 개발권, 사업권의 이전 방법도 많이 사용하지만, 자산의 인수나 회사 자체의 인수나 합병방법인 M&A도 역시 많이 사용하고 있다.

최근 글로벌제약사들은 Cross-border M&A를 통해 파이프라인의 확장, 특허와 인재 및 기술의 흡수뿐만 아니라 지역별 거점 확보, 영업망 확대 등을 이룰 수 있었다. 제약·바이오산업에서 Cross-border M&A 비중은 증가하는 추세에 있다. R&D와 제품 승인과정에 상당한 시간이 소요되는 제약바이오산업의 특성상 Cross-border M&A는 단기적인 수익성 측면보다는 장기적인 성장동력 확보 차원에서 진행되는 경우가 많다.

제약바이오산업의 Big Deal은 주로 빅파마 간 이루어지므로 대체적으로 동종산업 내에서 발생하지만, 전체 거래건수 측면에서는 제약바이오산업과 이종산업 간 M&A 거래건수 비중이 지속적으로 증가하는 추세이다. 특히 제약바이오 기업들의 헬스케어, 유통, 물류, 정보통신 기업 인수가 증가하고 있다. 제약바이오 기업들이 개인의 건강관리 등 헬스케어 서비스에 관심을 보이는 이유는 의약품 개발 및 판매에 도움이 되는 다양한 데이터를 확보할 수 있기 때문이다. 최근에는 스마트폰과 다양한 웨어러블 디바이스를 통해 헬스케어 데이터의 종류, 양, 생성속도가 급증하고 있다.

제약사는 의약품 개발과정을 통해 환자의 임상 정보를 축적하고 있는 반면에, 잠재 고객의 질병 위험군 정보는 상대적으로 부족하다. 제약사는 헬스케어 서비스를 통해 신약개발, 수요 발굴, 판매에 활용 가치가 높은 만성질환 위험군 데이터를 확보할 수 있기 때문이다.

1. AstraZeneca/Alexion Pharmaceuticals	2. Gilead Sciences/Immunomedics
3. Bristol Myers Squibb/MyoKardia	4. Johnson&Johnson/Momenta Pharmaceuticals
5. Gilead Sciences/Forty Seven	6. Sanofi/Principia Biopharma
7. Merck&Co./VelosBio	8. Bayer/Asklepios BioPharmaceutical
9. Nestlé/Aimmune Therapeutics	10. Servier/Agios Pharmaceuticals' oncology portfolio

▶ 그림 5.9 ▎ The top 10 largest biopharma M&A deals in 2020

2020년 글로벌 바이오 제약산업의 M&A는 673건, 1,977억 달러 규모의 거래가 이루어졌으며 이는 지난 2018년, 2019년에 비해 건수는 늘었으나 거래 규모는 다소 줄었다. 이는 코로나-19 영향으로 기업 간 big deal 사례가 줄어든 것으로 판단된다.

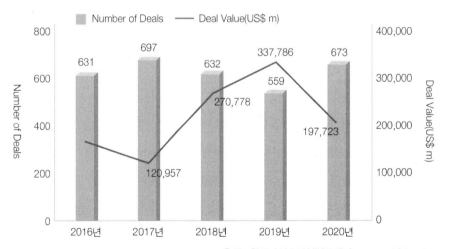

출처: 한국바이오경영연구센터, June 2021. Issue 27

▶ 그림 5.10 ▎ M&A Number, Value(2016~2020)

2020년 M&A 동향을 질환 분야별로 살펴보면 Oncology, Central Nervous System, Infectious Disease가 상위 3개 질환의 수가 많은 것으로 확인되었다.

▶ 표 5.3 ▎2020년 질환별 M&A 동향

Therapy Area	Number of Deals	Deal Values(US$ m)
Oncology	153	110,620.5
Central Nervous System	118	90,581.5
Infectious Disease	82	71,175.3
Immunology	75	89,712.8
Cardiovascular	74	96,012.9
Gastrointestinal	23	2,127.3
Respiratory	22	3,810.4
Metabolic Disorders	28	72,036.2
Ophthalmology	22	44,784.5

출처: 한국바이오경영연구센터, June 2021. Issue 27

WORKSHOP

- 글로벌 제약사들은 왜 지속적으로 M&A를 진행할까?
- 최근 글로벌 제약사들이 다른 업종의 기업을 M&A하는 이유는?
- 글로벌 상위 10 제약사들의 MS는? 다른 업종과 다른 이유는?

4) COVID-19 후 글로벌 제약사의 Big Deal Trend 현황

Pharmaceutical & life sciences deal insights(PwC 2021 outlook) 보고서에 따르면 글로벌 제약업계는 지난해 243건의 deal이 진행되었다. 그 규모만 184 B$(약 202조 4,000억원) 규모다. 이는 코로나 19 영향으로 2019년 대비 약간 감소한 수치이다. 2020년 진행된 글로벌 제약사의 deal trend는 항암제과 희귀질환이다. 글로벌 빅파마,

항암제 개발 바이오텍 인수합병 대세였다. 인수합병을 진행한 글로벌 제약사 상위 5개를 보면, 희귀질환과 암에 집중됐다.

제약산업에서 특별히 Big Deal이 많은 이유는 무엇일까?

첫째, 미국의 경우 1970년대에는 글로벌 Big Pharma 자체에서 신약개발이 약 80%가 이루어졌지만 2010년 이후에는 글로벌 Big Pharma 자체에서 개발한 신약에서 나오는 순익은 줄어들고 있다. 이는 외부에서 deal을 통해서 개발한 약물이 늘어나고 또한 순이익 커지고 있기 때문이다.

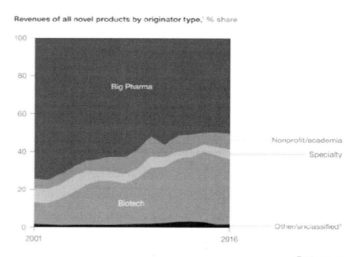

출처: Mckinsey&Company

▶ 그림 5.11 ▮ 글로벌 Big Pharma

둘째, 지금까지는 평생 투여하는 약의 개발이 주류를 이루었지만, 지금은 질환별 맞춤형 의료(personalized medicine)의 비중이 늘어나고 있다. 이러한 배경의 새로운 약물개발은 바이오벤처에 특화되어 있기 때문으로 생각된다. 정부와 보험회사 측에서 오는 의약품 가격에 대한 압박과 비효율적인 내부연구개발이 주요 원인으로 deal을 통해서 이런 문제를 해결하고 있다.

deal을 통해서 새로운 신약후보물질을 가져오면 연구개발 비용과 시간을 단축시킬 수 있다. deal 대상이 전세계이기 때문에 최적의 후보물질을 신속하게 개발하여 risk를 줄일 수 있고 결국 신약개발 성공률을 높일 수 있다.

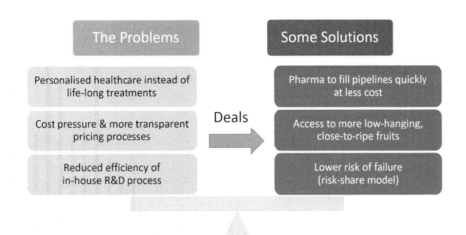

▶ 그림 5.12 ▮ 글로벌 대형 제약사의 Deal하는 이유

Big Deal이 1980년부터 시작되어 2000년에 와서 급격하게 증가하고 있고, Deal size 또한 급격하게 증가하고 있다.

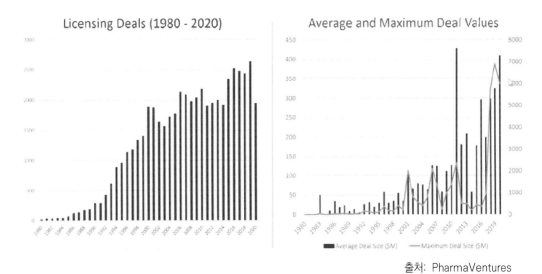

▶ 그림 5.13 ▮ Deal Volume & Value

한국에서 Big Deal은 글로벌 제약사보다 약 10년 늦게 시작되었지만 비슷하게 진행되어 2000년에 와서 급격하게 증가되고 있다.

▶ 그림 5.14 ▮ Deal Volume in korea

단계별로 Deal이 성사된 현황을 보면 1990년대까지는 적어도 Phase 2 이상의 (POC: Proof Of Concept) 단계에서 deal이 이루어졌으나, 2000년대에는 Early stage 단계인 Discovery, Preclinical 단계에서 deal 비중이 급격하게 증가하고 있다. 이는 신약개발이 점점 어려운 상황에서 약물을 사려는 licensee의 경쟁이 치열하기 때문이다.

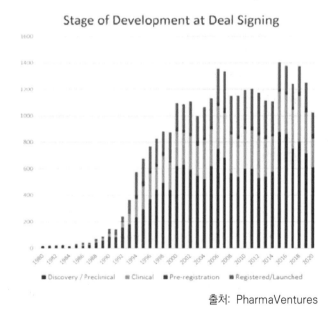

출처: PharmaVentures

▶ 그림 5.15 ▮ Deal Stage

항암제 Deal은 전체의약품 deal과 비슷한 그래프를 보이고 있고, 특히 2014년 MSD의 면역항암제 'Keytruda'의 허가 시점부터 급격하게 증가하고 있다.

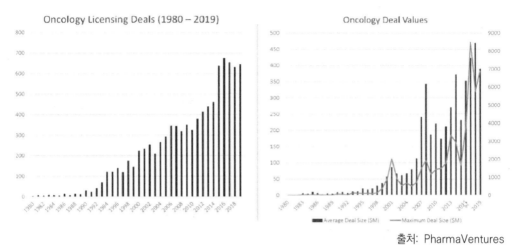

출처: PharmaVentures

▶ 그림 5.16 ▮ Oncology Deal Volume & Value

WORKSHOP

- 글로벌 제약사의 Big Deal이 증가하는 이유는?
- 글로벌 제약사와 다른 업종과의 Big Deal이 증가하는 이유는?
- 인수합병을 진행한 글로벌제약사는 희귀질환과 암에 집중됐다. 그 이유는?
- 글로벌 제약사의 Big Deal이 주로 early stage에 성사되는 비율이 증가하는 이유는?

03. IP Management

국제 무역에서 발명과 지식이 가지는 중요성은 더욱 부각 되고 있으며, 지식재산의 보호 범위 역시 점차 확대되고 있다. 국가 경쟁력의 제고 방안으로 자리하게 된 지식재산권의 보호는 효율적인 국제규제의 필요성을 부각시켰고, 이에 WTO는 TRIPS (Trade Related Intellectual Properties) 협정을 통하여 지식재산의 보호와 집행에 관한 국제적인 기준을 마련하였다. TRIPS 협정상의 지식재산권 보호 규정은 매우 포괄적이며 광범위하고 규정이 정하는 범위내에서 보다 강화된 지식재산의 보호를 인정한다. 그러나 의약품과 관련된 엄격한 지식재산의 보호는 전 세계적인 공중보건의 위기를 불러일으키는 요소로 자리하기도 한다. 즉, 발명 물질이나 제조 과정의 지식재산 보호로 의약품 가격이 상승하게 됨에 따라 의약품 접근권이 제한되는 경우가 발생한다.

국제적인 지식재산권의 보호 노력과 의약기술 및 의약품에 대한 접근성을 확보하기 위한 노력 간의 문제 해결을 위한 방안이 꾸준히 논의되고 있다. 특히, FTA는 지식재산권의 보호 수준을 보다 향상시키기 위한 규정을 포함하는 경우가 많으며, 공중보건 보호의 문제 해결의 실마리를 제공하는 TRIPS 협정상의 융통성을 한정하는 규정을 포함하고 있어 관련 논의가 제기되고 있다. 이와 같은 규정이 의약품 구입 여력을 갖추지 못한 국가의 의약품 접근성을 저해함으로써 공중보건의 위기를 초래하기도 한다.

1) 의약품 특허의 중요성

의약품분야의 지식재산권 전략은 매우 중요하다. 미래 성장동력 확보를 위한 시장의 니즈 파악과 IP 확보를 통한 신기술 및 신산업 육성으로 선 순환적 지식재산 생태계를 구축해야 한다. 제약바이오 특허는 최근 10년 동안 의료기술 분야의 특허출원이 7.4%로 가장 많이 늘어났고 바이오기술도 6.5%로 대폭 증가하고 있다. 의약분야 분쟁은 특허침해소송 위주에서 상표, 디자인 침해소송 등으로 다양해지는 추세이다. 특허권 남용 또한 다른 산업보다 심각하다. 한미 FTA 발효 이후 특허-허가 연계 시 고려사항, 특허권자의 불공정한 행위 방지, 역지불합의(pay for delay) 강제실시 등 특허권의 남용과 제한을 위한 효율적인 방안이 필요하다.

2) 지식재산권(intellectual property rights)

지식재산권은 지적능력을 가지고 만들어낸 창작물에 대한 권리를 말하는데, 크게 저작권과 산업재산권으로 나눈다.

(1) 저작권

미술, 음악, 영화, 시, 소설, 소프트웨어, 게임 등 문화예술분야의 창작물에 부여되는 것.

(2) 산업재산권

산업과 경제활동 분야의 창작물에 부여되는 발명품, 상표, 디자인, 특허권, 상표권과 같은 것들이 산업재산권에 포함된다.

특히 음악이나 소설 작품 등으로 인해 가장 많이 알려진 '저작권'의 경우 작가가 사망한 이후에도 짧게는 50년에서 길게는 70년까지 보호를 받을 수 있다. 반면, 산업재산권은 특허청의 심사를 받아야만 등록할 수 있고, 보호 기간이 10~20년으로 저작권에 비해 짧다.

❖ **특허권**

배타적인 독점적이 부여된 권리
- 특허제도: 발명을 보호 장려해서 국가산업의 발전을 도모하기 위하여 만든 제도
- 특허요건: ❶ 산업상 이용가능성 ❷ 신규성 ❸ 진보성 출원일로부터 약 12~15개월 심사, 특허 허가
- 결정되면 20년간 보호.
- 선출원주의: 특허청에 가장먼저 출원한 자에게 특허권 부여-〉 우리나라에서 채택
- 선발명중의: 실제로 가장 먼저 발명한 사람에게 최우선권부여-〉 전세계 대부분 국가들이 채택

❖ **실용신안권**

특허 보다는 낮은 수준의 발명에 부여하는 지식재산권
- 이미 개발된 것을 개량해서 보다 편리하고 유용하게 만든 고안 그 자체
- 소발명, 개량발명
- 출원일로부터 10년 동안 보호

❖ **디자인특허**

디자인을 등록해서 권리를 가지는 것.
물품과 상품을 대상으로 해서 새롭고 독창적이며 장식적인 디자인에 대한 특허
- 출원대상: ❶ 물품의 구성이나 형상 ❷ 물품에 적용된 표면장식
  ❸ 구성과 표면 장식조합
- 출원일로부터 20년 동안 권리 보호

❖ **상표권**

상품을 표시하는 것

■ 생산, 제조, 가공 또는 판매업자가 자신의 상표를 다른 업자의 상품과 식별하기 위해 사용하는 기호, 문자, 도형 또는 그 결합.
■ 등록일로부터 10년 보호-갱신가능(반영구적)

❖ **Evergreen 전략**

사노피는 심근경색 치료제인 '플라빅스'가 2003년 7월에 물질특허가 만료되었지만, 제네릭 출시를 막기 우회적 방법으로 1987년.2월에 이성질체 특허를 출원하여 특허기간을 연장하는 방법.

3) 의약품 특허종류

(1) 물질특허

조성물질이나 화학물질 중 특정물질에 대한 특허이다.

(2) 제법특허

특정물질 생산을 위한 제조방법에 관한 특허이다.

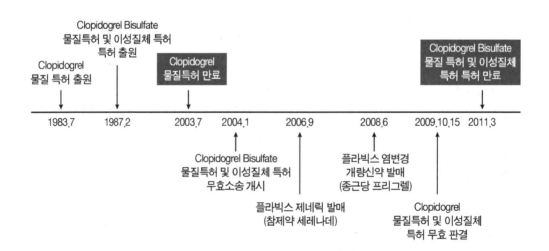

▶ 그림 5.17 ▌ 플라빅스 Evergreen 전략

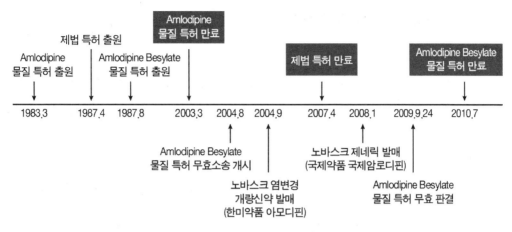

▶ 그림 5.18 ┃ 노바스크 특허전략

(3) 용도특허

용도발명에 대한 특허 출현 특허를 말한다. 용도발명이란 특정의 물건에 존재하는 특정 성질만을 이용하여 성립하는 발명이다.

(4) 개량특허

어떤 존재하는 발명을 기초로 기능 등을 개량한 것에 대한 특허이다.

(5) 한미약품 기술현황

❖ **LAPSCOVERY(Long Acting Protein/Peptide Discovery Platform Technology)**
단백질 의약품 반감기를 늘려주는 플랫폼 기술.
- 재조합 단백질 의약품과 펩타이드 의약품은 그대로 두고, 체내에서 부작용을 일으키지 않는 고분자 물질(LAPS Carrier)을 약품과 링커(PEG)로 페길화 함(다양한 약물에 적용 가능)
- 기존의 페길화가 약품 전체를 덮어서 크기를 키운 것이라면 랩스커버리는 의약품과 고분자 물질을 연결하는 데 만 페길화를 사용함
- 의약품은 전체적으로 크기가 커져 신장에서 여과되어 배출되지 않으며, 의약품의 형태는 그대로 유지되기 때문에 약효가 떨어지지 않게 됨

❖ **PENTAMBODY(Penta amino acid mutated bispecific antibody)**
면역 항암치료와 표적 항암치료가 동시에 가능한 이중항체 기술

❖ **ORASCOVERY(Oral drug discovery)**
주사용 항암제를 경구용 제제로 바꿀 수 있는 기술

4) 의약품은 특허가 왜 중요한가?

(1) 특허 만료의약품 급격한 매출감소

제약바이오 산업에서 제품을 출시하려면 넘어야 할 엄청난 허들이 있다. 그 허들 중 가장 큰 것이 규제기관의 허가를 받는 과정이다. 이는 다른 산업과 가장 큰 차이점이고 의약품 시장의 특수성이라 할 수 있다.

허가를 받고 시장에 제품이 출시된 이후 경쟁자가 내 제품을 카피하지 못하게 하려면 일종의 보호 장치가 필요하다. 이것이 바로 특허다. 특히, 의약품 시장에서 특허 1개의 가치가 엄청난 가치이므로 매우 중요하다. 예를 들면 휴대폰 하나에 들어가는 특허가 수백 개라면 의약품은 물질특허 하나만 있어도 진입을 차단할 수 있기 때문이다. 블록버스터 의약품의 특허권이 만료되는 순간, 즉 특허 독점권을 잃는 순간(LOE; Loss of Exclusivity)에도 특허의 중요성은 여실히 드러나 급격하게 매출이 감소한다.

TNF-α 억제제 항체 의약품인 '휴미라', '엔브렐', '레미케이드'를 비교해 보면 세계 최초의 바이오시밀러 셀트리온의 '램시마'가 등장한 J&J의 '레미케이드'는 2015년 유럽 특허 만료, 2018년 미국 특허 만료로 바이오시밀러 회사들의 폭격을 맞고 있다. 암젠의 '엔브렐'은 2017년 2위($ 8.3 Billion), 2018년 5위($ 7.4 Billion), 2019년 9위($ 7.2 Billion), 2020년 12위($ 6.3 Billion)로 마찬가지로 하락세이지만 하락의 경사도는 레미케이드보다 낮다. 이는 2015년 유럽 특허 만료로 매출 하락 자체를 막을 수 없지만, 미국 특허는 2029년 만료로 아직 남아있기 때문으로 보인다. 몇 년째 1위를 지키고 있는 애브비의 '휴미라'는 2018년 유럽 특허가 만료되어 2019년 매출이 꺾이면서 더 이상의 상승은 없을 것으로 보인다. 미국과 유럽의 특허 포트폴리오 달랐던 '휴미라' 미국 특허가 2023년에 만료되면 본격적인 매출 하락이 예상되어 조만간 MSD의 '키트루다'에게 1위 자리를 넘길 것으로 예상된다.

항암제, 항체 의약품도 마찬가지다. '리툭산', '허셉틴', '아바스틴' 모두 미국, 유럽에서의 특허가 만료되었거나 거의 끝나감으로 인하여 매출이 급감하고 있다. 위와 같이 블록버스터 의약품이 특허 존속기간 만료로 매출이 급감하는 특허절벽(Patent Cliff) 현상이 발생한다. 이는 의약품 시장에서의 특허의 중요성을 가장 잘 대변해 주고 있다.

순위	2017	2018	2019	2020
1	Humira (18.9)	Humira (20.4)	Humira (19.4)	Humira (20.4)
2	Enbrel (8.3)	Eliquis (9.8)	Eliquis (12.1)	Keytruda (14.4)
3	Eylea (8.3)	Revlimid (9.6)	Keytruda (11.1)	Eliquis (14.1)
4	Revlimid (8.2)	Opdivo (7.5)	Revlimid (9.4)	Revlimid (12.1)
5	Rituxan (7.8)	Enbrel (7.4)	Imbruvica (8.1)	Imbruvica (9.4)
6	Remicade (7.8)	Keytruda (7.1)	Opdivo (8.0)	Stelara (8.0)
7	Herceptin (7.4)	Herceptin (7.0)	Eylea (7.4)	Eylea (7.9)
8	Eliquis (7.4)	Avastin (6.9)	Avastin (7.3)	Opdivo (7.9)
9	Avastin (7.1)	Rituxan (6.8)	Enbrel (7.2)	Xarelto (7.8)
10	Xarelto (6.6)	Xarelto (6.6)	Xarelto (6.8)	Dupixent (7.5)
11	Opdivo (5.8)	Eylea (6.5)	Rituxan (6.7)	Biktarvy (7.3)
12	Lantus (5.7)	Remicade (6.4)	Stelara (6.4)	Enbrel (6.3)
13	Prevena13 (5.6)	Imbruvica (6.2)	Herceptin (6.2)	Prevena13 (5.9)
14	Lyrica (5.3)	Prevena13 (5.8)	Prevena13 (5.8)	Avastin (5.6)
15	Neulasta (4.6)	Stelara (5.2)	Remicade (5.3)	Trulicity (5.4)

출처: 바이오큐브 강의자료 2021.5

▶ 그림 5.19 ▎특허만료 의약품 매출감소 추이

(2) 기술을 특허로 공개할 것인가, knowhow로 숨길 것인가?

특허는 자신의 기술을 공중에 공개하는 대가로 특허권을 받을 수 있기 때문에 기술 내용을 경쟁사 등에게 노출해야 한다는 단점이 있는데, 해당 기술이 없으면 기술 실시가 어려운 경우 기술유출 가능성을 원천 봉쇄할 수 있다면 사업적으로 특허보다 knowhow로 보호하는 것이 더 바람직할 수 있다.

또는, 특허출원을 하더라도 knowhow는 최대한 숨기면서 특허등록에 필요한 정도만 공개하는 수준으로 진행하는 것이 현명하다. 이는 최근 논란이 되고 있는 COVID-19 백신 지적재산권 면제 이슈에서도 생각해 볼 수 있다. 예를 들어, 화이자나 모더나의 mRNA 백신 기술에 대한 특허를 면제하기만 하면 그 기술을 쉽게 카피할 수 있을 것이다. 당연히 해당 특허 명세서에는 특허제도에서 요구하는 최소한의 정보만 기재되어 있고 실제 제품 실시를 위한 일부 기술은 knowhow로서 숨겨졌을 가능성이 높다. 이처럼 기술적 진입장벽이 있거나 특허 보호가 쉽지 않다면 knowhow

를 고려하는 것이 바람직하다. 특허출원을 하더라도 최소한의 정보만 특허 명세서에 기재하고 knowhow는 최대한 감출 수 있는 출원전략도 필요하다.

(3) 자사 특허 보유보다 중요한 것은 타사의 특허를 침해하지 않는 것이다.

BMS-MSD 합의금 속 바이오 기초연구의 특허가치에서 '키트루다' 와 '옵디보'의 특허분쟁 사례를 보면 면역관문억제제(Immune Checkpoint Inhibitor)에 대한 원천기술 특허는 '키트루다'를 보유한 MSD가 아닌 '옵디보(Opdivo)'를 보유한 BMS가 보유하고 있다. 노벨생리의학상 수장자인 혼조교수와 오노약품은 '옵디보' 개발 전 PD-1 항체에 대한 플랫폼 특허를 출원하여 등록되었는데, 이 등록 청구는 항체의 범위를 아주 넓게 등록되었다. 즉, PD-1을 억제하기만 하면 항체에 상관없이 침해 가능성이 있게 하였다. 후속 주자인 MSD는 이러한 사실을 알았겠지만, 등록 청구항이 과도하게 넓다고 보여 무효될 가능성이 높다고 판단했을 것으로 추정된다. BMS는 '키트루다'가 허가되자마자 MSD에 특허 침해소송을 제기하였다. 무효사유 등에 대한 다툼이 있었으나 MSD는 '키트루다'의 글로벌 매출 일부를 Royalty로 지급하는 것으로 소송상 화해하였다. BMS는 '키트루다'의 급성장과 더불어 Royalty 수입도 증가하게 되었다. 또 다른 사례는 BMS의 '주노테라퓨틱스'는 길리어드의 '카이트파마'와의 CAR-T 기술 특허침해 소송 1심에서 수억 달러라는 천문학적인 금액으로 커다란 승리를 거두었다.

위 두 사례를 통해서 보듯이 원천기술을 확보하면 길목에 서서 통행세를 거둘 수 있지만, 무효화 전략 등의 대책 없이 통행세를 내지 않고 겁 없이 시장에 들어갔다가 큰 손실로 회사가 위기에 직면할 수 있다. Licensee 입장에서는 FTO(freedom-to-operate) 검토를 해야 하고, 특허침해 이슈가 없는지에 대한 Due Diligence를 수행하여 risk를 제거해야 한다.

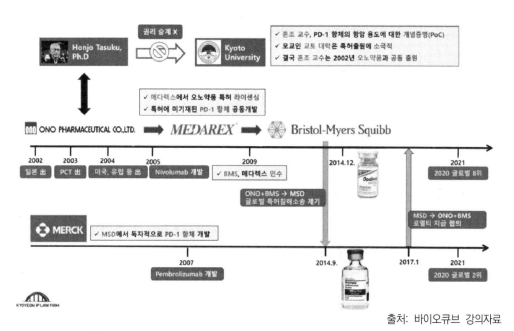

출처: 바이오큐브 강의자료

▶ 그림 5.20 ▌ BMS-MSD 합의금 속 바이오 기초연구의 특허가치

WORKSHOP

- 핸드폰 특허 vs 의약품 특허 차이점은?
- 의약품 특허 중 가장 강력한 특허는?
- 특허만료 의약품 급격한 매출 감소 현상이 국가별, 지역별로 다른 이유는?
- 한미약품 기술수출이 왜 반환되었나?

04. 글로벌제약마케팅 전략

1) 수출전략

바이오산업은 불확실성과 극도의 다양성 등의 특성을 갖고 있다. 연구개발(R&D) 현장의 DNA(데이터, 네트워크, 인공지능) 혁신을 통해 바이오헬스, 바이오정보기술(IT) 등 융합비즈니스 모델을 확장하여 글로벌 의약품 시장 트렌드에 맞게 유전체 진단을 통해 맞춤형 의약품을 개발하여야 수출의 활로가 확장될 것이다.

2) 현지화전략

현지 사업자를 통해 해당 국가에 진출하는 전략이다. 현지 에이전트에게 배급 권한을 주는 계약을 하면, 현지 사업자는 주어진 기간 동안 수출회사를 대신하여 임상을 진행하거나 영업마케팅 활동을 수행한다. 현지 Culture code와 의약품 인허가 등 의약품 전단계의 가이드라인 등의 know-how를 활용하면 시간과 비용을 줄이며 현지에 진입할 수 있다. 셀트리온, 삼성바이오로직스 등 우리나라 대부분 기업들은 초기화 단계로 현지화 전략을 활용하고 있다.

3) 한국제약기업 Post Covid-19 글로벌 성공전략

인류의 건강이 위협받고 세계 경제가 쇼크에 빠져 불황이 지속될 가능성이 높은 현 시점에 제약바이오 산업분야에서 코로나-19로 인해 새롭게 변화될 글로벌 진출의 패러다임은 무엇일까? '글로벌 가치 공유', '거대 정부의 역할 확대'의 관점에서 같이 생각하는 기회를 가져야 한다.

첫째, 코로나-19 이후 급변하게 될 세계의 새로운 패러다임에 적응해야 한다. 우리 한국 제약 기업들은 우리의 사정에 맞추어 변형된 Globalization 전략을 수립해야 할 것이다. 즉, 기업의 규모와 상관없이 해외에 직접 지사를 설립해서 그들의 생태계 안에 자리잡고 그 네트워크 안에서 융화해야 할 것이다. 국경 폐쇄가 오래 지속되거나 원거리 출장이 예전같이 자유롭지 않은 시기에는 글로벌 기업들의 입장에서 License-in, License-out, 전략적 제휴 등 자신들의 공간 내에서 문화를 공유하는 기업들에게 더 많은 기회를 제공할 것이 분명하기 때문이다.

둘째, License-in 또는 License-out은 긴 호흡으로 접근해야 한다. 비록 해외 기업이 우리가 제안했던 파이프라인이나 플랫폼 기술에 대해서 초기에는 관심을 보이지 않아도 지속적으로 그들에게 업데이트를 해주는 것이 중요하다.

셋째, 해외에서 지사 설립 시 우리와는 법체계나 판례가 다른 현지 노동법과 상법, 대외무역법, 외환관리법 등 주재국의 법률을 잘 숙지하고 법률에서 규정한 대로 지사를 운영하여야 할 것이다.

4) 처음 시작단계부터 글로벌 진출 가능성을 염두에 둔 전략 수립

첫째, 의약품의 경우 IND filing을 하기 전 CMC 준비와 프로토콜 디자인 과정 중에 본 의약품을 미국, 유럽 등을 타겟으로 할 것인지에 대해 신중하게 검토하고 결정해야 한다. 과학기술의 발달로 기업의 파이프라인 연구개발의 기술도 발전했지만, 반대로 안전성과 유효성을 검증하는 FDA, EMA와 같은 규제기관들도 동시에 검증 기술이 발전했으며 그들이 요구하는 자료들도 더 많아지고 까다로워졌기 때문이다.

둘째, 미국 FDA IND filing 하이브리드 방식에 대한 전략적 접근방법이 필요하다. 상대적으로 익숙하지 않고 비싼 임상 비용 때문에 한국 임상 1상 이후에 미국 임상을 진행하려는 기업들이 있다. 이런 경우, 시간을 절약하기 위해서 미국 FDA에 임상 1상 IND 승인받고 승인된 프로토콜에 맞춰서 한국에서 임상 1상을 진행하는 것이다. 그 이후에 그 한국 임상 1상 결과 자료를 미국 FDA에서 제출해서 미국 임상 1상을 인정 면제받는 것이다. 이런 다양한 방식이나 전략으로 IND 신청 전에 내부적으로 글로벌 진출에 대해 신중하게 검토해야 한다. 100% 효능과 안전성을 보장할 수 없는 제품에 대해 해외에서 임상을 진행함으로써 발생하는 많은 추가 비용을 어떻게 감당할 것인가에 대해서도 고민하여 결정해야 한다.

셋째, 글로벌 임상시험 또한 자연과학적 연구는 물론 행정적으로도 규제과학으로서의 본질적인 속성을 내포하고 있음을 간과해서는 안 된다. 따라서 임상 진행에 있어 사전에 충분한 법리적 검토는 물론이고, IRB, 인간연구대상자 보호 프로그램(HRPP) 등 연구 윤리에 종속된 절차적 타당성의 중요성에 대해서도 유의해야 한다.

5) 기술의 발전만큼 global standard에 맞는 공동체의 가치와 도덕성 함양

해외 global 기업에 비해 한국기업들이 컨설팅, 지적재산, know-how에 대한 가치를 중요하게 생각하지 않는 경향이 있다.

다국적기업들이 partner 기업을 선정할 때에 중요하게 판단하는 것은 영업마케팅 역량보다 더 중요하게 생각하는 것은 partner 기업의 도덕성이다. 그 이유는 협력 파트너사의 영업력이 아무리 뛰어나다 하더라도 불법적인 혹은 비도덕적인 마케팅을 했을 경우 그 다국적기업이 감수해야 하는 risk가 매우 크기 때문이다.

6) 정부의 글로벌 진출 지원 확대

COVID-19을 겪으면서 정부의 역할이 매우 중요하다는 것이 다시 한 번 증명되었다. 우리 사회는 이전보다 더 많은 역할을 정부에게 요구하게 되었다. 앞으로 한동안은 전례 없는 이러한 글로벌 위기 속에서 민간기업의 힘으로는 도저히 해결할 수 없는 부분에 대하여 정부가 그 어느 때보다 적극적이고 전략적으로 기업을 지원하는 것이 반드시 필요하다. 즉, 누군가는 반드시 해야 하지만 예산 부족이나 고위험군에 대한 투자 회피 등으로 인해 결국 아무도 선뜻 나서지 않는 분야, 예를 들어 보험수가 적용이 되지 않아 수익성이 높지 않거나 risk가 큰 신기술개발과 질병군에 대하여 정부가 전략적으로 또는 선제적으로 지원하는 것이 타당하다. 또한 글로벌 진출을 원하지만 경험 부족과 자금력 부재로 글로벌 진출을 하지 못하는 많은 제약바이오 기업들이 쉽게 해외에 진출할 수 있도록 해외 진출 거점 플랫폼을 구축하여 직·간접적으로 지원하는 것도 매우 중요한 일 중 하나이다. 그 외에도 해외 진출을 지원하는 방안에는 해외기업 투자 및 엑셀러레이터를 통한 사업 전략적 제휴 또는 해외 병원이나 연구소와 공동연구를 통한 스펙트럼 확대 등 정부가 보유한 글로벌 네트워크를 활용해서 다양한 방법으로 해외 진출을 지원하는 방안도 모색해 보아야 한다.

코로나-19 사태를 통해서 글로벌 전염병에 적극적이고 창의적으로 대처하는 한국의 의료시스템과 진단키트 등 한국 바이오, 의료산업 브랜드 이미지가 높이 평가되고 있다. 이러한 브랜드 가치 상승을 활용한 적극적인 전략적 진출을 모색한다면 한국 제약바이오산업의 발전이 더욱 가속화될 것으로 전망된다.

WORKSHOP

- 한국기업들의 글로벌시장 진출에 가장 많이 활용한 전략은?
- 한국기업들이 글로벌시장 진출을 위하여 global standard 기준을 갖춰야 하는 이유는?
- 한국기업들의 '의약외품' 글로벌시장 수출 전략은?
- 한국기업들이 '의약외품'으로 수출한 품목은? 품목별 비중은?

PART 03

제약바이오 마케팅 전략
(4P, STP)

CHAPTER 06

의약품 제품
(Product)

의약품 제품 (Product)

제약바이오마케팅은 의약품의 개발과정의 전단계를 이해하여야 한다. 후보물질 발굴단계(Drug Discovery), 의약품 개발과정(Drug Development), 허가과정(RA), 약가과정(MA), 생산과정(GMP), 유통과정(GSP), 그리고 의약품 개발과정의 전임상과정(GLP), 임상과정(GCP), 시판후 임상(PMS) 등 제약산업의 전반적인 이해가 선행되어야 한다.

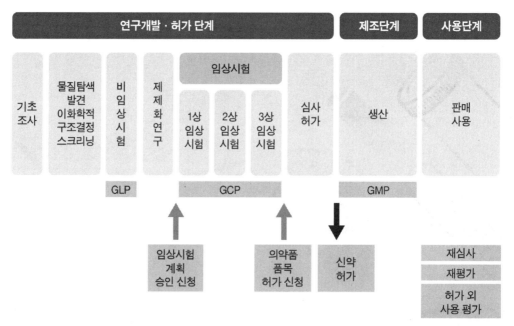

▶ 그림 6.1 ▌ 의약품 개발부터 사용까지 전주기 체계도

제약바이오마케팅은 굉장히 독특한 구조인데 최종 소비자는 환자이지만 어떤 약을 사용할지 결정하는 사람은 의학적 지식과 경험이 풍부한 의료관계자이다. 의사들은 의약품의 임상자료를 근거로 약을 처방하기 때문에 객관적인 근거중심(Evidenced

Based Medicine) 자료를 제공하여야 한다.

의약품을 공급하는 회사는 따로 있고, 약값을 부담하는 소비자와 건강보험공단 역시 따로 있다. 아무리 좋은 신약이 있더라도 접근(보험급여)이 제한적이면 아무런 의미가 없다. 이런 다양한 이유로 인하여 약가정책 등 전반적인 제약산업정책의 이해가 있어야 한다.

전통적으로 제약회사들은 전략적인 목표를 세우기 위해 4P(Product, Price, Place, Promotion)의 변수를 수시로 조사한다. 제약바이오마케팅은 제약산업의 매우 큰 영역으로 제약산업의 특수성을 전반적으로 이해해야만 고도의 의약정보 기술을 제공하는 역할을 할 수 있다. 마케팅 효율을 높이기 위해서는 마케팅믹스(Marketing Mix)에 대해 충분히 이해하고 활용해야 한다. 의약품의 특장점과 이점이 의사들의 처방에 영향을 미치도록 변수와 방법을 조절해가며 의사들의 Needs와 Wants를 만족시키기 위한 노력을 해야 한다.

01. 의약품 분류

의약품이란 ❶ 대한민국약전에 실린 물품 중 의약외품이 아닌 것 ❷ 사람이나 동물의 질병을 진단·치료·경감·처치 또는 예방을 목적으로 사용하는 물품 중 기구·기계 또는 장치가 아닌 것 ❸ 사람이나 동물의 구조와 기능에 약리학적 영향을 줄 목적으로 사용하는 물품 중 기구·기계 또는 장치가 아닌 것을 말한다.

▪ 근거법령 :「약사법」 제2조 제4호

의약품은 관점에 따라 다음과 같이 분류한다.

WORKSHOP

▪ 의약품 vs 의약외품

1) 소비자 접근성에 따른 의약품 분류

❖ 전문의약품

의사의 전문적인 진단을 받은 뒤에 의사의 소견이 적용된 처방전이 있어야지만 구입이 가능한 의약품이다. 보통 전문의약품에는 부작용이 심하거나 내성이 잘 생기고, 습관성이나 의존성이 있는 약으로 약물 상호약용으로 약효가 급상승하거나 급감할 수 있는 의약품이다.

❖ 일반의약품

오용되거나 남용될 우려가 적고 의사나 치과의사의 처방 없이 사용하더라도 안전성 및 유효성을 기대할 수 있는 의약품, 의사의 전문지식 없이 사용 가능한 의약품, 약리작용상 인체에 미치는 부작용이 비교적 적은 의약품이다. 일반의약품 중 보건복지부가 가정상비약으로 허용한 4종(소화제, 감기약, 해열진통제, 파스) 13개 품목은 편의점에서도 구입이 가능하다.

- 해열진통제 : 타이레놀정 160mg/500mg, 어린이용 타이레놀정 80mg, 어린이용 타이레놀 현탁액, 어린이부루펜시럽
- 감기약 : 판콜에이내복액, 판피린티정
- 소화제 : 베아제정, 닥터베아제정, 훼스탈골드정, 훼스탈플러스정
- 파스 : 제일쿨파스, 신신파스아렉스

WORKSHOP

- ETC vs OTC
- 해열진통제 vs 소염진통제 vs 마약성진통제
- 편의점에서 구입할 수 있는 의약품은?
- 편의점에서 살 수 있는 품목이 늘어날까? 줄어들까?

2) 구성물질에 따른 의약품 분류

❖ 화학합성 의약품

화학합성에 제조한 의약품을 말한다.

❖ 생물 의약품

사람이나 다른 생물체에서 유래된 것을 원료나 재료로 하여 제조한 것으로 보건위생상 특별한 주의가 필요한 의약품을 말한다. 생물학적제제, 유전자재조합의약품, 세포배양의약품, 세포치료제, 유전자치료제, 기타 식약처장이 인정하는 제제를 포함한다.

❖ 생약제제

천연물의 과학적 효능을 근거로 처방된 생약제제 의약품을 말한다.

❖ 한약제제

한약을 한방원리에 따라 배합하여 제조한 의약품을 말한다.

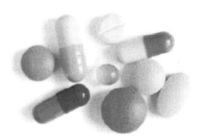 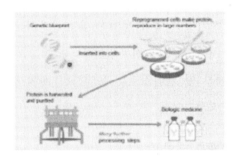

- Small & Simple
- Chemistry(synthesized)
- 'Made'
- The same recipe, the same product

- Large & Complex
- Living organism
- 'Grown'
- Sensitive to manufacturing conditions

▶그림 6.2 ┃ Small molecule drug vs Biologic drug

WORKSHOP

- Small molecule drug vs Biologic drug
- Bio Better vs Bio Similar

3) 허가심사에 따른 의약품 분류

❖ 신약

화학구조나 본질 조성이 전혀 새로운 신물질의약품 또는 신물질을 유효성분으로 함유한 복합제제 의약품으로서 식품의약품안전처장이 지정하는 의약품을 말한다.

❖ 개량신약

개량신약 이란 신약은 아니지만 의약품으로 허가받기 위하여 안전성·유효성 심사를 수행하여야 하는 것 중에서 안전성, 유효성, 유용성(복약순응도·편리성 등)에 있어 이미 허가(신고)된 의약품에 비해 개량되었거나 의약기술에 있어 진보성이 있다고 식약처장이 인정한 의약품을 말한다.

- 이미 허가된 의약품과 유효성분의 종류 또는 배합비율이 다른 전문의약품
- 이미 허가된 의약품과 유효성분은 동일하나 투여경로가 다른 전문의약품
- 이미 허가된 의약품과 유효성분 및 투여경로는 동일하나 명백하게 다른 효능·효과를 추가한 전문의약품
- 이미 허가된 신약과 동일한 유효성분의 새로운 염 또는 이성체 의약품으로 국내에서 처음 허가된 전문의약품
- 유효성분 및 투여경로는 동일하나 제제개선을 통해 제형, 함량 또는 용법·용량이 다른 전문의약품

❖ 자료제출 의약품

의약품의 품목허가심사를 할 때 제출하는 자료의 정도에 따라 구분한다. 신약은 아니나 안전성·유효성심사를 위하여 해당 자료를 제출하여야 하는 의약품을 말한다.

❖ 제네릭 의약품

제네릭 의약품(generic medicine)은 오리지널(original) 화학 합성의약품의 내용과 효능 등은 같지만 그것을 복제한 약품이다. 제네릭은 오리지널 약품의 특허가 만료됐거나 특허가 만료되기 전이라도 물질특허를 개량하거나 제형을 바꾸는 등 오리지널을 모방하여 만든 것이기 때문에 '복제약'이라고도 한다. 그 제네릭 중에서 가장 먼저 만들어진 제품은 '퍼스트제네릭'이라고 한다.

❖ 표준제조기준에 적합한 의약품

의약품등에 사용되는 성분의 종류, 규격, 함량 및 각 성분간의 처방을 표준화함으로써 의약품 등의 허가·신고관리의 효율성을 제고함을 목적으로 한다.

❖ 공정서 및 의약품집 범위 지정

식약처장이 인정하는 공정서 및 의약품집의 범위를 정함으로써 의약품등의 허가(신고) 관리 및 안전성·유효성 심사업무에 적정을 기함을 목적으로 한다.

▶ 표 6.1 ▌ 신약, 자료제출의약품, 제네릭의약품 허가신청자료

구성	주요 내용	허가 시 제출 자료
신약	화학구조나 본질 조성이 전혀 새로운 신물질의약품 또는 신물질을 유효성분으로 함유한 의약품으로서 식약처장이 지정하는 의약품	안전성·유효성 심사 자료, 기준 및 시험방법 심사 자료, GMP 실시상황 평가자료 등
자료제출 의약품	신약이 아닌 의약품으로 안전성·유효성 심사가 필요한 의약품	제품 특성에 맞게 안전성·유효성 자료, 기준 및 시험방법 심사 자료, GMP 실시상황 평가자료 등 예) 새로운 효능군, 투여경로, 용법·용량, 제형 의약품
제네릭 의약품	기존에 허가된 신약과 주성분·제형·함량이 동일한 의약품	생물학적 동등성시험 자료, 기준 및 시험방법 심사 자료, GMP 실시상황 평가자료 등 *동일 유효성분을 함유한 동일 투여경로의 두 제제가 생체이용률에 있어 통계학적으로 동등함을 입증하기 위하여 실시하는 생체 내 시험

WORKSHOP

- NME vs IMD vs Generic 허가기준?
- 화학의약품 vs 바이오의약품 허가기준?

4) 약품제제에 따른 분류

간단히 구분하면 경구용제, 주사제, 외용제로 구분된다.

- 경구용의약품 : 입을 통하여 약물이 투여되도록 만든 의약품
  - 정제, 캡슐제, 환제, 경구용제는 정제, 캡슐제, 환제, 산제 등이 있다. 시럽 최근에는 츄정, 구강용해 필름형 제제 등이 새롭게 개발되었고 복용방법이 편리하게 크기도 작게 개발되고 있다.
- 주사용의약품 : 근육이나 혈관을 통하여 약물이 투여되도록 만든 의약품
  - 주사제
- 외용의약품 : 피부에 도포, 분사하거나 부착 등을 통하여 약물이 인체에 투여되도록 만든 의약품.
  - 연고, 크림, 패치제 등

5) 약물 방출 속도에 따른 분류

서방형이라고 하는 것은 속방형의 반대 개념으로 정제가 포함하고 있는 주약물을 천천히 방출해서 일정한 혈중농도를 유지할 수 있도록 설계된 제품이다.

당뇨약, 혈압약과 같이 매일 약을 복용해야 하는 경우 하루에 세 번 복용하는 것은 환자의 입장에서 상당히 어렵고 불편한 일이다. 이러한 경우에 서방형 제제 기술을 도입하여 약물이 하루 종일 일정한 속도로 방출되도록 조절하여 하루에 한 번만 복용해도 되는 약물이 개발되어 환자의 복약순응도를 높였다. 미래에는 제제 기술의 발달로 인하여 한 달에 한 번, 일 년에 한 번, 평생에 한두 번 복용할 수 있는 약이 개발될 것으로 기대된다. 서방형제제는 다음과 같은 종류가 있다.

- SR(sustained(slow)-release preparation) : 일반적 서방형 제제, 치료용량의 약물이 장시간 방출(딜라트렌, 디트로딘, 유로프리 등)
- CR(controled-release preparation) : 방출제어형 제제, 원하는 시간 동안 치료 혈중농도 유지(니페론, 테그레톨, 클란자, 에필렙톨, 에이자트 등)
- ER(XL, XR(extended- release prepration)), PR(prolonged release), RA(repeat action) : 반복형 방출 제제, 일정 시간 간격(층별 용해 시간 차이 이용)으로 치료

약물 농도 방출(타이레놀 ER, 클래리시드 ER, 다이아벡스 ER)

- OR(optimized-release prepration), OROS(osmotic release oral delivery system) : 최적화 제제, 삼투압에 의해 서서히 방출(껍질은 변으로 배출-아달라트, 라이리넬)
- GR(gastric retention prepration) : 위내 저류 제제(노바메트)

WORKSHOP

- 서방형제제 vs 속방형제제 마케팅전략?
- TID vs BID vs QD 마케팅전략?
- Daily제제 vs Weekly제제 vs Monthly제제 마케팅전략?
- 단일제 vs 복합제 마케팅전략

---

6) 투여경로에 따른 의약품의 분류

일반적으로 우리 몸에 투여된 약물은 여러 종류의 효소와 호르몬의 영향을 받고, 복잡한 생리학적 과정을 거쳐 혈류로 들어간다. 혈류를 통해 치료부위에 도착하여 약효가 발휘되는 것이다. 그러므로 약물을 개발할 때 연령에 맞게 효과적으로 약효를 전달하고 약물의 부작용을 줄이며 효능·효과를 극대화 할 수 있도록 약물의 제형과 투여경로 등을 디자인한다. 임상시험을 할 때 효능, 효과, 부작용을 고려하여 해당 약물의 인체 내 전달방법을 최적화한다. 약물의 안전성과 유효성을 적절히 전달하기 위한 다양한 제형개발과 환자의 순응도(Compliance Rate)를 개선시킨 제제가 개발되었다.

(1) 경구투여

위장을 통해 쉽게 흡수되는 대부분의 약물이 경구투여로 복용된다. 복용 방법이 간단하여 가장 많이 복용하는 방법으로 PO제(per oral)라고 부른다.

(2) 설하투여

설하투여는 혀 밑에 투여하는 방법이다. Nitrobid, Adalat 같은 약을 쓸 때 효과를 좀 더 빠르게 하기 위한 것이다. 장에서 흡수를 시키려면, 일단 삼키고, 위를 통과해서 주로 소장에서 흡수되게 된다. 예를 들어 아주 심한 고혈압 환자가 응급실에 왔을 경우 빨리 혈압을 낮추는 것이 좋으므로, 이러한 경우 혈압강하제인 아달라트 같은 약을 그냥 혀 밑에 넣든지, 혹은 바늘로 연질캅셀의 구멍을 뚫어 액을 혀밑에 짜주고 나머지는 삼키게 한다. 혀 밑에는 혈관이 아주 잘 발달되어서 빨리 흡수되므로 혈중 약물 농도가 빠르게 올라가고 효과 역시 신속하다.

(3) 직장 내 투여(suppository)

경구약제를 투여하지 못하는 어린이나 수술 후의 환자에 쓰는 경우가 많다. 배변 촉진 외에는 가능한 한 배변 후에 삽입하여 좌약이 배출되지 않은 것을 확인한다. 질 용의 좌약은 소염 또는 호르몬제인데 국소적 등을 목적으로 한다. 일반적으로 경구약 제 보다는 흡수가 빠르고 혈중농도도 높다. 좌약과 관장제가 여기에 해당된다.

(4) 흡입

흡입으로 호흡기 계통을 통하여 투여하며 대표적인 예로는 전신마취제 흡입이나, 기구를 이용한 호흡기 치료제 등이 있다. 단점으로는 용량조절이 어렵고 폐의 상피세포를 자극할 수 있다.

(5) 주사제

흡수가 빠르고 약효 작용이 빠른 장점이 있어 긴급을 요하는 응급환자에게 적당하다. 주사의 종류는 크게 피내주사(intradermal), 피하주사(subcutaneous), 근육주사(intramuscular)가 있다.

WORKSHOP

■ 경구용의약품 vs 주사용의약품 마케팅전략

7) 보험등재 여부에 따른 의약품의 분류

(1) 급여의약품

국민건강보험법 제39조 제1항 제2호의 요양급여대상으로 결정 또는 조정되어 고시된 의약품을 말한다. 즉 '약제급여목록표 및 급여상한금액표'에 등재된 의약품을 말한다. 급여의약품 중에는 환자가 전액 부담해야 하는 의약품도 있다.

(2) 비급여의약품

국민건강보험법 제39조 제3항의 규정에 의하여 요양급여의 대상에서 제외되는 사항으로 환자 본인이 전액 부담하는 의약품이다.

WORKSHOP

- 급여의약품 vs 비급여의약품 마케팅전략?
- 비급여의약품의 종류?

---

8) 희귀의약품(Orphan drug)

식품의약품안전처 고시 제2018-41호(2018. 6. 1, 일부개정)에 의하여 지정기준 내용이다. 희귀의약품은 20,000명 이하인 질환에 사용되는 의약품으로 허가결정과정, 가격결정과정 등이 일반의약품과 다르다.

제2조(지정기준)

❶ 희귀의약품의 지정기준은 다음 각 호에 적합하여야 한다.

1. 국내 환자수(유병인구)가 20,000명 이하인 질환에 사용되는 의약품
2. 적절한 치료방법과 의약품이 개발되지 않은 질환에 사용하거나 기존 대체의약품보다 현저히 안전성 또는 유효성이 개선된 의약품

❷ 제1항에도 불구하고 국내에서 임상시험 단계(비임상시험 단계인 경우, 임상시험 진입이 가능하다는 근거가 확보된 경우를 포함한다)에 있는 의약품(이하 "개발단계 희귀의약품"이라 한다)의 지정기준은 다음 각 호에 적합하여야 한다.
1. 국내 환자수(유병인구)가 20,000명 이하인 질환에 사용되는 의약품
2. 다음 각 목의 어느 하나에 해당할 것
   가. 적절한 치료방법과 의약품(희귀의약품으로 지정·허가된 의약품은 제외한다)이 개발되지 않은 질환에 사용하기 위해 개발하는 경우
   나. 약리기전이나 비임상 시험등으로 볼 때 기존 대체의약품(희귀의약품으로 지정·허가된 의약품은 제외한다)보다 현저히 안전성 또는 유효성 개선이 예상되는 경우
3. 국내에서 희귀의약품으로서 개발 계획(임상시험 실시 계획을 포함한다)의 타당성이 인정될 것
❸ 제1항의 규정에도 불구하고 현 의약품 수급체계에 비추어 제한적으로 공급되는 경우 환자의 치료에 큰 지장을 초래할 우려가 있다고 식품의약품안전처장(이하 "처장"이라고 한다)이 인정하는 의약품.

현재 국내에서 개발되고 있는 희귀의약품은 주로 바이오벤처를 중심으로 한 초기 임상 단계 후보물질로, 총 90여 개에 이르는 것으로 파악된다. 세포 치료제 같은 유전자 치료제 위주로 개발되고 있는 것도 특징이다. 이 90여 개 가운데 60%가 바이오의약품이며 그중에서도 절반은 세포 치료제다. 치료영역으로는 항암제가 33%로 가장 많고 유전질환 치료제, 신경질환 치료제, 자가면역질환 치료제, 감염질환 치료제 등이 뒤를 잇고 있다. 이 가운데 미국 FDA에서 희귀의약품 지정을 받은 국내 후보물질은 2015년 2건, 2016년 3건, 2017년 9건을 거쳐 2018년 16건으로 크게 증가했다.

국내 신약 美FDA 희귀의약품 지정 건수 (단위=건)

2015년	2016년	2017년	2018년
2	3	9	16

FDA 희귀의약품 지정 주요 국내 신약
자료=한국보건산업진흥원

개발 업체	상품	적용증	개발 단계	지정 시기
한미약품	HM15912	단장증후군	임상 1상 준비	2019년 5월
제넥신	GX-I7	특발성 림프구증후군	임상 1상 진행	2019년 4월
브릿지바이오	BBT-877	특발성 폐섬유증	임상 1상 진행	2019년 1월
오스코텍	SKI-G801	급성 골수성 백혈병	임상 1상	2018년 11월
GC녹십자셀	이뮨셀-엘씨	췌장암	임상 2상	2018년 9월
크리스탈지노믹스	CG-806	백혈병	전임상	2017년 12월

▶ 그림 6.3 ▎ 국내 시약 희귀의약품 지정

한국보건산업진흥원에 따르면 2017년 기준 세계 희귀의약품 시장 규모는 총 1,250억 달러로 2024년까지 연평균 11% 이상 성장해 총 2,620억 달러로 늘어날 전망이다. 이는 일반적인 처방의약품 글로벌 시장 성장률인 5.3%의 2배 이상이다. 2024년에는 세계 처방약 매출 중 5분의 1가량을 이들 희귀의약품이 차지할 것으로 예상된다. 특히 최근 생명공학정책연구센터가 전망한 올해 주목되는 전 세계 신약 후보물질 가운데 2023년까지 연 매출 10억달러 이상을 올릴 것으로 예상되는 7개 후보물질 중 5개는 이미 FDA 희귀의약품으로 지정받은 것이다.

WORKSHOP

- Orphan drug 허가기준은?
- 위험분담제도(RSA; risk sharing arrangements)란?

02. 신약개발과정

신약개발과정은 크게 연구(Research) 단계와 개발(Development) 단계로 구분된다. 첫 번째 연구단계(탐색)는 의약학적 개발목표(목적효능 및 작용기전 등)를 설정하고, 신물질의 설계, 합성 및 효능검색 연구를 반복하여 개발대상 물질을 선정하는 단계이다. 두 번째 개발단계는 대상물질에 대한 대량제조 공정개발, 제제화 연구, 안전성 평가, 생체 내 동태규명 및 임상시험을 거쳐 신약을 개발해 인허가, 출시되는 과정을 포함한다.

01 타깃 선정(Target identification) : 특정 질환 치료제를 개발하기 위해 타깃 단백질 등을 정하는 일이다. 선행 연구 결과와 전략 부합성을 종합적으로 판단해서 진행여부를 결정한다.

02 타깃 검증(Target validation) : 선정된 타깃을 제어하는 것과 목표하는 질환 치

료와의 상관관계 및 인과관계를 검증하는 단계이다. 다양한 유전체 정보, 형질전환 동물의 정보 및 연구용 물질을 활용하여 동물실험 결과를 보기도 한다.

03 스크리닝(Target to hit) : 합성신약의 경우, 선정된 타깃을 제어하는 물질을 찾는 작업으로, 타깃 단백질 어세이(protein arrays)를 개발해서 자동화된(HTS: High throughput screening) 통해서 수십만에서 수백만 개의 화합물을 screening 한다. 합성된 화합물의 효능을 단시간 내에 도시 검색할 수 있는 동시대량효능검색법 기술의 발달로 합성된 화합물의 효능을 동시 검색할 수 있다.

04 선도물질 도출(Hit to lead) : 스크리닝 결과로 나온 화합물들의 구조의 유사성을 찾아서 좁혀 나간다. 합성신약 기준으로 1년 정도 소요되고, 유용한 화합물 시리즈 2-3개 도출하는 것이 목표다.

05 선도물질 최적화(Lead optimization) : 합성신약의 경우 선정된 화합물 시리즈를 좀 더 집중해서 최적화한다. 수십 명에서 수백 명의 의약화학자가 수백 개의 화합물을 합성하고, 바이오팀, 약리팀, 독성팀 등에 의해 in vitro와 in vivo 검증이 이루어진다. 연구단계에서 가장 비용이 많이 들고 오래 걸리는 단계로, 2년 이상 소요된다. 전임상 개발 후보와 백업(back up) 화합물을 도출하는 단계이다.

06 전임상 개발(preclinical) : 도출된 후보물질의 유효성과 독성을 검증하기 위해 동물 모델을 대상으로 생화학적 실험을 하는 단계이다.

07 임상 1상 : 건강한 지원자 또는 대상 시험 질병의 위험도가 높은 환자(항암제, HIV 치료제 등)를 대상으로 내약성, 부작용 및 약물의 체내 동태 등 안정성 확인을 하는 단계이다. 임상약리시험에 중점을 두어 진행한다. 임상 2상 시험을 위한 최적 정보를 얻는 단계로 약물의 투여 제형 생체이용률 시험, 인체 내 대사과정 및 작용기전 등에 관한 시험을 포함한다.

08 임상 2상 : 소수의 환자를 대상으로 유효성과 안전성을 평가하여 신약 가능성과 최적 용량 용법을 결정하고 치료 효과를 탐색하는 단계로 허가의 핵심이 되는 단계이다. 이 단계에서 제형과 처방을 결정해야 한다. 이 단계에서 효능, 효과, 용법, 용량, 사용상의 주의사항 등을 결정한다.

09 임상 3상 : 가장 규모가 큰 임상시험 단계로 다수의 환자를 대상으로 유효성에 대한 추가 정보 및 확증적 자료를 확보하는 단계이다. 따라서 다른 단계에 비해

장기적으로 진행되고 다른 약물과 병용했을 때 효과까지 검증한다.

10 임상 4상 : 신약이 승인되어 시장에 출시된 후, 환자들에게 투여했을 때 시판 전 제한적인 임상시험에서 파악할 수 없었던 부작용이나 예상하지 못하였던 새로운 증상을 추가로 조사 연구하는 단계이다. 신약 시판 후 조사 단계라고 한다.

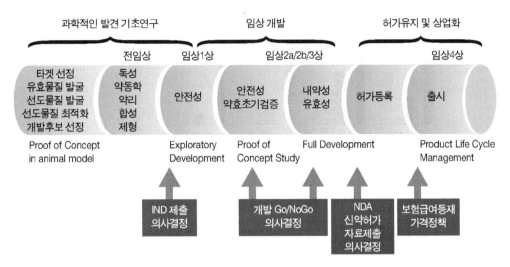

▶ 그림 6.4 ▌ 의약품의 개발단계

1) 기초탐색 및 원천기술연구 과정과 개발후보물질 선정 단계

(1) 신약개발과정에서의 약물대사 연구

신약개발은 많은 시간과 노력 그리고 높은 비용을 소모하는 과정이지만 높은 부가가치를 창출할 수 있는 산업이다. 신약개발을 위한 임상연구 과정에서 주요 실패요인이 약물대사 및 약물동태로 알려진 1990년대 초반 이후 신약개발의 초기단계에서부터 ADME(Absorption, Distribution, Metabolism, Excretion) 평가연구를 적극적으로 도입함으로써 신약개발 성공률을 높이기 위한 노력이 지속적으로 진행되어 왔고 현재 다국적 제약사를 중심으로 신약개발이 진행되고 있다. 이러한 노력의 결과로 ADME의 문제로 인한 신약개발 실패는 현저히 감소하고 있다. 특히 신약개발과정에서 후보물질의 대사적 특성을 초기에 연구하는 것은 신약개발의 비용과 시간을 절약하는 주요 전략으로 자리하고 있다.

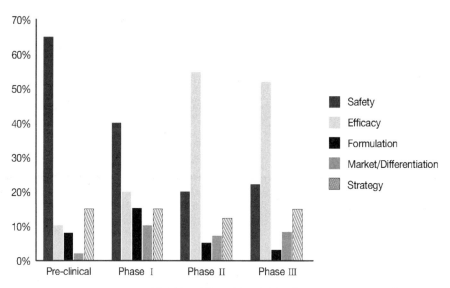

자료 : Michael J. Barrett & Donald E Frail, Drug Repositioning, Wiley & Sons, 2012.4

▸그림 6.5 ▎임상 단계별 실패 이유

현재 신약개발 과정에서는 초기 단계인 신약 탐색단계에서부터 활성(activity)뿐만 아니라 물성(property)에 대한 최적화 연구도 동시에 진행함으로써 임상에서의 성공가능성이 높은 'drug-like property'를 지닌 후보물질 도출을 위해 노력하고 있다. Drug-like한 특성은 선도물질(lead compound) 도출 이후 선도물질의 최적화 과정에서 그 중요성이 더욱 강조되며 그 이유는 후보물질(candidate)의 임상에서의 성공 가능성을 예측하는 지표가 될 수 있기 때문이다. 1997년 Pizer's의 Lipinski의 Role of five(RO5)에 의하면 drug-like한 특성에 대해 임상1상까지 개발 중인 물질이 살아남을 만큼 충분한 ADME/Tox의 성질을 가지는 것이라 정의하고 있다. 현재 구조적, 물리화학적, ADME/Tox 측면에서 drug-likeness와 관련된 평가를 신약개발의 초기단계에 수행하고 있다.

(2) 선도물질의 최적화와 후보물질 도출을 위한 약물대사연구

신약개발 초기단계에서 도출된 선도물질들은 일반적으로 약으로 갖춰야 할 적절한 물성을 지니지 못하고 있다. 시험관에서 아무리 좋은 효과를 나타낸 물질이라도 동물에 투여 후 충분한 혈중농도를 지속적으로 유지하지 못한다면 신약으로의 가치를 상실하는 것이다.

 신약개발 초기단계에서 DMPK(drug metabolism and pharmacokinetics)를 연구하는 사람들이 당면하는 주요 문제는 낮은 흡수율, 낮은 혈중농도, 신속한 대사 및 배설 등과 같은 바람직하지 못한 PK 특성들로 많은 DMPK 연구자들은 물질의 PK 특성을 개선하여 선도물질을 최적화하고 후보물질을 도출하기 위해 다양한 노력을 기울이고 있다. 특히, 신약개발 초기단계에서의 약물대사연구는 개발 중인 약물의 운명을 결정하는데 매우 중요한 역할을 담당하고 있다. 약물이 효과를 나타내기 위해서는 그 물질이 표적(target)에 무사히 도달하여 약효를 내기 충분한 농도에 도달하여야 하는데 약물이 대사되면 특별한 경우를 제외하고는 대부분 활성을 잃기 때문에 약을 개발하는 입장에서 약물대사 연구는 매우 어렵지만 해야만 하는 과정이다.

(3) 약물대사(Drug metabolism, Biotransformation) 및 대사 안정성 시험

 약물 대사는 거의 모든 장기에서 일어날 수 있으나 주요 약물대사 효소는 간에 높은 수준으로 발현되어 있어 간이 약물대사에 있어 가장 중요한 장기라 할 수 있다. 대사과정은 흡수된 외인성 물질의 수용성을 증가시켜 체외배설이 용이한 형태로 전환시키는 과정으로 약을 포함한 외인성 물질의 체내 축적을 막는 중요한 방어체계이다. 하지만 때로는 약물대사의 과정이 불완전하여 대사과정에서 오히려 독성이 증가하는 bioactivation이 유발되기도 한다.

 일반적으로 약물대사반응은 phase1과 phase2 반응으로 나누어진다.

 phase1 반응은 전형적으로 관능기(functional group, 예. hydroxyl)를 도입하여 물질의 극성(polarity)를 증가시키는 반응이고, phase2 반응은 모화합물 자체 또는 모화합물이 phase1 반응을 통해 polar한 관능기가 도입된 후 생성된 대사체에 일어나는 conjugation 반응으로 수용성을 증가시킨다.

 phase1 반응은 주로(CYP) cytochrome P450 enzymes에 의한 산화반응(oxidation)이 주된 반응이며 가수분해(hydrolysis)와 환원반응(reduction)도 가능하다. phase2 반응은 glucuronidation, sulfation, glutathione conjugation, amino acid conjugation, methylation 및 acetylation 반응이 있으며 methylation과 acetylation을 제외한 다른 반응은 모두 수용성을 증가시키는 반응이다.

생체 내로 흡수된 약물이 몸 밖으로 배설되는 경로의 총합을 약물 청소율(drug clearance)이라 한다. 약물 청소율은 주로 오줌 또는 변으로의 배설과 약물대사에 의해 일어나는데 시판되고 있는 약물 중 약 75% 정도가 약물대사경로를 통해 몸 밖으로 제거된다고 알려져 있다. 즉, 약물대사가 약물 청소율에 있어 매우 중요하다. 약물대사의 75% 정도는 CYP에 의해 일어나는 것으로 보고되고 있는데 이는 시판되는 약물의 약 55%가 CYP에 의해 매개된다는 것을 의미한다.

CYP는 매우 다양한 동종효소(isoform)를 가지는데 특히 5가지 동종효소, CYP 1A2, CYP 2C9, CYP 2C19, CYP 2D6 및 CYP3A4가 전체 CYP에 의한 대사의 90% 이상을 차지한다. 이러한 이유로 신약개발 초기 스크리닝 단계에서 약물대사에 안정한 특히 CYP에 보다 안정한 물질을 찾고자 하는 노력의 일환으로 microsomes을 이용한 대사 안정성 시험을 수행하고 있다. 약물대사는 주로 간에서 일어나기 때문에 약물대사와 관련한 in vitro 시험은 간으로부터 유래한 tissue fraction(예; microsomes, cytosol 또는, S9 fraction) 및 primary hepatocyte 등을 enzyme source로 사용하는 것이 일반적이다.

(4) 대사체 동정(metabolite identification)

현재 신약개발과정에서는 신약개발의 각 단계를 효율적으로 지원할 수 있는 다양한 in vitro 및 in vivo 시험계가 개발되어 활용되고 있다. 특히, 선도물질의 최적화 단계에서 약물대사 연구는 큰 의미를 지니며 약물 대사체의 동정 및 대사경로의 규명은 신약개발과정에서 필수적으로 요구되며 신약개발 규제, 허가기관에서도 물질의 안전성 및 유효성 검증을 위하여 필수적으로 요구되고 있다.

약물 대사체의 동정은 신약개발단계에 따라 목적을 달리하는데 신약개발 초기단계에서는 주로 microsomes과 hepatocyte 등 in vitro 시험계를 이용하여 수행되며 개발 중인 물질의 구조 중 대사에 취약한 부분(metabolic soft spot)을 찾아 연구자들에게 정보를 제공하여 대사에 안정한 물질을 합성할 수 있도록 한다.

후보물질의 평가단계에서는 다양한 실험동물 종(species)에서의 약물 대사체 스크리닝을 통해 인체와 유사한 대사체 프로파일을 보이는 종을 찾고 그 실험동물 종을 이용하여 전임상 시험을 수행할 수 있게 함으로써 전임상 실험결과와 임상시험 결과 간의 상관관계를 높이는데 주안점을 둔다.

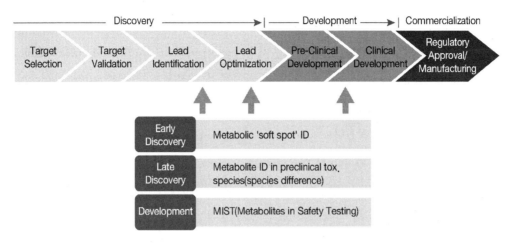

▸ 그림 6.6 ▌ Metabolite ID in drug discovery and development

2008년 미국 FDA에서 MIST라는 Guidance를 발표하였다. 이 guidance에서는 대사체의 AUC(area under the curve)가 모 화합물(parent compound) AUC의 105 이상이고 그 대사체가 실험에 사용한 동물 종에서 발견되지 않거나 인간에 비해 낮은 농도로 측정될 경우 모 약물 외에 대사체의 전임상 독성을 요구한다. 또한 인간에 선택적인 대사체가 일정량 이상 생성될 경우 신약개발을 위해서는 대사체의 안전성을 필수적으로 평가해야 됨을 강조하고 이러한 이유로 많은 제약회사에서는 임상시험에서 발생할 수 있는 예상치 못한 독성의 가능성을 최소화하기 위해 후보물질 평가 및 개발단계에서 대사체의 종차를 정성 및 정량적 측면 모두에서 평가하고 있다. 신약개발 초기단계에서의 대사체 연구가 PK 특성을 개선하기 위한 부분에 목적을 두어 정성적 분석에 초점을 맞추었다면 후기단계에서는 독성적 측면에서의 대사 연구를 수행하기 위해 정성뿐 아니라 정량적 분석이 강조되고 있다.

(5) 약물유래 간독성과 약물상호작용

1990년 이후 독성문제로 시판 중에 시장에서 철수한 33종의 의약품을 원인 별로 분석해본 결과 13종(약 40%)은 간독성, 10건(약 30%) QT interval 증가에 따른 심장독성(부정맥) 그리고 약물대사를 통한 약물상호작용 8건(약 24%)으로 조사되었다. 심장독성을 제외하고 간독성과 약물상호작용은 약물대사와 매우 밀접한 관련을 지니고 있다.

약물유래 간독성(DILI; Drug-induced liver injury)은 parent drug 보다는 친전자성의 독성 대사체에 기인한다. 1990년대 이후 benoxaprofen, iproniazid, nefazodone, tienilic acid, troglitazone, bromfenac(unclear) 등의 약물은 대사체에 의한 독성으로 시장에서 철수되었다. black box 경고가 부가된 15개의 약물 중 8개 역시 독성 대사체에 기인하는 것으로 알려졌다.

심장독성의 경우 심장의 action potential을 조절하는 ion channel, 특히 hERG와 같은 중요한 표적 단백질이 규명되어 신약개발의 초기단계에서 심장독성에 대한 평가가 진행되고 있으나 약물유래 간독성은 표적 단백질이 발굴되지 않고 있어 신약개발의 초기단계에서 간독성을 평가할 수 있는 연구방법은 매우 제한적이다. 결과적으로 약물유래 간독성은 현재까지도 신약개발의 가장 큰 허들 중 하나이다.

약물상호작용(drug interaction)에 의해 시장에서 퇴출된 대표적인 약물은 Terfenadine으로 1990년 심각한 약물상호작용에 대한 보고가 있었고 1992년 미국 FDA에서 black box 경고가 부가된 이후 1998년 시장에서 퇴출되었다.

의약품 안전성 평가에서 약물상호작용은 한가지 약물이 다른 약물(또는 내/외인성 물질과 생체 구성성분)들과 상호작용하여 투여된 약물의 약효나 독성에 변화가 유발되는 현상이다. 약물대사를 통한 약물상호작용은 A 약물이 B 등 다른 약물의 체내동태(혈중 또는 조직에서 AUC, 반감기, 최대농도 등)가 변동되고 결과적으로 B 약물의 약효/독성이 정상과 다르게 발현하는 것이다.

CYP의 큰 특징은 외인성 물질의 노출에 의해 발현이나 활성이 유도되거나 억제되는 특징을 가지고 있다. CYP의 유도는 약물의 농도를 감소시켜 약효가 나타날 수 있는 유효농도에 도달하지 못하게 하는 반면 CYP의 억제는 약물의 농도를 증가시켜 약효를 넘어 독성을 유발하게 할 수 있다. 약물대사를 통한 의약품의 상호작용은 의약품과 의약품 외에도 식품과 의약품, 천연물과 의약품 등 다양한 조합에서도 발생할 수 있다.

약물상호작용에서 CYP를 유도하거나 억제하여 병용 처리된 다른 의약품의 PK 지표를 변화시키는 것을 가해자(perpetrator) 그리고 변화된 CYP에 의해 대사를 받는 것을 피해자(victim or substrate)로 표현한다. 약물상호작용으로 혈중 농도가 증가하여 독성을 유발하는 의약품은 주로 CYP의 기질인 피해자다.

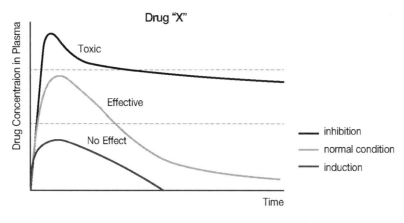

▶ 그림 6.7 ▮ 약물상호작용의 결과

현재 신약개발 과정 중 인체 내 약물상호작용을 예측하고 그 기전을 규명하기 위해 CYP inhibition/induction 시험을 routine하게 수행하고 있다. 2012년에 미국 FDA에서 발표된 guidance 내용을 살펴보면 invitro CYP inhibition 연구의 경우, 기존의 5종의 CYPs에 대한 CYP inhibition study에서 CYP 2B6, CYP 2C8 2종을 추가하여 7종의 CYP에 대한 inhibition study를 수행할 것을 권장하고 있으며 inhibition의 mechanism을 이해하기 위해 좀 더 자세한 reversible inhibition/time dependent inhibition(TDI)에 대한 기준을 제시하고 있다.

in vitro CYP induction의 경우 새로운 end point로 mRNA의 변화를 제시하였고 in vivo study를 대신할 PBPK modeling 및 simulation과 관련된 내용을 포함하고 또한 주요 배설경로(elimination pathway)에 대한 연구에서 기존에 CYP에 대한 reaction phenotyping 연구에 새롭게 UGT 에 대한 평가를 추가하고 있다. 그리고 기존의 약물 대사효소, 특히 CYP에 대한 약물상호작용 연구에서 transport의 약물상호작용에 대한 내용을 추가한 것이 가장 큰 변화이다. 종합적으로 미국 FDA에서 2012년에 발표된 guidance는 약물상호작용에 대한 광범위한 결과를 요구하고 있다.

(6) 결론

신약개발 과정에서 수행되고 있는 약물대사의 연구는 개발 중인 물질의 PK 특성과 독성적 측면을 이해하기 위함이다.

신약개발의 궁극적인 목적은 사람에서 치료제로 사용할 수 있는 물질의 개발이라 볼 수 있으며 이를 위해서는 반드시 규제기관으로부터 허가를 받아야 한다.

규제기관의 허가를 받을 때 가장 크게 고려되는 점은 약효와 안전성의 문제이며 이에 대한 이해를 돕기 위해 DMPK 연구가 수행되어야 하는 것이다. 실제로 DMPK 관련 정보를 이용하여 약물의 화학구조, 효능 및 PK가 적절하게 균형을 이룰 수 있는 약물 설계를 통해 성공한 사례는 다수 존재한다. 비록 임상시험에 앞서 in vitro 및 실험동물을 이용한 다양한 DMPK 시험을 수행하고 있고 이러한 결과가 매우 유용한 정보를 제공하지만 human prediction에 있어서는 분명 한계가 존재하고 있다.

따라서 선행연구로부터 얻은 결과를 사람에 외삽(extrapolation) 할 때에는 많은 주의가 필요하다. 실험동물 간 생리적인 특성이 유사하다 하더라도 특히 약물대사의 경우 약물대사효소의 종의 차이(species difference)가 매우 크기 때문에 실험동물 결과로부터 사람에서 신뢰할 만한 결과를 예측하기 위해서는 무엇보다도 종간 유사점과 차이점에 관련된 mechanism의 이해가 무엇보다도 중요하다.

2) 1상 임상시험의 역할

(1) 1상 임상시험의 전통적 역할

신약개발에서 1상 임상시험의 전통적인 역할은 신약의 안전성과 약동학의 평가이다. 1상 임상시험은 비임상 단계에서 임상 단계로 진입하는 초입 단계이며 이 과정에서 사람에서 견딜 수 있는 내약용량(tolerable dose range)을 안전성이 허용하는 범위에서 충분히 높은 용량까지 올바르게 평가하는 것이 중요하다.

시험약의 효능(efficacy) 및 효과(effectiveness)를 평가하는 이후의 임상시험은 이러한 내약용량 범위 이내에서 이루어지게 된다. 따라서 만약 1상 단계에서 내약용량 범위가 충분히 확보되지 않으면 이후의 임상시험에서 테스트 할 수 있는 용량은 제한될 수밖에 없다.

(2) 1상 임상시험 디자인

1상 임상시험의 피험자는 세포독성항암제 등의 일부 예외적인 경우를 제외하고 개발 약물의 치료 대상 환자가 아닌 건강한 성인 자원자를 대상으로 한다. 이는 대부분의 1상 임상시험의 1차적인 목적이 약효의 평가가 아닌 안전성의 평가인 것과 관련이 있다. 그 밖에도 현재의 표준 치료를 받아야 할 환자를 대상으로 치료 효과 여부가 아직 불확실한 약물을 최적의 용량, 용법이 결정되지 않은 상태에서 투약하는 것은 윤리적으로 바람직하지 않으며, 건강한 성인 자원자가 만약 발생할 수도 있는 이상반응에 견딜 수 있는 능력이 크다는 등의 이유도 있다.

1상 임상시험 계획서의 피험자 선정기준(selection criteria)은 일반적으로 매우 까다롭다. 1상 임상시험에 참여할 수 있는 피험자는 나이, 체질량지수(body mass index), 흡연력, 음주 상태, 질환 및 수술 병력 등의 여러 조건을 만족시켜야 한다. 이는 1상 임상시험의 내적타당도(internal validity)를 높이기 위한 방법이다. 즉 시험약물과 약물에 의한 이상반응의 관계 평가가 1상 임상시험의 목적이라면 최대한 균질한(homogeneous) 피험자들을 대상으로 수행해야지만 시험약물 투여 후 관찰되는 이상반응과 시험약물 사이의 인과관계 평가가 올바르게 이루어질 수 있다. 다시 말하면 매우 다양한 인구학적 및 병력 특성을 가진 피험자들을 대상으로 1상 임상시험을 수행하면 시험약물 투여 후 발생하는 이상반응이 시험약에 의해 발생하는 것인지, 해당 피험자의 특성에 의해 시험약과 무관하게 나타나는 것인지 판단하기 어렵다.

임상시험 디자인에 있어서 내적타당도의 확보는 1상 임상시험을 포함한 약물에 대한 지식을 상대적으로 적게 가지고 있는 조기임상시험 단계에서 더욱 중요하다고 할 수 있으며, 2상 임상시험의 피험자 선정기준이 3상 임상시험의 기준보다 다소 엄격하다는 점도 이러한 관점에서 이해될 수 있다. 하지만 3상 임상시험과 같은 후기 임상시험으로 갈수록 임상시험 디자인의 내적타당도는 여전히 중요하지만 시험의 외적타당도(external validity), 즉 일반화가능성(generalizability) 또한 중요해진다. 3상 임상시험의 피험자 선정기준이 상대적으로 덜 엄격하며 임상시험을 마치 실제 진료행위와 유사한 상황에서 수행하는 것은 이러한 시험의 일반화가능성을 확보하기 위함으로 이해할 수 있다.

1상 임상시험은 흔히 별도의 연구전용 병실에 피험자들을 입원시켜 시험약물 투여 후 반응을 매우 밀도 있게 관찰한다. 피험자들의 입원은 시험약물의 사람에 대한 안전성 정보가 상대적으로 부족한 1상 임상시험 단계에서 피험자들의 안전을 보장한다는 측면과 함께 시험약물의 사람에의 작용을 통제된 상황에서 집중적으로 모니터링하여 시험약물의 특성을 최대한 많이 파악하기 위함이다. 이 때문에 1상 임상시험을

human pharmacology 시험이라고 한다. 이러한 디자인의 특성은 기본적으로 1상 임상시험이 탐색적(exploratory) 임상시험임을 반영한다. 즉, 1상 임상시험은 많은 경우 어떠한 가설을 검증하기 위한 시험이 아니므로 3상 임상시험 등과 같이 가설을 검증하기 위한 피험자수를 통계적으로 산출할 수는 없는 경우가 많으며, 탐색적 임상시험의 특성상 결과도 기술통계학(descriptive statistic)적으로 제시된다. 이 경우 피험자수가 커지면 제시되는 통계량의 표준오차가 줄어들어서 정밀(precise)한 결과를 제시할 수 있는 장점이 있다.

1상 임상시험은 흔히 용량을 증량(dose escalation)하여 수행한다. 이는 약물 이상반응도 기본적으로 용량 반응 관계를 따르기 때문이며 이러한 디자인을 통해 더 많은 시험약물에 대한 정보를 얻을 수 있다. 예를 들어 특정 이상반응이 용량 군별로 지속적으로 나타나고 높은 용량 군에서 점점 더 많이 발생한다면 이상반응이 용량-반응관계를 따르는 것으로 볼 수 있으며 이는 해당 이상반응의 시험약물과의 인과관계가 있다는 강력한 증거이다.

1상 임상시험은 흔히 여러 용량의 시험약군과 함께 위약군을 대조군으로 두며 시험약군과 위약군에의 배정은 무작위적(random)으로 수행된다. 무작위배정은 모든 단계의 임상시험에 있어서 내적타당도를 높이기 위한 주요 수단 중 하나이다. 무작위배정은 임상시험 결과의 통계 분석의 전제조건 충족, 윤리적 문제의 경감 등과 더불어 임상시험에서 관찰하는 결과에 영향을 미치는 알려지지 않은 교란변수(unknown confounder)를 통제하는 중요한 역할을 한다. 따라서 무작위배정 여부에 따라 임상시험 결과의 증거로서의 가치에 많은 차이가 있다고 본다.

참고로 알려진 교란변수(known confounder)를 제어하는 방법으로는 층화(stratification)가 있다. 성별이 시험약물의 치료효과에 유의한 영향을 미친다면 임상시험을 성별로 나누어 일정 비율(예를 들면 1:1)의 피험자 수로 임상시험을 수행하는 것을 예로 들 수 있다. 1상 시험 단계에서는 피험자의 안전성, 내약성 등에 영향을 미치는 인자가 일반적으로 잘 알려져 있지 않으므로 3상 등 후기임상시험에서보다는 상대적으로 적게 사용된다.

하지만 UGT1A 유전형에 따라 약동학의 유의한 차이가 나고 이로 인한 독성의 차이가 알려진 세포독성 항암제인 irinotecan을 다른 항암제와 새로운 조합으로 1상 임상시험을 수행하여 최대내약용량(maximum tolerated dose)을 구할 때 UGT1A에 따라 피험자를 층화하여 1상시험을 수행하는 예도 있다.

임상시험을 수행하면 우리가 얻고자 의도하였던 signal과 함께 원하지 않은 noise도 필연적으로 발생한다. 좋은 임상시험 디자인은 signal을 증폭시키거나 noise를 줄이는 것인데 앞서 언급한 대조군, 무작위배정, 층화, 엄격한 피험자 선정기준 등은 모두 임상시험에서 noise를 줄이기 위한 방법으로 이해할 수 있으며 이는 1상 임상시험에도 적용된다.

(3) 1상 임상시험의 역할 변화

신약 개발환경은 갈수록 악화되고 있다. 엄격한 신약평가에 대한 사회적 수요, 관련 규제의 강화, 판매에 성공하기 위해서는 이미 개발된 약물보다 뛰어나야 한다는 점 등에 의해 개발비용은 증가하는 반면, 신약개발을 끝까지 진행하여 신약시판 허가를 받는 약물의 개수는 오히려 감소하고 있다.

신약의 임상개발 실패 이유는 보면 2상과 3상 임상시험에서 공통적으로 치료효과의 부재가 가장 큰 원인으로 파악되고 있으며, 독성문제가 그 다음을 따르고 있다. 아울러 3상 임상시험 단계에서의 실패율이 증가하고 있으며, 이러한 상황들은 신약개발자 입장에서는 매우 어려운 문제이지만 극복해야 할 문제이다. 이를 위해서 신약 개발과정에서 시험약물의 치료효과 등을 가급적 조기에 합리적, 과학적으로 파악하는 것이 매우 중요해지고 있으며 이를 위한 기술개발이 활발하다. Phase 0 study라는 용어도 비교적 최근에 생긴 것이며 이 또한 신약의 특성을 기존보다 조기에 파악하는 것의 중요성을 말해 준다.

이러한 여건의 변화에 따라 1상 임상시험의 역할도 기존의 안전성 평가와 더불어 치료효과에 대한 파악으로 확장되고 있다. 이러한 개발 약물의 치료효과 특성에 대한 조기 파악을 가능하게 하는 것 중의 하나가 신약의 작용 기전을 반영하는 바이오마커(mechanism based biomarker) 기술이다.

과거의 신약개발이 경험적으로 이루어졌다고 한다면 최근의 신약개발은 상대적으로 개발 초기부터 약물의 작용기전을 파악하고 개발이 이루어진다. 따라서 1상 시험에서 이러한 기전 관련 바이오마커를 활용하여 신약이 실제로 사람에서 기전에 따라

작용하는지 여부를 관찰(POM: proof of mechanism)할 수 있고 더 나아가 최고 치료효과 용량을 예측할 수도 있다. PET(Positron Emission Tomography)에 의한 신약의 (RO: receptor occupancy)가 하나의 예이다. 즉 건강자원자나 환자에서 시험약물 투여 후 실제 시험약물의 작용부위로 제안된 수용체에 결합(RO)하는지를 관찰(POM)하고 더 나아가 RO의 용량 반응 곡선을 파악하여 최고 용량을 1상 단계에서 예측할 수 있다. POM의 의미는 전통적으로 2상 임상시험단계에서 대리표적(surrogate endpoint)의 용량반응 관계 관찰을 통한 Proof of concept (PoC)와 마찬가지로 신약이 실제로 조기 단계에서 치료효과가 있을 가능성이 높다고 판단하는 근거로 이해할 수 있다.

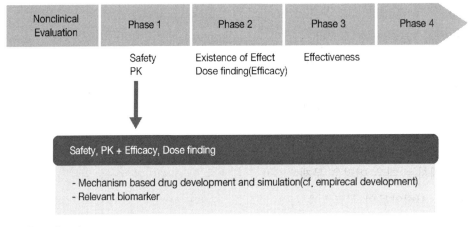

▶ 그림 6.9 ┃ 신약 임상평가 패러다임의 변화

신약의 조기 특성 파악은 1상 임상시험에 국한되는 것은 아니다. 비임상 단계, 더 나아가 신약의 실험실적 개발단계 등 좀 더 빨리 파악하면 할수록 좋다. 이를 통해 조기 단계에 go-/no go-decision을 합리적으로 수행함으로써 신약을 효율적으로 개발하고 신약개발의 기회비용을 줄일 수 있다.

신약의 조기 특성 파악과 관련하여 중요한 방법 중의 하나로 인정되고 널리 활용되고 있는 것이(PK)Pharmacokinetic-(PD)Pharmacodynamic modeling 및 system pharmacology이다.

이러한 방법은 주어진 자료에서 더욱 많은 정보를 추출해내는 informatics로 이해할 수 있으며, 여러 다양한 상황에서 활용될 수 있는 가능성이 무궁무진하기 때문에 신약개발에 있어서 핵심적인 기술 중 하나로 인식되고 있어서 유수의 다국적 제약회사 등에서 활발히 활용하고 있다. 따라서 국내 제약회사들도 신약개발 초기단계에서부터 Biomarker, PK-PD modeling 기술에 대한 적극적인 관심과 적절한 활용이 필요하다.

3) 모델링 시뮬레이션(Modeling simulation)

최근 성공적인 신약개발을 위해 모델링 시뮬레이션(Modeling simulation)이 적극 활용돼야 한다. 모델링은 한 마디로 데이터를 수식화하는 작업이다. 많은 데이터를 바탕으로 모델링을 통한 커뮤니케이션을 할 수 있고 반대로 시뮬레이션으로 미래를 예측할 수도 있다. 신약개발의 여러 분야에서도 모델링 시뮬레이션은 활용되고 있는 추세이다. 최근에는 전임상 단계, 그 전 단계에서도 모델링 시뮬레이션을 적용하는 사례들이 늘어나고 있다. 모델링 시뮬레이션은 이미 해외 몇몇 선진국에서는 활용되고 있는 것으로 알려졌다. 미국 FDA는 이에 대한 가이드라인을 개발해 신약개발에 활용하도록 권고하고 있을 정도이다.

신약개발 과정에서 활용되는 모델링 시뮬레이션은 실제 효과가 있음이 입증되고 있다. 한 예로 모 기업의 진통제 개발과정에서는 모델링 시뮬레이션을 통해 반응-표면설계(Response-surface plot)를 제작해 최적의 용량과 용법을 예측한 사례가 있다. 또한 기술의 발전으로 이미징(Imaging) 바이오마커(Biomarker)들이 속속 개발되며 임상 1상에서부터 약의 효과를 판단해 추후 개발 가능성을 평가하려는 추세가 이어지고 있다. 신약 실패율을 낮추기 위해 초기단계에서부터 승부를 보려는 것이다. 이 같은 상황에서 피험자들에게 약물을 반복적으로 투약해 영상 촬영을 할 수 없는 경우 모델링 시뮬레이션은 효과적으로 이용될 수 있을 것이다. 모델링 시뮬레이션은 신약 개발의 타당성 및 올바른 개발 방향을 제시할 수 있을 뿐 아니라 신약 개발을 빠르게 진행시킬 수 있는 핵심 요소가 될 수 있다.

4) 인공지능(AI) 활용

신약개발은 오랜 개발 기간과 막대한 비용을 필요로 하는 만큼 초기 연구개발에서의 효율성과 효과성이 제약산업의 지속 가능성을 위한 가장 중요한 요인이다.

High Risk, High Return으로 대변되는 제약산업에서 Risk는 더욱 커지고, Return은 점점 감소하고 있다. R&D 비용의 증가와 높아진 신약 허가심사 기준, 그리고 낮은 시장성공률이 원인으로 파악된다. 이런 위험은 신약개발의 효율성 증대라는 고민으로 이어졌고, 글로벌 제약사들은 AI에서 해답을 찾고 있다.

현재 AI벤처와 협력하고 있거나 활용하고 있는 다국적제약사는 화이자, GSK, MSD, 베링거인겔하임, 바이엘, 존슨앤존슨, 로슈, 사노피, 노바티스, 아스트라제네카, 암젠, 아스텔라스, BMS 등이다. 초기 10,000여개의 후보물질 중 단 하나의 신약으로 좁혀가는 신약개발 과정에서 인공지능(AI)을 활용하면 성공률을 크게 높일 수 있고 신약개발 기간도 획기적으로 단축할 수 있다. 인공지능(AI) 활용은 치료중심에서 예측 및 예방 중심으로 의료 및 제약 부문의 패러다임을 전환시키고 있다. 제약사가 신약을 개발하지 않고도 라이선스(license)를 구매해 판매를 전담하는 새로운 모델도 등장할 수 있다.

화이자는 클라우드 기반 인공지능 플랫폼인 IBM의 신약 탐색용 왓슨을 도입해 항암 신약 연구개발을 착수했다. 이스라엘 테바는 인공지능을 이용해 호흡기, 중추 신경제 질환 분석 및 만성질환 약물 복용 후 분석과 신약개발 등을 시도하고 있다. 아톰와이즈는 딥러닝 인공지능 네트워크 기술을 활용하여 분자들의 화학 반응 및 생물학적 반을 예측하여 주요 질병을 치료할 신약을 만들 시스템 아톰넷을 개발했다. 아톰 넷은 기본적으로 그동안 미해결 질병에 대한 테이터와 각종 화학반응 등 수백만 가지 사례를 학습하고 새로 받아들이며 개선하는 인공지능인데, 의료연구 및 신약개발을 위해 새로운 화합물을 설계하고, 시뮬레이션하는 인공지능 시스템이다. 암, 다발성 경화증, 에볼라 바이러스 등 심각한 질병과 관련된 과학적 원리를 밝혀내고, 이런 질병의 효과를 보이는 신약을 테스트하여 어떻게 작용하는지 확인할 수 있다.

아톰 넷을 통해 전 세계의 대학 연구실 및 제약회사에서 다양한 시뮬레이션을 실행할 수 있으며, 이론상 하루에 백만 회 이상의 연구 시뮬레이션을 실행할 수 있다. 이는 쥐나 침팬지 등의 동물을 이용한 실험을 하지 않아도 되며, 최종 단계에 사람을 대상으로 하는 임상시험만을 하면 된다는 장점이 있다. 그리고 사람이 실행하기에 불가능한 횟수의 연구를 단번에 진행할 수 있게 되어 새로운 발견을 끌어 낼 수 있다는 가능성 측면에서 혁신적이라고 할 수 있다. 아톰 넷은 매우 빠른 속도로 작업을 수행하여 하루 백만 개 이상의 화합물을 시뮬레이션하고, 속도만 빠른 것이 아니라 매우 높은 정확성이 장점으로, 천만 가지 화합물을 조합하고, 테스트할 수 있어 가능성 자체는 무한대라 보다도 무방하다.

인공지능(AI)을 활용한 신약개발 시스템 본격 활용 시 소규모 제약기업도 블록버스터 약물개발이 가능하다. 특히, 인공지능 시스템이 발달해 신약개발에 본격적으로 활용되면 미래에는 10명 이하의 소형 제약기업도 비용과 기간을 대폭 줄여 블록버스터 약물개발이 가능해 질 것이다.

예전에는 수조 원씩 들여서 5천~1만 개 후보물질 중에 찾는데 수년이 걸렸다면 AI를 활용하면 기간이 대폭 줄어드는 것은 물론 비용도 크게 줄어든다. 실제로 글로벌제약사들은 인공지능 플랫폼을 활용해 신약개발에 적극적으로 나서고 있다. 임상 효율성을 높여 성공률을 제고 할 수 있다는 것이 이유다.

현재 신약개발에 인공지능을 활용한 글로벌 제약사인 ▶ 얀센(BenevolentAI, 임상단계 후보물질에 대한 평가 및 난치성 질환 타깃 신약개발) ▶ 화이자(IBM Watson, 면역항암제 등 신약개발) ▶ 테바(IBM Watson, 호흡기 및 중추 신경제 질환 분석, 만성질환 약물 복용 후 분석 등) ▶ 머크(Atomwise사 AtomNet, 신약후보물질 탐색) 등이 있다.

국내에서도 인공지능 신약개발 벤처기업이 등장하는 등 인공지능의 활용으로 신약개발의 전기가 마련될 것이다. 국내 제약업계가 신약탐색 분야에서 인적, 시간적, 재정적 장벽을 짧은 시간에 극복할 수 있는 기회로 활용하기 위해 국내 제약사들이 공용으로 인공지능을 사용할 수 있는 인프라가 필요하다.

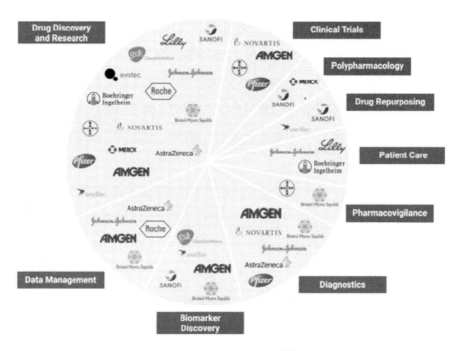

출처: Deep Knowledge Analytics 보고서

▸ 그림 6.10 ▌ AI Applications by Pharma Corporations

5) CMC와 글로벌 의약품 개발

CMC는 의약품 개발과정에서 원료의약품(Drug substance 또는 Active Pharmaceutical Ingredient)과 완제의약품(Drug Product)의 생산부분을 다룬다. Chemistry, Manufacturing, Control의 약자로 원료와 완제의약품을 만드는 Process Development(공정개발)과 Quality Control(품질관리)이 핵심 비즈니스이다. 임상용 샘플과 Commercial 용 의약품을 제조 생산하는 것을 책임지고 있다. CMC에서 다루는 주요 내용은 API 구조규명, 합성방법, 분석방법, 안정성시험, 공장생산절차, CMC 안전정보 등으로 이에 관련한 연구개발 자료를 종합한 Document를 CMC Package라고 한다. Drug discovery에서 발견된 약효물질의 임상시험용 샘플을 만드는 것부터 인허가 받은 의약품이 의사와 환자에게 전달되기까지 믿고 복용할 수 있는 의약품을 누군가가 책임지고 만들어 주어야 하는데 이들이 바로 CMC 전문가들이다.

치열한 경쟁에서 선두주자가 되기 위해 신약개발사들은 짧은 시간 내에 인허가를 받고 곧바로 판매하려는 전략적인 개발계획을 시도하고 있다. 이 과정에서 신약개발

커뮤니티로부터 지대한 관심을 받고 있는 것이 임상개발 분야인데 그 이유는 임상시험 비용이 많이 들어가고, 임상결과가 그 개발 프로그램의 성패를 좌우하기 때문이다.

신약개발 역사가 짧은 국내 신약개발사들은 FDA와 EMA 인허가에 필요한 CMC 파트를 해외 CMO들에게 위탁하여 준비하는 것이 근래 추세이다. 국내에는 CMC 파트를 맡아 cGMP화 된 공장에서 글로벌 임상약이나 선진국에 판매할 Commercial 의약품을 생산할 수 있는 곳이 극히 적기 때문이다.

신약개발은 긴 시간과 많은 비용이 소요되는 특성으로 신약 1개가 탄생하기까지 약 2.8B 달러가 소요되고, 신약신청(NDA)한 후보물질 중 약 50%가 거절되는 상황에서 CMC로 인한 문제 보완에 약 1년-1년 6개월이 소요되므로 사전에 철저히 준비해야 한다.

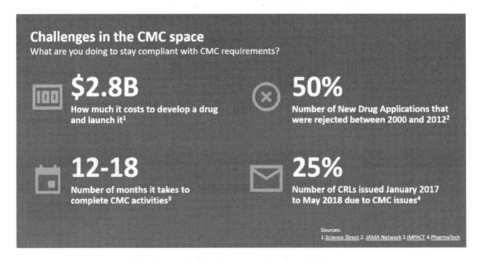

▶그림 6.11 ▌ Challenges in the CMC space

6) Open innovation 의약품 개발

폐렴과 관절염의 치료부터 감염과 암의 치료에 이르기까지, 제약 연구개발(R&D)은 심각한 질환으로 진단받은 사람들의 삶의 질과 생존율을 엄청나게 향상시킨 놀라운 의학적 발전을 이끌어냈다. 수명이 증가함에 따라 의료비용은 계속 증가하며, 2020년까지 미국 내에서만 약물에 대한 지출은 5,900억 달러에 이를 것으로 예상된다. 그러나 특히 "인간의 시험에 들어가는 10가지 화합물 중 단 한 가지만이 FDA 승인을 받는다"는 점을 고려할 때, R&D 비용은 상당한 것이다. 경쟁력 있고 때로는 포화상태에 이른 시장에서 신약 및 개선된 의약품의 개발을 통해 혁신을 모색하는 제약회사들을 위한 상당한 투자가 뒤따른다.

2017년까지만 해도 상위 20개 제약사가 전체 매출의 20.9%를 연구개발(R&D)에 투자한 것으로 추산된다. Big pharma들의 총 수익 증가는 증가하고 있지만, R&D 생산성이 하락하고 있다. 특히, 데이터 엔지니어링 회사인 EvaluateParma의 데이터를 Deloitte와 BCG가 발표한 보고서와 비교하면, 제약 R&D의 내부 수익률이 실제로 감소하고 있으며, 자본 비용보다 이미 낮으며, 불과 2~3년 내에 0에 도달할 것으로 예상하고 있다.

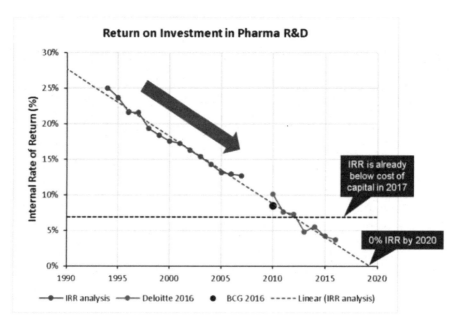

출처: EvaluatePharma, IRR Analysis

▶그림 6.12 ┃ Pharma R&D ROI

이런 이유로 비용절감과 수익률 증대 방안을 적극적으로 모색하고 있는 제약사들은 open innovation을 도입하고 있다. 신약개발의 최종 성공은 필요한 환자에게 상용화하는 것이다. 식품의약품안전처로부터 승인을 받아도 임상 현장에서 처방이 이뤄지지 않으면, 이 약물은 실패한 것이라 할 수 있다. 학교와 연구소 그리고 각사에서 자체개발한 물질이나 공동개발한 후보물질 중 성공 가능성이 높은 신약 파이프라인을 통해 다양한 적응증과 용법 개발을 통해 신약개발(development) 하여야 상용화에 빨리 다가설 수 있다. 신약개발에서 open innovation은 이제 필수다. 국내 신약개발 생태계뿐만 아니라 우리나라보다 훨씬 앞서 신약개발을 주도해 온 글로벌 제약회사들의 상황도 마찬가지다. 최근 코로나-19 백신 개발을 위해 손잡은 독일 바이오벤처 '바이오엔텍'과 '화이자'의 협업은 연구(research)와 개발(development)이 협업한 open innovation의 결과다. 'mRNA'라는 새로운 기술을 가진 '바이오엔텍'과 개발 역량을 가진 '화이자'의 협업은 전 세계 시민에게 mRNA 기반 백신을 제공했다.

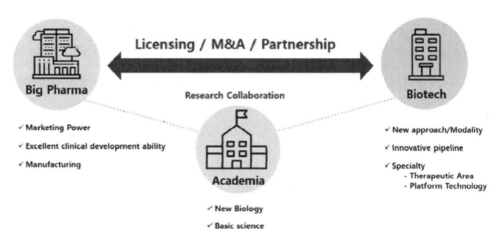

▶ 그림 6.13 ▌ Big Pharma, Open innovation

WORKSHOP

- AI활용한 신약개발 국내제약회사의 성공 사례는?
- Open innovation으로 의약품 개발에 성공한 국내 제약사는? 사례는?
- 신약개발과정에서 CMC가 중요한 이유는?

03. 임상시험

1) 임상시험이란

임상시험(Clinical Trial/Study)은 임상시험에 사용되는 의약품의 안전성과 유효성을 증명할 목적으로, 해당 약물의 약동, 약력, 약리, 임상적 효과를 확인하고 이상 반응을 조사하기 위하여 사람을 대상으로 실시하는 시험 또는 연구를 말한다. 이와는 달리 실험은 주로 세포나 동물을 대상으로 인위적 조작을 가하여 변화를 일으키고 관찰하는 것을 말하며, 따라서 일반적으로는 동물실험에서 약물의 효과와 안전성을 입증한 뒤에 사람을 대상으로 임상시험을 진행하게 된다. 임상시험을 거쳐 그 안전성, 효능 등이 검정된 임상시험용 의약품은 이어 식약처의 제조승인을 받아 신약이 된다.

신약의 개발에 핵심 역할을 하는 임상시험은 흔히 4개의 상으로 단계가 구분된다.

2) 임상시험의 의의

임상시험이란 신약이 사용되기 전 그 약의 효과와 안전성을 증명하는 과정을 말한다. 좀 더 엄밀하게 말하면 임상시험이란 의약품을 개발, 시판하기에 앞서 그 물질의 안전성과 치료 효용성을 증명할 목적으로 해당 약물의 체내 분포, 대사 및 배설, 약리 효과와 임상적 효과를 확인하고 부작용 등을 알아보기 위해 사람을 대상으로 실시하는 시험 또는 연구를 말한다.

신약 허가를 받기 위한 임상시험은, 임상시험을 시작하기 전 단계부터 허가기관(한국은 식품의약품안전처)에 임상시험 승인신청을 하도록 되어 있으며 엄격한 과학적 윤리 규정에 따라 실시한다.

▶ 그림 6.14 ▌ 임상시험

임상시험은 통상 수년 동안 진행되는데, 암과 같은 난치병 환자의 경우 임상시험 과정을 거쳐 약물이 시판될 때까지 기다릴 시간이 없을 수 있다. 이때, 더 이상의 치료 방법이 없는 환자가 임상시험에 참여한다면 새로운 치료를 빠르게 접할 수 있고, 새로운 삶의 가능성을 기대해 볼 수 있다. 또한 임상시험의 효과와 안전성을 확인하기 위해 임상시험 전 과정에 걸쳐 보다 엄격한 관찰과 검사가 수반된다. 현재 우리나라에서 실시되고 있는 임상시험들은 그에 따르는 위험요소는 최소한으로 하고 잠재적인 이익을 위한 가치가 있음을 확인하기 위해 반드시 임상시험심사위원회(IRB: Institutional Review Board)의 승인을 받아야 한다. 이를 통해 임상시험에서 피험자는 권리와 안전을 보호받을 수 있다. 따라서 임상시험은 더 이상 비윤리적이고 위험한 것이 아니라 과학발전을 통한 신약개발에 있어 필수불가결한 것이라 할 수 있다. 나와 내 가족, 더 나아가 인류를 위한 공헌이다. 특정 질환이나 병을 앓고 있는 환자들은 가장 최신의 의약품을 제공받고 전문 의료인부터 집중적인 치료를 받고자 임상시험에 참여하기도 하지만, 자신과 같은 질환으로 고통받고 있는 환자들과 그러한 가능성에 놓인 내 가족, 더 나아가 모든 인류가 자신과 같은 고통을 받지 않기를 진심으로 바라는 마음으로 임상시험에 참여한다. 이런 마음으로 임상시험에 참여하는 대상자들은 미래 환자들의 건강과 행복을 위해 오늘의 자신을 헌신한 아름답고 훌륭한 사람들이다.

3) 임상시험단계

(1) 전임상 시험(Pre-Clinical)

새로 개발한 신약후보물질을 사람에게 사용하기 전에 동물에게 사용하여 부작용이나 독성, 효과 등을 알아보는 시험이다. 약물이 체내에 어떻게 흡수되어 분포되고 배설되는가를 연구하는 체내동태연구와 약효약리연구가 수행된다. 그 후 동물실험을 통해 시험약이 지니는 부작용 및 독성을 검색하는 안전성 평가가 실시된다. 전임상시험은 크게 독성과 약리작용에 관한자료로 대별된다. 독성에 관한 자료로는 ❶ 단회투여독성시험자료, ❷ 반복투여독성시험자료, ❸ 유전독성시험자료, ❹ 생식발생독성시험자료, ❺ 발암성시험자료, ❻ 기타독성시험자료 등이 요구된다. 약리작용에 관한 자료로는 ❼ 효력시험자료, ❽ 일반약리시험자료 또는 안전성약리시험자료, ❾ 흡수, 분포, 대사 및 배설시험자료, ❿ 약물상호작용에 관한 자료 등이 있다.

(2) 임상1상 시험(Clinical Test – Phase I)

안전성을 집중 검사한다. 건강한 사람 20~100명을 대상으로 약물을 안전하게 투여할 수 있는 용량과 인체 내 약물 흡수 정도 등을 평가한다. 앞서 수행된 전임상 단계에서 독성 시험 등 전임상 시험 결과가 유효한 경우, 시험약을 최초로 사람에 적용하는 단계이다. 건강한 지원자 또는 약물군에 따른 적응환자를 대상으로 부작용 및 약물의 체내 동태 등 안전성 확인에 중점을 두고 실시한다.

(3) 임상2상 시험(Clinical Test – Phase II)

적응증의 탐색과 최적용량 결정한다. 100~500명의 소규모 환자들을 대상으로 약물의 약효와 부작용을 평가하고, 유효성을 검증한다. 단기투약에 따른 흔한 부작용, 약물동태 및 예상 적응증에 대한 효능 효과에 대한 탐색을 위해 실시하는 것으로 대상질환 환자 중 조건에 부합되는 환자를 대상으로 한다. 임상3상 시험에 돌입하기 위한 최적용법 용량을 결정하는 단계이다.

임상2상 시험은 다시 전기 제2상 임상시험(임상2a)과 후기 제2상 임상시험(임상2b)으로 나눈다. 임상2a에서는 사용할 의약품의 용량을 단계적으로 높여주며 적정용량을 테스트하여 시험대상인 약이 효과가 있는지 여부를 결정하는 과정이다. 임상2b에서는 2a의 결과에 따라 설계된 용량을 갖고 다시 환자에 투여, 어느 정도의 용량이 가장 효과가 있을지 적정 투여용량의 범위를 정하게 된다.

(4) 임상3상 시험(Clinical Test – Phase III)

다수의 환자를 대상으로 한 약물의 유용성 확인한다. 신약의 유효성이 어느 정도 확립된 후에 대규모(100~500명) 환자들을 대상으로 장기 투여시의 안정성 등을 검토하고 확고한 증거를 수집하기 위해 실시한다. 신약의 유효성이 어느 정도까지 확립된 후에 행해지며 시판허가를 얻기 위한 마지막 단계의 임상시험으로서 비교대조군과 시험처치군을 동시에 설정하여 효능, 효과, 용법, 용량, 사용상의 주의사항 등을 결정한다. 3상이 성공적으로 끝나면 허가를 신청할 수 있다.

(5) 임상4상 시험(Clinical Test-Phase IV)

시판 후 안전성, 유효성 검사이다. 신약이 시판 사용된 후 장기간의 효능과 안전성에 관한 사항을 평가하기 위한 시험으로, 시판 전 제한적인 임상시험에서 파악할 수 없었던 부작용이나 예상하지 못하였던 새로운 적응증을 발견하기 위한 약물역학적인 연구가 실시되는데 이것을 시판 후 조사(Post Marketing Surveillance)라 한다.

The Five "Tools"

Too Few	_____	study subject
Too Simple	_____	design
Too Median~Aged	_____	population
Too Narrow	_____	range of exposure
Too Brief	_____	period of observation time

▶ 그림 6.15 ▌ 시판 전 임상시험의 한계

WORKSHOP

- 제약마케팅에서 왜 임상시험의 중요성을 이해해야 하나?
- 건강한 사람을 대상으로 하는 임상시험은?
- 최적의 용량을 결정하는 임상시험 단계는?
- POC를 결정하는 임상단계는?
- 시판 전 임상시험 vs 시판 후 임상시험 차이점은?
- 시판 후 임상시험 왜 중요한가?
- Thalidomide 사건이 주는 교훈은?

(6) 임상시험허가신청(IND : Investigational New Drug Application)

전임상 시험을 통해 후보물질의 안전성(독성)과 유효성이 검증되면 사람을 대상으로 하는 연구를 수행하기 위해 식약청에 임상시험허가신청을 한다. 우리나라에서는 2002년 12월에 3년간의 준비기간을 거쳐 IND가 처음 시행되었으며 이를 '임상시험 계획승인제도'로 명명하고 있다. 이 제도는 IND과 신약허가신청(NDA)을 구분하지 않고 품목 허가 범주에서 임상시험을 관리함으로서 미국, EU 등과의 통상마찰이 발생하고 혁신적인 신약도입이 지연되었던 문제를 막기 위해 시행되었다. 이를 시행한 구체적인 목적은 다음과 같다. 첫째 의약품 임상시험 진입을 용이하게 함으로서 신약 개발기반을 구축하기 위함이고, 둘째 다국가 공동임상시험을 적극 유치하여 국내 임상시험 수준을 향상시키고 해외의 신약 개발기술을 습득하기 위함이며, 셋째 우리나라 의약품임상시험 및 신약허가제도를 국제적 기준과 조화시키고 다국적 제약기업의 투자를 활성화하여 세계적인 수준의 제약산업을 육성하기 위함이다. 현재 우리나라는 KFDA에서의 IND와 IRB에서의 시험기관 허가승인을 동시에 하고 있다.

▶ 표 6.2 ┃ 임상시험의 종류 및 형태

종류(단계)	임상시험의 목적	피험자 수	비용 ($ 1,000)	기간
임상약리 시험(1상)	•내약성평가(safety) •약동학과 약력학 정의/서술 •약물대사와 상호작용 조사 •치료효과 추정	20~100	200~400	6개월
치료적 탐색 임상시험 (2상)	•목표적응증에 대한 탐구 •후속시험을 위한 용량추정 •치료확증시험을 위한 시험설계, 평가항목, 평가방법에 대한 근거 제공	100~500	500~5000+	9개월~3년
치료적 확증 임상시험 (3상)	•유효성 입증/확증(efficacy) •안전성 자료 확립 •임상적용을 위한 이익과 위험의 상대평가 근거 제공 •용량과 반응에 대한 관계 확립	500~1000	2000~10,000+	2~5+ years
치료적 사용 임상시험 (4상, PMS)	•일반 또는 특정 대상군/환경에서 이익과 위험에 대한 이해 •흔하지 않은 이상반응 확인 •추천되는 용량을 확인	10,000+	10,000+	2~4+ years

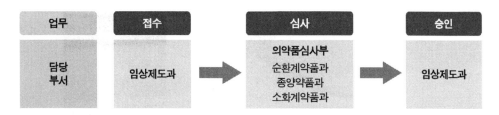

▶그림 6.16 ▎ 의약품 임상시험계획 심사 업무 흐름도

(7) 신약허가신청(NDA: New Drug Application)

신약허가신청은 사람을 대상으로 임상시험이 성공적으로 마치게 되면 시험결과를 식약청에 제출하여 신약으로 시판허가를 신청하게 된다. NDA는 의약품등의 안전성, 유효성 심사에 관한 규정으로, 적응증에 대한 임상적 유의성을 평가한 임상시험성적 관련 자료를 제출한다. 여기에는 국내, 해외의 PK, PD, 용량반응(Dose Response), Safety, Efficacy 정보가 포함된다.

WORKSHOP

- First in class가 아닌 국산 신약은 대부분 어떤 임상시험 결과로 허가를 받을까?
- 개량신약은 어떤 임상시험 결과로 허가를 받을까?

(8) 임상시험의 다양성

임상시험에서 다양성은 매우 중요하다. 다양한 인종, 민족, 연령, 성별, 성적 취향을 가진 사람들이 참여하는 것이 중요하다. 일부 약물은 사람들에게 다르게 영향을 미친다. 예를 들어, 어떤 혈압 약은 다른 인종보다 아프리카계 미국인들에게는 효과가 덜하다. 다양한 참여자들이 포함되면 연구를 발전시키고 다양한 인구들에게 불균형적으로 영향을 주는 질병을 이길 수 있는 더 나은 방법을 찾는 데 도움이 된다. 그러나 실제 임상시험은 지역적, 인종적, 민족적, 성별, 나이별로 다양한 참여자들의 대표성이 부족하다.

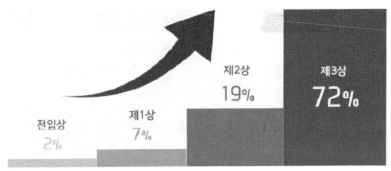

참고: Nature Reviews Drug Discovery 9, 203-214(March 2010)

전임상 ≫ 최종 상용화까지 **평균 성공률 9.6%l**

출처: 미국바이오협회

▶ 그림 6.17 ▮ 임상시험 단계별 비용(%)

아프리카계 미국인들은 미국 인구의 12%를 구성하고 있는데도 불구하고 임상시험 참여자의 5%를 차지할 뿐이다. 히스패닉은 미국 인구의 16 퍼센트를 구성하지만 임상시험 참여자로는 불과 1%뿐이다. 인종별 지역별 성별 그리고 나이별로 약물의 효과가 다르게 나타날 수 있기 때문에 임상시험도 다양한 지역, 인종, 성별, 나이별로 다양하게 참여해야 한다. 최근에는 지역별로 허가기준이 다르기 때문에 신속한 허가를 위하여 Multinational, Multicenter로 진행하기도 한다.

4) 임상시험의 종류

(1) 연구설계에 따른 종류

❖ 관찰적 연구

■ 환자사례보고(Case report) : 특정한 약물을 복용한 후에 특이한 유해사례를 나타낸 1명의 환자에 대한 경과를 기술하여 보고한다.

■ 환자군 연구(Case series study) : 신약 시판 후, 복용하기 시작한 환자들의 명단을 확보하여 일정한 기간 동안 특정 유해반응의 발생 양상과 빈도를 파악한다.

■ 환자-대조군연구(Case-control study) : 특정질병을 가진 사람(환자)과 그 질병이 없는 사람을 선정하여 질병 발생과 관련이 있다고 생각되는 어떤 배경 인자나 위

험요인에 대해 노출된 정도를 상호 비교하는 연구로 subjects를 질병유무에 따라 분류한다.

❶ 특정 질병을 가진 환자군 vs. 대조군 선정

❷ 두 집단에 속한 사람들의 과거 노출경험 비교

❸ 질병발생에 유의하게 관련되는 위험요인 파악

▪ 코호트연구(Cohort study) : 모집단에서 어떤 질병의 원인으로 의심되는 위험요인에 노출된 집단(노출 코호트)과 노출되지 않은 집단(비노출 코호트)을 대상으로 일정 기간 두 집단의 질병발생 빈도를 추적 조사하여 위험요인에 대한 노출과 특정 질병발생의 연관성을 규명하는 연구로 subjects를 노출여부에 따라 분류한다.

❶ 약물에 의한 이상반응을 경험하지 않은 사람 선정

❷ 약물 복용군과 약물 비복용군 추적관찰

❸ 연구대상 이상반응 발생률 비교

❹ 특정 약물과 이상반응간의 관련성 판정

❖ 실험적 연구

▪ 무작위배정 임상시험(Randomized Clinical Trial) : 임상시험 과정에서 발생할 수 있는 치우침을 줄이기 위해 확률의 원리에 따라 피험자를 할당될 그룹에 무작위로 배정하는 기법으로 공정하고 중립적이며 타당한 연구를 지향한다.

❶ 모든 피험자들이 시험군에 배정될 확률과 대조군에 배정될 확률이 같도록 보장

❷ 처치 군간 비교가능성(Comparability) 보장

❸ 눈가림을 유지 보장

❹ 시험자의 임의 배정으로 발생될 수 있는 bias를 제거함

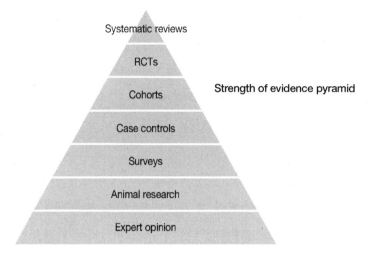

▶그림 6.18 ▌ The strength of evidence pyramid

- 가장 객관적으로 인정받는 연구는?

(2) 연구시점에 따른 종류

❖ 전향적연구(Prospective study)

- 전향적 연구 : 연구시작 시점에서 앞으로 발생하는 자료를 이용한다.
  ❶ 예상된 원인을 조사하는 것으로 시작하여 예상된 결과가 나타날 때가지 측정하는 연구
  ❷ 코호트 연구(Cohort study)로 불리기도 함
  ❸ 장기간 자료수집으로 탈락자 발생, 제3변수 발생, 시험효과 등 타당도 위협

❖ 후향적 연구(Retrospective study)

- 후향적 연구 : 이미 있는 과거자료를 이용한다.
  ❶ 현존하는 어떤 현상이 과거에 일어난 다른 현상과 연계될 수 있는가에 대한 사후조사연구

❷ 원인적 요인을 규명하려는 과거지향적 연구로 실험연구와 반대

❸ 인과관계 설명 불충분(독립변수 조작 없음, 대상자 무작위 선정하지 않음.)

(3) 연구 주도자에 따른 종류

❖ 연구자 주도 임상시험(IIT: Investigator Initiated Trial)

연구자 임상시험: 임상시험 실시기관 소속 임상시험자가 외부의 의뢰 없이 주로 학술연구 목적으로 독자적으로 수행하는 임상시험으로 말 그대로 연구자가 주도하는 임상이다. 연구자가 임상시험의 기획, 프로토콜 개발. 임상시험 수행, 결과보고 등, 임상시험의 모든 과정을 주도하고 책임지는 임상시험이다. 연구자가 임상 상황에서 발견한 medical unmet need에 주목하여 특정 의약품의 알려지지 않은 효능 또는 안전성 등을 확인하거나, 새로운 치료전략의 유효성을 검증하고자 할 때 수행한다.

의뢰자 주도 임상시험과 달리 학술적 성격의 연구 진행이 가능하고, 희귀암등 치료약물이 없는 치료법 개발이 가능하며, 기존에 개발된 약의 새로운 적응증을 찾아낼 수 있다. 최근에는 연구자주도 임상시험이 더욱 활발해져 미국에서 진행되는 임상시험의 50% 이상을 차지하고 있으며, 대규모, 다국가 임상시험도 연구자 주도로 진행되는 경우가 많다. 연구자 주도 임상시험은 새로운 적응증 개발은 물론 국내 제약산업의 발전과 국내 연구자들의 국제 경쟁력을 올릴 수 있는 기회이다.

❖ 의뢰자 주도 임상시험(SIT: Sponsor Initiated Trial)

의뢰자는 주로 제약사이며 의뢰자 임상시험은 흔히 제약사가 신약개발을 위하여 혹은 추가적으로 약의 효용성과 안정성을 증명하기 위하여 제약사가 연구비를 지원하여 이루어지는 임상시험을 말한다.

WORKSHOP

- IIT vs SIT

5) 한국임상연구센터

한국 임상시험센터는 새로운 의약품, 의료기기 및 의료기술 등의 개발을 위해 국제 임상시험 관리기준(International Conference on Harmonization-Good Clinical Practice : KGCP)에 의거, 과학적이고 체계적으로 임상 시험이 이뤄질 수 있도록 최적의 연구 환경을 제공함으로써 국내 임상연구의 선진화를 꾀하고 그 효율성을 도모하고자 운영하고 있다.

WORKSHOP

■ 국내임상시험 연구센터 조건은?

(1) 비임상시험(Non Clinical Trials)

비임상시험이란 사람의 건강에 영향을 미치는 시험물질의 성질이나 안전성에 관한 자료를 얻기 위하여 동물 등을 사용하여 실시하는 시험으로, 식약처로부터 지정받은 비임상시험 실시기관(22개, '17.3월 현재)에서 비임상시험을 할 수 있다. 지정기준 및 그밖에 비임상시험 세부준수 사항은 비임상시험관리기준(GLP, 식약처 고시)에 따라 운영되고 있다.

(2) 임상시험(Clinical Trials)

❖ 정의

임상시험이란 의약품의 안전성·유효성을 증명하기 위하여 사람을 대상으로 임상적 효과 등을 확인하고 이상반응을 조사하는 시험이다.

❖ 관리체계

식약처로부터 지정받은 임상시험실시기관(183개, '17.3월 현재)에서 임상시험을 실시할 수 있다. 임상시험을 실시하고자 하는 자는 임상시험 실시하기 전에 식약처장의 임상시험계획 승인을 받아야 한다.

❖ **관리기준**

임상시험 실시에 필요한 사항은 임상시험 관리기준.

임상시험과 관련된 개인, 기관의 역할과 책무를 법적으로 규제하는 기준으로서 시험대상자 보호, 임상시험심사위원회의 역할과 책임, 의뢰자의 임무 등 규정되어 있다. 관리기준(GCP, 총리령 별표를)을 운영되고 있다.

6) 국내 임상시험 현황

2020년 기준 식품의약품안전처 임상시험계획 승인현황을 보면 전체 승인건 수는 799건으로 코로나19 감염병 위기상황에도 불구, 2019년(714건) 대비 11.9% 증가하였다.

임상시험의 주요 특징은 임상시험 지속적으로 증가하였고, 다국적제약사의 초기단계 임상시험 급증했다. 특히 항암제 및 감염병치료제 분야 임상시험 증가 등이다.

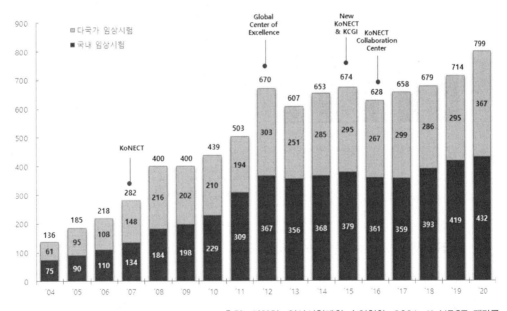

출처: 식약처, 임상시험계획 승인현황, 2021, KoNECT 재가공

▶ 그림 6.19 ┃ 전체 임상시험 승인현황(2004~2020)

(1) 임상시험 지속 증가

2020년 임상시험 승인건 수는 799건으로, 2019년(714건) 대비 11.9% 증가했으며, 2018년(679건)보다는 17.7% 증가하며 최근 3년간 꾸준한 증가세를 보였다.

▪ 임상시험 승인 건수 :('18년) 679건 →('19년) 714건 →('20년) 799건

특히, 제약사 주도 임상시험(SIT: Sponsor Initiated Trial) 이 611건(76.5%)으로 2019년(538건) 대비 13.6% 늘어나 전체 임상시험의 증가를 견인하였다. 주로 학술목적으로 수행하는 연구자 주도 임상시험(IIT: Investigator Initiated Trial)도 188건으로 2019년(176건) 대비 6.8% 많아졌으나, 전체 임상시험 중 비중은 23.5%로 2019년(24.65) 대비 소폭 감소하였다.

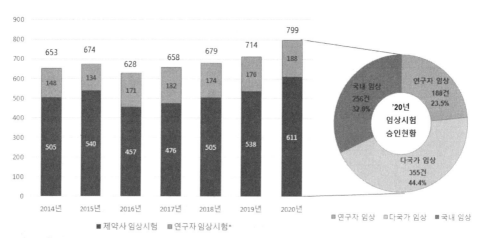

출처: 식약처, 임상시험계획 승인현황, 2021, KoNECT 재가공

▶ 그림 6.20 ▌ IIT vs SIT 임상시험 승인현황(2014~2020)

(2) 다국적 제약사의 초기단계 임상시험 급증

의약품 개발을 위한 제약사 임상시험(611건)을 단계별로 살펴보면, 초기단계(1상·2상) 중심으로 증가하였으며, 2019년 대비 1상 임상시험은 25.7%, 2상 임상시험은 21.3% 늘어난 반면, 3상 임상시험은 3.8% 감소하였다.

초기단계 임상시험이 많아진 이유는 항암제와 감염병치료제(항생제 등) 분야 초기임상시험이 늘어났기 때문으로, 항암제는 2019년 대비 1상은 122.0%, 2상은 66.7%

급증하였고, 감염병치료제도 2019년 대비 증가했다.

특히 기존 다국가 임상시험은 3상 중심이었으나, 지난해 처음으로 다국가 초기 임상시험(1상·2상)이 후기 임상시험(3상)을 앞서는 양상을 보였다.

- 제약사 전체 임상시험 승인건수 :('19년) 538건 →('20년) 611건
- 제약사 1상 임상시험 승인건수 :('19년) 214건 →('20년) 269건
- 제약사 2상 임상시험 승인건수 :('19년) 108건 →('20년) 131건
- 제약사 3상 임상시험 승인건수 :('19년) 209건 →('20년) 201건
- 다국가 임상시험 중 3상 비중 :('17년) 60.8% →('18년) 55.7% →('19년) 55.2% →('20년) 45.1%

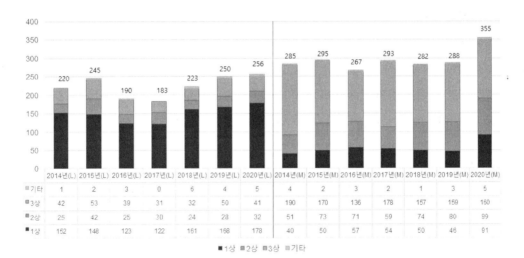

	2014년(L)	2015년(L)	2016년(L)	2017년(L)	2018년(L)	2019년(L)	2020년(L)	2014년(M)	2015년(M)	2016년(M)	2017년(M)	2018년(M)	2019년(M)	2020년(M)
기타	1	2	3	0	6	4	5	4	2	3	2	1	3	5
3상	42	53	39	31	32	50	41	190	170	136	178	157	159	160
2상	25	42	25	20	24	28	32	51	73	71	59	74	80	99
1상	152	148	123	122	161	168	178	40	50	57	54	50	46	91

■1상 ■2상 ■3상 ■기타

*(L): 국내 임상시험(Local),(M): 다국가 임상시험(Multinational)
출처: 식약처, 임상시험계획 승인현황, 2021, KoNECT 재가공

▶ 그림 6.21 ▮ 제약사 임상시험 단계별 승인 현황(2014~2020)

(3) 항암제 임상시험 증가

임상시험 승인현황을 효능군별로 살펴보면 항암제(309건), 감염병치료제(66건), 내분비계(64건), 소화기계(62건), 심혈관계(60건) 등의 순으로 많았다.

대표적인 중증질환인 암 치료제 개발을 위한 항암제 임상시험은 309건으로 전체 임상시험의 38.7%를 차지하며, 4년 연속 가장 높은 비율을 나타냈다.

- 전체 임상시험 중 항암제 비율 :('17년) 38.1% →('18년) 36.4% →('19년) 29.0% →('20년) 38.7%

실시국가별로는 다국가 216건(69.9%), 국내 93건(30.1%)으로 다국가 비중이 높게 나타나는 등 항암제 개발을 위한 다국가 임상시험의 조기 진입이 증가하여 국내 환자의 치료기회가 확대될 것으로 기대된다.

- 항암제 다국가 임상시험(216건) 중 1·2상의 비중 :('19년) 52.1% →('20년) 63.0%

작용기전별로는 표적항암제가 164건(53.1%)으로 가장 많았고 면역항암제가 2019년 (55건) 대비 61.8% 늘어난 89건(28.8%)으로 뒤를 이었다.

2020년 코로나-19 영향으로 코로나-19 치료제 백신 임상시험이 37건 승인되는 등 감염병치료제 분야 임상시험이 증가하였다.

코로나-19 임상시험은 국내 제약사 주도로 치료제 개발을 위한 초기 임상시험 단계에 집중한 것으로 나타났다.

종류별로는 치료제 30건(80.1%), 백신 7건(18.9%)으로 치료제 임상시험이 더 많았으며, 임상시험 주체별로는 제약사 27건(73.0%), 연구자 10건(27.0%)로 제약사 비율이 높았다.

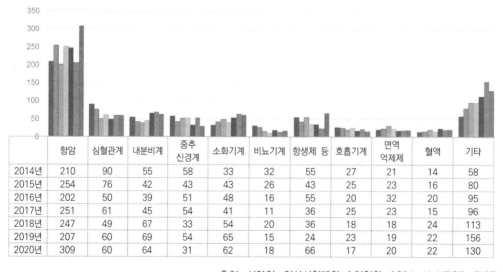

	항암	심혈관계	내분비계	중추 신경계	소화기계	비뇨기계	항생제 등	호흡기계	면역 억제제	혈액	기타
2014년	210	90	55	58	33	32	55	27	21	14	58
2015년	254	76	42	43	43	26	43	25	23	16	80
2016년	202	50	39	51	48	16	55	20	32	20	95
2017년	251	61	45	54	41	11	36	25	23	15	96
2018년	247	49	67	33	54	20	36	18	18	24	113
2019년	207	60	69	54	65	15	24	23	19	22	156
2020년	309	60	64	31	62	18	66	17	20	22	130

출처: 식약처, 임상시험계획 승인현황, 2021, KoNECT 재가공

▶ 그림 6.22 ┃ 효능군별 임상시험 승인현황(2014~2020)

(4) 국내 개발 제약사 임상시험 경향

2020년 합성의약품 임상시험은 485건으로 2019년(476건)과 유사한 수준을 유지하였으나, 바이오의약품 임상시험은 291건으로 2019년(202건) 대비 44.1% 증가한 것으로 나타났다. 특히 바이오의약품 중 유전자재조합 의약품은 210건으로 2019년(132건) 대비 59.1% 늘어났으며, 그 중 항암제 관련 임상시험은 126건으로 2019년(74건) 대비 70.3% 증가하였다.

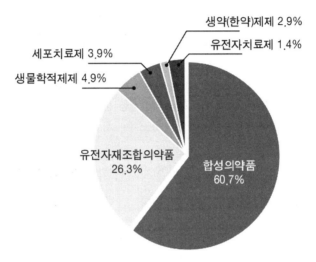

출처: 식약처, 임상시험계획 승인현황, 2021, KoNECT 재가공

▶ 그림 6.23 ┃ 의약품별 임상시험 승인현황(2020)

(5) 의뢰자별 임상시험 승인현황

제약사별 2020년 임상승인 수는 국내 제약사의 경우 종근당이 22건으로 가장 많았고, 애드파마(11건), 대웅제약(17건) 등의 순이었다.

다국적 제약사는 한국로슈(25건), 한국엠에스디(23건), 한국아스트라제네카(19건), 한국노바티스(17건) 순이었다.

임상대행전문기업(CRO)은 한국아이큐비아(40건), 아이엔씨리서치사우쓰코리아(21건), 노보텍아시아코리아(20건) 순이었다.

연구자 임상시험은 서울대학교병원이 30건으로 가장 많았고, 삼성서울병원(23건), 연세대학교의과대학 세브란스병원(21건), 재단법인아산사회복지재단서울아산병원(20건) 등의 순이었다.

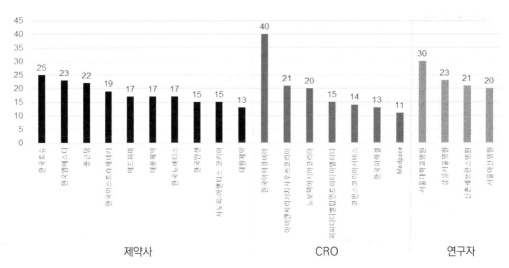

출처: 식약처, 임상시험계획 승인현황, 2021, KoNECT 재가공

▶ 그림 6.25 ▮ 의뢰자별 임상시험 승인현황(2020)

(6) 국내 임상시험 동향

한국은 신약개발 역량 강화 및 신속한 임상시험 수행을 위한 기업과 정부의 지원 노력으로 역대 최고의 글로벌 순위를 기록했다. 전체 임상시험 글로벌 순위는 2020년 기준 6위를 기록했고, 다국가 임상시험 글로벌 순위는 10위를 기록했다.

- 전체 임상시험 점유율 : ('18년) 3.39%→('19년) 3.25%→('20년) 3.68%
- 다국가 임상시험 점유율 : ('18년) 2.64%→('19년) 2.59%→('20년) 3.20%

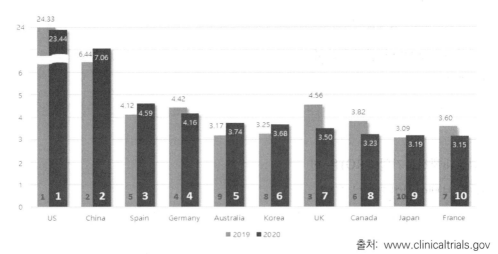

출처: www.clinicaltrials.gov

▶ 그림 6.26 ▮ 전 세계 제약사 주도 의약품 임상시험 상위국가 점유율 및 순위 변동

(7) 글로벌 임상시험 현황

글로벌 임상시험 동향은 전 세계 임상시험은 코로나-19 확산에 따른 임상시험 위축 우려에도 불구하고, 각 국가별로 감염병 상황에서의 임상시험 대응 전략을 신속하게 도입함에 따라 전체적으로 증가한 것으로 나타났다.

전 세계 신규 등록 의약품 임상시험 건수는 2000년 5,068건으로 2019년(4,435건) 대비 14.3% 증가하였으며, 모든 임상시험 단계에서 증가하였다.

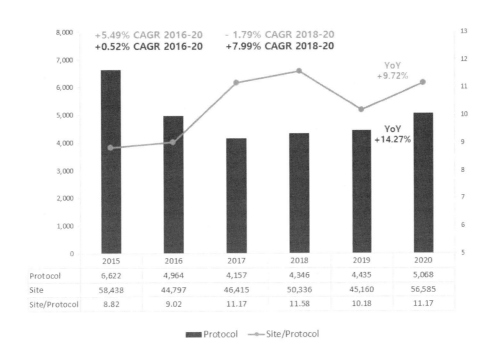

	2015	2016	2017	2018	2019	2020
Protocol	6,622	4,964	4,157	4,346	4,435	5,068
Site	58,438	44,797	46,415	50,336	45,160	56,585
Site/Protocol	8.82	9.02	11.17	11.58	10.18	11.17

출처: www.clinicaltrials.gov

▶ 그림 6.27 ▮ 전 세계 제약사 주도 의약품 임상시험 신규 등록 현황

7) 임상시험 용어

- 피험자(Subject/Trial Subject) : 임상시험에 참여하여, 임상시험용 의약품을 투여 받는 사람.
- 시험자(Investigator) : 시험책임자, 시험담당자, 임상시험 조정자.
- 대조약(Comparator) : 시험약과 비교할 목적으로 사용되는 위약 또는 의약품.
- 시험약(Placebo) : 임상시험용의약품 중 대조약을 제외한 의약품.
- 위약 : 효과를 점검하고자 하는 의약품과 닮은 효과가 없는 가짜 약.

- 무작위배정(Randomization) : 임상시험 과정에서 발생할 수 있는 치우침을 줄이기 위해 확률의 원리에 따라 피험자를 할당될 그룹에 무작위로 배정하는 기법으로 공정하고 중립적이며 타당한 연구를 지향.

- 모니터링(Monitoring) : 임상시험 진행 과정을 감독하고, 해당 임상시험이 계획서, 표준작업지침서, 임상시험 관리기준 및 관련규정에 따라 실시, 기록되는지 여부를 검토, 확인하여 임상시험의 윤리적, 과학적 타당성을 추구.

- 임상시험의 신뢰성보증(Quality Assurance) : 임상시험과 자료의 수집, 기록, 문서, 보고 등에 관한 제반 사항이 임상시험 관리기준과 관련규정을 준수하였음을 확인하기 위해 사전에 계획된 바에 따라 체계적으로 실시하는 활동.

- 임상시험의 품질관리(Quality Control) : 임상시험 관련 행위나 활동이 타당한 수준에서 이루어지고 있음을 검증하기 위해 임상시험의 신뢰성보증 체계에 따라 구체적으로 적용하는 운영기법 및 활동.

- 임상시험심사위원회(Institutional Review Board) : 인간을 대상으로 하는 임상시험에서 피험자의 권리와 안전을 보호하기 위해 의료기관 내에 독립적으로 설치되어 임상시험계획서, 피험자의 서면동의과정 등을 검토하고 지속적으로 확인하는 상설위원회.

- 부작용(Side Effect) : 정상적인 처방, 조제, 투약 후 발생하는 모든 의도되지 않은 효과.

- 이상사례(AE: Adverse Event) : 임상시험용 의약품과의 인과관계가 필수적이지 않은, 임상시험용 의약품을 투여받은 후 피험자에서 발생한 모든 의도되지 않은 증후, 증상, 질병.

- 약물이상반응(ADR: Adverse Drug Reaction) : 임상시험용 의약품과의 인과관계를 배제할 수 없는, 임상시험용 의약품의 임의의 용량에서 발생한 모든 유해하고 의도되지 않은 반응.

- 임상시험계획서(Protocol) : 해당 임상시험의 배경이나 근거를 제공하기 위해 임상시험의 목적, 연구방법론, 통계학적측면 등이 기술된 문서.

- 증례기록서(CRF: Case Report Form) : 각 피험자별로 계획서에서 규정한 정보를 기록하여 의뢰자에게 전달될 수 있도록 인쇄 또는 전자 문서화된 서식.

- 임상시험(Clinical Trial/Study) : 임상시험용 의약품의 안전성과 유효성을 증명할 목적으로, 해당 약물의 임상적 효과를 확인하고 이상반응을 조사하기 위하여 사람을 대상으로 실시하는 시험 또는 연구.
- 다기관임상시험(Multicenter Trial) : 하나의 임상시험계획서에 따라 둘 이상의 시험기관에서 수행되는 임상시험.

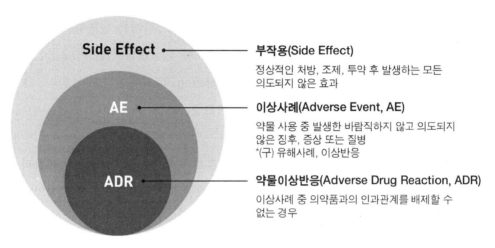

부작용(Side Effect)
정상적인 처방, 조제, 투약 후 발생하는 모든 의도되지 않은 효과

이상사례(Adverse Event, AE)
약물 사용 중 발생한 바람직하지 않고 의도되지 않은 징후, 증상 또는 질병
*(구) 유해사례, 이상반응

약물이상반응(Adverse Drug Reaction, ADR)
이상사례 중 의약품과의 인과관계를 배제할 수 없는 경우

▶ 그림 6.28 ┃ Side Effect, AE, ADR

WORKSHOP

- PV(Pharmacovigilance)는 왜 중요한가?
- 최근 제약사 주도 임상시험(SIT:Sponsor Initiated Trial)이 증가하는 이유는?
- CRO회사는 증가할까요? 감소할까요? 그 이유는?
- 한국의 임상시험 시장은 지속적으로 성장할까요? 줄어들까요? 그 이유는?

04. 약품에 대한 이해

약동학(Pharmacokinetics) 및 약력학(Pharmacodynamics)이란 약을 투약하면 약동학 및 약력학적인 과정을 거쳐서 치료효과 및 이상반응이 발현된다. 따라서 약동학과 약력학은 약의 특성을 이해하기 위한 기본적인 정보이다.

약동학(Pharmacokinetics)은 약의 용량과 체내 약물농도 관계를 설명하는 학문이다. 약물의 농도는 현실적인 이유로 많은 경우 혈중농도를 대상으로 한다. 약동학은 흔히 ADME(absorption, distribution, metabolism, excretion)의 학문이라고 말한다. 그 이유는 ADME 각각의 과정이 약물의 이동량과 속도를 파악하면 임의의 용량 용법에서 시간에 따른 혈중 약물농도를 정확히 기술할 수 있기 때문이다.

약력학(Pharmacodynamics)의 관심 대상은 치료효과 및 이상반응이다. 치료효과 혹은 이상반응을 약물의 용량이나 농도로 설명, 즉 용량 혹은 농도와 효과 사이의 관계를 연구하는 학문이다.

약물의 약동학 및 약력학적 분석에 있어서 주요 파악 대상으로는 '평균적인 관계' 뿐 아니라 '개인 간 차이'도 있다. 개인 간 차이는 또한 예측할 수 있는 차이와 예측불가능한 차이로 구분할 수 있다.

환자가 약물을 복용하여 최종적인 효과가 나타나기까지는 여러 단계를 거치게 되어 있으며, 크게는 약동학적인 과정과 약력학적인 과정으로 대별된다. 약동학적인 과정은 인간이 약물을 다루는 것으로서 투여된 약물의 체내 동태, 즉 약물의 흡수(absorption), 분포(distribution), 대사(metabolism), 배설(excretion), 생체이용률(bioavailability), 반감기(half-life) 최고약물농도(Cmax) 등과 청소율(clearance) 등을 관장한다. 약력학적인 과정은 작용부위에서 약물-수용체 상호작용을 통하여 약효를 나타내는 과정을 다루는 과정이라 할 수 있다. 따라서 약동학 및 약력학적 기본개념을 이해하고 연령의 증가에 따라 어떻게 변화해 가는가를 알아야 한다.

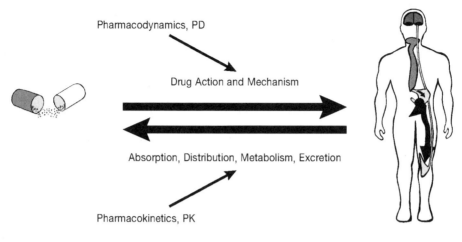

▶ 그림 6.29 ▌ 약동학과 약력학의 관계

1) 약물동태학(Pharmacokinetics)

Pharmacokinetics, sometimes described as what the body does to a drug, refers to the movement of drug into, through, and out of the body-the time course of its absorption, bioavailability, distribution, metabolism, and excretion.

Pharmaco는 사전적으로 약을 의미하고, kinetics는 사전적으로 운동학을 의미한다. 즉 pharmacokinetics는 약의 운동학을 의미한다. 다시 말해 약이 체내에서 어떻게 운동(흡수, 분포, 대사, 배설)하는지를 다루는 분야다.

생체에 약물을 투여한 후에 체내에서 어떠한 움직임을 나타낼지를 분명히 하는 것이 약물동태학의 목적 중 하나이다. 약물의 체내 움직임은 일반적으로 다음의 4단계로 구성된다.

약이 우리 몸속에 들어가면 흡수(Absorption)되고, 퍼지고(분포-Distribution), 변화(대사-Metabolism)된 후, 몸 밖으로 빠져 나가게(배설-Excretion) 된다. 이러한 일련의 과정을 통해 약물은 질환이 있는 부위에서 효과를 나타내게 되고 치료가 된다. 이를 약물의 흡수(absorption), 분포(distribution), 대사(metabolism), 배설(excretion)라고 한다. 머리 글자를 따서 ADME라고 부르는 경우도 있다.

입을 통해 약을 복용하는 경우, 일반적으로 그 제형에 따라 정제(Tablet), 캡슐제(Capsule), 액제(Solution) 등으로 구분된다. 약물은 경구뿐 아니라 주사, 흡입, 패치, 연고, 외과적 수단 등의 방법으로 투여될 수 있는데, 약을 복용하면 약의 특성에 따라 위, 십이지장, 소장 등을 통해서 대부분 흡수된다. 흡수된 약물은 혈관이나 림프관을 통해서 우리 몸에 필요한 기관이나 세포에 분포되어 효과를 발휘하고, 효과를 발휘한 약물은 간과 같은 대사기관을 거쳐 약리 활성이 없는 약물로 전환된다. 이렇게 대사를 받은 약물은 소변, 대변, 땀 등을 통해서 체외로 배설되는 것이다. 가령 두통이 있어서 타이레놀이라는 진통제를 복용하면 이 약의 주성분인 아세트아미노펜은 우리 몸에 들어가서 함께 복용한 물과 소화액 등에 녹아서 주로 소화기계를 통해 내려가면서 흡수된 후, 혈관을 통하여 통증을 느끼는 기관에 분포되어 통증을 억제하는 효능을 발휘하게 된다. 이렇게 효능을 다 발휘한 약물은 간에서 대사(분해)를 받아 비활성 물질로 전환되고, 약리 활성을 잃은 약물은 신장을 통해 소변으로 배설되게 된다.

(1) 흡수 : 약물이 몸 안에 흡수되는 단계

흡수는 약물이 몸속에 들어가서 위, 십이지장, 소장 등에서 점막을 통과하는 단계를 말한다. 먹는 약의 경우 흡수되는 장기의 상태나 약물의 종류, 음식물 등에 따라서 흡수되는 정도가 달라진다. 따라서 기름에 잘 녹는 약물의 흡수를 높이기 위해서는 기름진 음식과 같이 복용하는 것을 권하는 약물(예; 스포라녹스)도 있고, 흡수를 빨리 하게 하기 위해서 빈속에 복용하도록 권하는 약물도 있다. 주사제는 장으로 흡수되지 않고 혈관이나 근육 등으로 들어가서 약물이 퍼지므로 먹는 약보다 흡수가 빠르다. 연고나 패치제 등은 피부를 통해서 흡수된다. 흡입제의 경우 기관지를 통해서 흡수된다.

(2) 분포 : 약물이 몸 전체로 퍼지는 단계

약물이 우리 몸속에 흡수되면 혈관을 통해 온 몸에 퍼진다. 이를 분포라고 한다. 약물은 분자량이 작으므로 모세혈관에서 조직으로 쉽게 빠져 나가 분포될 수 있다. 약물이 온 몸에 퍼져야 비로소 약물이 필요한 부위에 도달하게 된다. 우리 몸의 약 2/3는 물이므로 약물은 대부분 물 부분에 분포하지만, 약에 따라서 특정 부위에만 분포할 수도 있다. 분포는 약물이 단백질과 얼마나 결합하느냐에 따라 정도가 달라진다.

일부 약물은 알부민과 같은 혈장 단백질과 결합하며, 약물의 분포는 그 부위의 혈액량이나 약물의 물리, 화학적 성질에 따라 달라진다.

혈액이 뇌의 뇌 관문(BBB, blood-brain barrier) 등과 같은 부위는 약물이 쉽게 도달할 수 없으며 일부 약물들은 신체에 저장되거나 침착되기도 한다.

(3) 대사 : 약물이 몸 안에서 변화되는 단계

약물이 몸속에 퍼져서 약물 그대로 있지 않고 몸속의 반응에 의해 변화되는 단계를 대사라고 한다. 약물은 배설되기 전 대부분은 대사된다. 어떠한 약물은 약효가 없는 성분으로 변환되고, 일부 약물은 변환되어 약효를 나타내기도 한다. 몸속에서의 약물의 변화는 주로 간에서 이루어지며, 신장, 폐 그리고 소화관에서 이루어지기도 한다. 간에서 이루어지는 대사는 사람별로 차이가 크다. 주로 간 기능, 나이, 함께 복용하는 다른 약물에 영향을 받게 된다. 약물이 대사를 받으면 수용성으로 변화되어 땀이나 소변 등을 통해 체외로 배설된다.

(4) 배설 : 약물이 몸 안에서 빠져 나가는 단계

약물은 다양한 경로로 배설되는데 신장을 통해서는 소변으로, 소화관에서는 담즙과 대변으로, 폐에서는 호흡기로 또 피부에서는 땀으로 배설되기도 한다. 모유의 형태로 배설될 수도 있는데, 그러므로 임산부와 수유부는 태반과 모유로 이행되는 약물에 의한 태아와 신생아에 미치는 영향을 고려하여 약물의 종류와 양을 제한받게 된다.

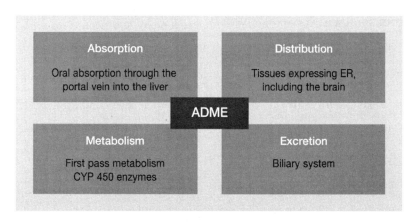

▶ 그림 6.30 ▌ 약동학(ADME)

약물의 상태와 사람의 상태에 따라 배설되는 정도는 달라진다.

(5) 생체이용률(Bioavailablity)

제제(약물)를 체내에 투여했을 때 위장관내 불안정성, 낮은 용해도, 불완전한 흡수 및 높은 간대사 등으로 말미암아 전신순환계로 들어가는 약물양과 흡수속도가 달라진다. 즉 생체이용률이란 체순환계로 들어가는 약물의 양과 속도로 정의하며 혈중농도-시간 곡선으로부터 약물의 양은 AUC, 혹은 Cmax과 속도는 Tmax로 각각 정의한다.

생체이용률 시험은 약물의 흡수정도 및 속도를 알아보기 위해 실시하는 시험으로서 약물의 물리화학적 성상의 변화와 제형의 변화가 약물의 약력학(pharmacokinetics)에 미치는 영향을 알아보기 위함이 목적이다. 생물학적 동등성시험(bioequivalence test)은 제조원이 다른 동일성분 약제의 생체이용률을 비교하는 시험으로 일정 기준을 만족할 경우 '생물학적으로 동동하다' 즉 '약효가 동등하다'고 판단한다. 만일 어떤 약물이 생물학적으로 동등하고 치료적 동등성이 있는 경우, 이러한 약제의 임상적 유용성과 안전성이 비슷하다면 서로 대체가 가능할 수 있다고 본다. 미국의 경우 신약 신청허가의 전 과정을 완전히 마치지 않은 모든 약제의 경우 일반명 약제로서 시판되기 위해서는 생체 내 또는 생체 외 생물학적 동등성시험(bioequvalence test)을 하도록 되어있고 흡수율, 약동학 시험의 요구 기준이 맞아야 한다. 이에 대한 필수적인 약동학적 파라미터인 생체이용률, 제거 반감기, 배설율과 대사율 등을 단일용량과 다용량 투여 후 확립해야 한다. 생체이용률(bioavailability)은 통상 약물의 소화관내 흡수율과 유사한 지표로서 경구투여 후 혈중 약물농도-시간 곡선하 총 면적(AUC : Area Under the Concentration-time Curve)과 정맥주사 후 혈중 약물농도-시간 곡선하 총면적을 비교하는 생체이용률(F=AUC 경구/AUC 정맥)이 흔히 흡수율(F)의 지표로 쓰이고 있다. 즉 정맥투여에 대한 상대적인 흡수율을 나타내며 %로 표시하며 절대적 생체이용률(absolute bioavailablity)이라고 한다. 약물을 정맥에 투여할 때에는 곧바로 전신순환에 도달되기 때문에 전신약물흡수 즉 생체이용률은 100%이다. 보통은 오리지널 약제의 흡수율과 타제약회사의 약제의 흡수율의 비율(F=AUC 시험약/AUC 기준약)로 상대적 생체이용률(relative bioavailablity)을 표시한다. 약물투여 시 전신적 흡수는 약물의 물리생화학적 성상, 약물의 특성, 흡수부위의 해부생리적 기능에 의존되며 약물 자체가 가지는 요인들 중 가장 중요한 것은 그 분자의 크기와 형태, 흡수 부위에서의 용해도, 이온화의 정도와 이온화와 비이온화형의 상대적 비율 및 지용성 등이다.

(6) 혈중약물농도

- tmax : 약물 투여 후 혈중농도가 최고치에 도달하는 시간으로서 약물흡수가 최고에 도달한 시점으로 약물의 흡수속도와 배설 속도가 같아지는 순간을 의미한다. tmax 이후에도 약물흡수는 지속되지만 속도가 느려진다. 따라서 약물의 흡수를 비교할 때 흡수속도에 대한 지표가 된다.

- Cmax : 약물투여 후 최고 혈중농도(Cmax)로서 치료적 반응을 나타낼 정도로 전신순환에 충분히 흡수되었는지를 가리키는 지표이다. 또한 독작용을 일으킬 수 있는지에 대한 정보도 제공하게 된다.

- AUC(area under the plasma level-time curve) : 혈중 약물농도-시간 곡선하 면적은 약물의 생체흡수율의 정도를 의미하며 전신순환에 도달한 활성약물의 총량을 반영한다. AUC의 단위는 농도, 시간으로 표시한다.

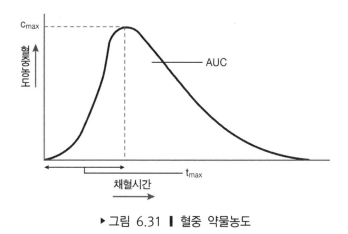

▶ 그림 6.31 ▌ 혈중 약물농도

(7) 반감기(half life)

약물을 복용하면 체내에 계속 남아 있는 것이 아니라 소변으로 꾸준히 배출되기 때문에, 약물의 혈중 농도는 복용 후 최대에 도달했다가 시간이 지남에 따라 지속적으로 감소한다. 혈중 농도가 최대치에서 절반으로 감소하는 데까지 걸린 시간을, 그 약물의

'반감기(half life)'라고 한다.

약물의 반감기는 약의 종류와, 환자의 약물 대사/배출 능력에 따라 다양하다. 짧으면 2~3시간, 길면 3일인 약물도 있다. 예를 들어 반감기가 6시간인 약은 복용 후 6시간 지나면 혈중 농도가 1/2로 감소하고, 12시간이 지나면 1/4로, 18시간이 지나면 1/8로, 24시간이 지나면 1/16로 감소한다. 일반적으로 반감기가 짧은 약물은 하루 3회 복용하고, 긴 것은 하루 한 번만, 일주일에 한 번 복용하는 약물 등 다양하다.

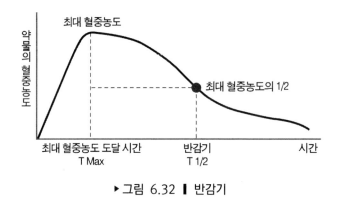

▶ 그림 6.32 ▮ 반감기

2) 약물역학(Pharmacodynamics)

Pharmacodynamics, sometimes described as what a drug does to the body, is the study of the biochemical, physiologic, and molecular effects of drugs on the body and involves receptor binding(including receptor sensitivity), postreceptor effects, and chemical interactions.

Pharmaco는 사전적으로 약을 의미하고, dynamics는 사전적으로 역학을 의미한다. 즉 pharmacodynamics는 약의 역학을 의미한다. 다시 말해 약이 체내에서 일으키는 작용을 다루는 분야다.

약력학의 관심 대상은 치료효과 및 이상반응이다. 치료효과 혹은 이상반응을 약물의 용량이나 농도로 설명, 즉 용량 혹은 농도와 효과 사이의 관계를 연구하는 학문이다. 약의 효과는 경험적으로 최대효과모형, 즉 약의 용량을 증가시키면 효과도 증가하지만 특정 용량 이상에서는 더 이상 효과의 증가가 없는 것으로 알려져 있다. 또한 두 가지 이상의 약물을 투여했을 때, 하나 또는 그 이상의 약물의 약물동태학적 성질이 변화하여 부작용 혹은 독성을 유발할 수 있다. 제약영업마케팅사원은 담당하는 제품의 약물상호작용을 숙지하고 부작용을 일으킬 수 있는 내용을 전달할 수 있어야 한다.

- Study of biochemical and physiological effects of drugs and study of mechanisms of drug action in living organisms

Action   Mechanism of Action

▶ 그림 6.33 ┃ 약물역학

WORKSHOP

- 제약 MRs들이 약동학(Pharmacokinetics) 및 약력학(Pharmacodynamics)을 이해해야 하는 이유는?

CHAPTER 07
의약품 가격
(Price)

CHAPTER 07

의약품 가격 (Price)

01. 약제비

긴 시간과 막대한 연구개발비를 투자하여 탄생된 의약품은 단계별 임상시험을 거쳐서 그 효능이 우수하여야 비로소 시판할 수 있으며 보험약가는 정부와 담당 전문가들이 합의하여 국민의 이익을 최대로 반영한 가운데 엄정한 심사를 거쳐 결정하는 것이다. 보험약가는 보험이 적용되는 의약품의 공식 가격을 의미한다. 제약회사는 당연히 높은 가격에 약을 팔고 싶어 하므로 약의 보험약가를 높게 책정받기를 원하고 정부는 보험재정에서 약값이 차지하는 비중을 절감하기 위해서 깎으려고 하면서 서로 합리적인 가격으로 결정한다. 보험약가는 약국에서 환자가 처방전에 적힌 약을 조제 받고 약값을 지불할 때 약값 산정의 기준이 된다. 같은 내용의 처방전을 가지면 전국 어느 약국에서 약을 지어도 약값은 동일하다. 보험약가가 전국 어디에서건 동일하게 적용받도록 법으로 정해 놓았기 때문이다. 물론 의원, 종합병원, 3차병원에 따라 환자 본인부담금 약제비는 차이가 있다. 하지만 처방전 없이 살 수 있는 OTC 의약품은 약국마다 가격이 다를 수 있다. OTC 의약품은 공식가격이나 정가가 없이 주로 제약사가 가격을 정하여 약국에 공급하며 약국에서는 자율적으로 마진을 붙여서 판매가를 정할 수 있기 때문이다.

의약품의 보험등재 및 약가산정은 의약품 시장 확대에 막대한 영향이 있기 때문에, 의약품 개발 시 약가에 대한 사전 예측 및 전략수립이 필요하다. 의약품 특성별 보험약가 산정이 필요하고 의약품 보험약가 산정이 투명하고 객관적이어야 한다.

이 경우는 일반환자의 경우 본인부담금이 30%이고 고령자의 경우로 65세 이상 환자인 경우는 총 약제비용에 따라서 아래와 같이 구분이 된다. 만약 11,000원의 약제비용이 발생한 경우 이의 20%인 2,200원만 본인이 부담하면 된다.

외래진료 약국 조제시	본인부담
㉠ 일반환자	30%
㉡ 고령자로 65세 이상 환자	
10,000원 이하	1,000원
10,000원 초과~ 12,000원 이하	20%
12,000원 초과	30%

연도	총진료비(억원)	약품비(억원)	약품비 점유율(%)
2014	507,740	134,491	26.5
2015	539,065	140,986	26.2
2016	601,314	154,287	25.7
2017	646,111	162,098	25.1
2018	725,711	178,669	24.6

※ 출처: 진료비통계지표

※ 2014년부터 진료비 산출기준 변경(행위별 수가와 정액수가 분리하여 산출)

▶ 그림 7.1 ┃ 외래진료 약국조제시

고혈압이나 감기, 소화불량, 결막염, 중이염 등 동네의원이나 병원에서 처방을 받을 수 있는 질병을 종합병원이나 상급병원에서 외래진료를 받게 되면 약제비를 반대로 가산을 하게 된다. 이런 분들의 경우 동네의원이나 병원을 이용토록 하기 위함이다. 실제로 더 많이 아프고 중증질환자가 종합, 상급병원을 이용토록 하기 위함이다. 이러한 경우로 종합, 상급병원을 이용하게 되면 환자가 원래 부담해야 할 금액보다 약 10~20%를 더 부담토록 하고 있다.

▶ 그림 7.2 ┃ 약제비 본인부담 가산(약제비 본인부담 차등)

약가는 정부와의 협상도 있지만 회사와 정부의 접점을 찾아 최대한 빨리 도입하려 한다. 환자를 우선으로 한다면 약가를 낮추면 되는 것으로 생각할 수 있다. 극단적으로 얘기하면, 진정 환자를 위한다면 치료제를 무료로 공급하는 것이 가장 좋지 않겠냐고 할 수도 있겠지만, 하지만 회사는 지속적으로 이익을 창출하고 고용을 확대해야 하기에 적절한 약가를 받아야 한다.

글로벌제약회사는 보험약가와 본사 승인 약가의 차이 때문에 어려움이 있지만 국내 환자들이 최대한 빠른 혜택을 받을 수 있도록 노력해야 한다. 글로벌 제약회사 입장에서는 천문학적인 비용을 투자하여 신약을 개발했는데, 만약 적절한 약가를 받지 못해 오히려 적자가 발생한다면 어떤 회사도 신약개발에 투자하지 않을 것이다. 이를 방지하기 위해 무조건적인 낮은 약가가 아니라 적절한 약가가 필요하다. 중국 시장이 커지고 대만, 태국, 사우디, 중국 등 한국의 약가를 참조하는 나라들이 늘고 있다. 우리나라 약가를 참조하는 나라들이 늘어나면서 '코리아패싱'에 대한 우려까지 제기되고 있어 정부에 적극적인 질의를 통하여 '코리아패싱'이 없도록 하는 것이 국익에 도움이 될 것이다.

약가는 신약, 개량신약, 제네릭, 희귀의약품 등 약품별로 다양한 가격이 형성된다. 이를 정확히 이해해야만 제약마케팅을 성공적으로 할 수 있다.

WORKSHOP

- 행위별수가제(fee-for-service) 장점은? 단점은?
- 진료비 중 약제비용은?
- 우리나라 정부가 약가산정 과정에 참조하는 국가는?
- 약제비는 늘어날까? 줄어들까? 그 이유는?
- 골다공증 치료제 WEEKLY제제 4주 처방 시 조제비용은?
- 대학병원에서 감기로 진료를 받고 대학병원 앞 대학약국에서 약 처방을 받을 경우 지불한 약값 중 환자본인 부담 비율은?

02. 의약품 가격(PRICE) 결정 과정

　제약산업에서 의약품 가격이란 다른 산업에서의 모든 제품 혹은 서비스와 마찬가지로 시장의 수요 및 공급에 기반을 둔 경제법칙에 기반한다. 그러나 제약산업의 다양한 구조적 차이들로 인해 추가적인 고려요인들이 반영된다. 예를 들면 다른 산업과 달리 제품을 처방하는 의사와 최종소비자인 환자와 비용을 지급하는 결제자가 일치하지 않는 이유 등 산업의 구조적 특성에 의해 차별화된 가격 시스템을 갖게 된다. 환급이 되는 시장의 경우에는 의약품을 제조하는 제약회사와 이를 구매하고 지급하는 정부 간의 역학관계에 따라 가격이 결정되지만 보험이 되지 않은(혹은 일부분만 보험이 되는) 제품의 경우에는 의사와 환자의 제품에 대한 가치 인지도에 따라 가격 선정방식이 다르다. 일반의약품(OTC)의 경우처럼, 의사의 처방이 필요하지 않은 제품의 경우에는 제품의 특성과 경쟁구도에 의한 구매의사의 최종결정을 하는 소비자와 간접적으로 관여하는 약사의 역학관계에 따라 제품의 가격이 결정된다.

　제약산업에 대한 정부 가격정책은 급속한 인구의 고령화로 인한 의약품 수요의 증가로 인하여 미래의 보험재정의 건전성을 유지하기 위하여 보험약가 인하정책의 지속과 저가 및 제네릭 의약품을 처방하도록 유도하고 저가구매 인센티브제도와 리베이트 쌍벌제 시행으로 약제비를 절감하고 제약기업의 R&D 활성화에 초점을 맞추는 등 제약환경 변화에 많은 영향을 주고 있다. 이처럼 제약기업은 많은 시련과 도전을 받는 상황으로 시장 변화에 맞는 전략이 필요한 상황이다. 대형 블록버스터 제품의 특허 만료로 제네릭 의약품 시장이 확대되는 한편 바이오 의약품 등 새로운 의약 파이프라인을 통한 시장이 성장하고 있는데 이는 경쟁이 매우 치열해진다는 의미와 동시에 국내 제약기업이 성장할 수 있는 기회가 되기도 한다.

　국내 제약산업은 인구 고령화에 따른 만성질환 및 삶의 질(QOL : Quality of Life) 향상을 위한 의약품 수요증대와 특허 만료에 따른 제네릭 의약품 시장의 성장, 정부의 중증질환의 급여확대, 블록버스터 품목 집중 마케팅으로 정책적 어려움을 긍정적인 요인으로 활용하여 극복하고 있다.

　의약품 가격은 정부와 관련부처 그리고 다양한 이해 관계자들과 관련되어 있다. 의약품은 실제 가격 수준뿐만 아니라, 의약품을 처방하는 사람들의 가격에 대한 민감도도 가격 전략을 세우는데 중요한 요소로서 작용한다. 가격 탄성이라고 알려진 이 가격 민감도 정도는 가격이 변동할 때 제품에 대한 고객들의 수요량에 대한 척도이다. 대부분의 제품들은 가격이 상승하면 수요가 감소된다. 하지만 의약품은 질병을 치료하고 증상을 개선시키고 생명을 연장하는데 필요하기 때문에 대부분 처방 의약품들은 상대적으로 비탄력적이다. 의약품 제조사들이 가격을 높게 책정해도 판매량에 미치는 영향이 적다. 즉, 가격이 변화해도 의약품 수요는 크게 변하지 않는다. 물론 대부분 신약이나 경쟁력이 없는 의약품들은 비탄력적이나, 일부 경쟁이 치열한 제네릭 제품들 같은 대체제가 있는 의약품은 탄력적인 수요를 갖는다. 제약마케팅과정에서 의약품 가격을 이해하고 결정하는 것은 매우 복잡하고 중요하기 때문에 정부의 약가정책과 시장 환경을 정확하게 이해해야 효과적인 가격 전략을 세울 수 있다.

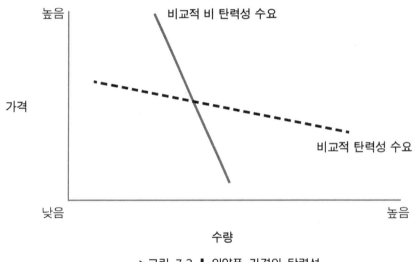

▶ 그림 7.3 ▮ 의약품 가격의 탄력성

WORKSHOP

- OTC vs ETC 가격은 누가 결정하나?
- 'Orphan drug' 처방 받을 경우 환자의 본인 부담 비율은?

03. 우리나라 약가등재제도

의약품 허가를 받으려면 의약품 제조업자가 식약처에 '의약품의 제조판매품목신청서'를 제출하여야 한다. 신청약의 안전성과 유효성 그리고 품질에 대한 입증 자료를 검토하여 타당성이 인정되면 '의약품의 제조판매품목허가증'이 발급된다. 의약품을 제조하여 판매할 수 있다는 보증서다. 그러나 의약품을 제조한다고 바로 판매로 연결되지는 않는다. 보험에서 서비스하는 의약품으로 등재되지 않으면 요양기관에서 처방하지 않기 때문이다. 식약처에서 허가받은 의약품을 보험에서 서비스하는 의약품으로 등재하려면 심평원에 '약제평가신청서'를 제출하여야 한다. 이를 '약제의 요양급여의 결정신청'이라고 한다. 신청 약제의 제조품목허가증 사본, 비용과 효과에 대한 자료, 국내외의 사용현황에 대한 자료 등을 검토하여 타당성이 인정되면 약제급여평가위원회에 상정하여 요양급여대상 여부를 결정한다. 물론 최종 결정은 복건복지부에서 한다. 복건복지부는 심평원 결정을 수용하여 건강보험정책심의위원회의 심의를 거쳐 급여의약품으로 고시한다. 의약품 고시는 복건복지부 '약제급여 목록 및 급여 상한 금액표(이하 약제급여목록표)'에 신청약제를 등록하는 것을 의미한다. 이처럼 의약품의 허가와 등재는 연장선상에 있다. 의약품이 허가되고 나서 심평원에 약제의 요양급여 대상 여부를 결정해달라고 신청하기 때문이다. 특히 해당 약제의 안전성과 유효성은 식약처장이 발급한 '제조품목허가증 사본'을 확인함으로써 갈음하기 때문에 두 기관은 서로 연동되고 있음을 알 수 있다.

1) 신약의 약가등재

우리나라는 현재 신약의 보험급여 적정성을 평가하기 위해 임상적 유용성과 비용효과성의 가치가 높은 의약품을 선별해 건강보험 급여대상으로 정하는 '선별등재' 제도를 시행하고 있다. 허가받은 의약품 중 의학적 및 경제적 가치가 입증된 의약품만을 선별하여 보험등재 함으로써 건강보험재정 지출의 합리성과 효율성을 추구하고 있으며, '선별등재' 제도하에서 신약의 임상적, 경제적 가치는 심평원의 약제급여평가위원회(약칭 약평위)에서 평가되며 약평위에서 보험급여가 결정된 약은 국민건강보험공단과의 가격 협상을 거쳐 건강보험 급여목록에 등재하고 있다. 제약사 입장에서는 개발한 의약품을 건강보험 급여목록에 등록하는 것이 매우 중요하다.

신약의 허가부터 보험등재에 이르기까지의 과정은 다음과 같다. 신약은 먼저 식품의약품안전처(MFDS: Ministry of Food and Drug Safety)에서 안전성 및 유효성을 평가하여 허가를 하게 된다. 시판허가를 받은 신약은 건강보험급여로 등재되기 위하여 필요한 서류를 갖춰 건강보험 심사평가원에 '보험등재'를 신청해야 한다.

이를 심사하는 곳이 심사평가원의 '약제급여평가위원회'이다. 약제급여평가위원회는 소비자 및 의약단체 관련 전문가들로 구성되어 있다. 이들은 의약품의 '임상적유용성'이나 '비용효과성'등을 평가하여 의약품의 건강보험 적용 여부와 가격을 결정하는 중요한 임무를 하고 있다. 제약바이오기업은 허가받은 약을 갖고 위원회를 통해 임상적유용성과 비용효과성을 인증받아야 보험급여 목록에 등재될 수 있다. 건강보험급여 대상이 결정된 후 가격이 얼마인지 정해야 한다. 건강보험심사평가원에서 건강보험을 적용하기로 결정한 의약품은 국민건강보험공단과 제약바이오회사간에 협상을 통해 가격을 정한다. 신약은 국민건강보험공단과 약가협상을 통하여 약의 보험약가(상한금액)을 정하고, 제네릭 의약품은 정해진 약가 산정방식에 따라 약의 보험약가(상한금액)이 정해진다. 제약바이오기업과 건강보험공단의 협상 끝에 보험약가를 결정하면 보건복지부의 발표에 따라 해당 의약품은 보험적용을 받고 국민들은 치료 혜택을 받을 수 있게 된다. 약을 허가받아도 보험급여 목록에 등재되지 못하면 '비급여의약품으로' 분류해 약값을 개인이 모두 부담하게 된다. 약가는 환자들의 약값의 부담을 줄이는 동시에 제약바이오사가 어렵게 개발한 의약품의 가치도 인정받는 합리적인 가격이 책정되어야 한다. 이 이외에 대신할 치료제가 없는 치료에 꼭 필요한 필수의약품은 건강보험 적용을 받기도 하고 가격이 비싸지만 환자에게 꼭 필요한 항암제나 희귀질환에 필요한 희귀의약품은 건강보험을 적용하면서 제약사가 수익의 일부를 환원하는 '위험분담제'등도 마련되어 있다. 국민에게 합리적인 가격에 공급되기까지 다양한 기관이 여러차례 협상을 통해 신중하게 평가하여 약값을 산정하고 있다.

건강보험심사평가원(HIRA: Health Insurance Review & Assessment Service)에 등재 신청을 하고, 심평원에서는 보험급여신청 자료를 평가한 후 약제급여평가위원회(DBCAC: Drug Benefit Coverage Assessment Committee)에 회부하여 의약품의 보

험등재 여부를 결정한다. 약제급여평가위원회를 거친 의약품은 국민건강보험공단 (NHIS: National Health Insurance Service)에 보내져 건보공단이 신약의 예상사용량 및 보험재정영향 정도를 분석하여 약가는 협상을 통하여 결정하고, 추후 '사용량약가 연동제도'를 통해 사후 약가를 관리하게 된다.

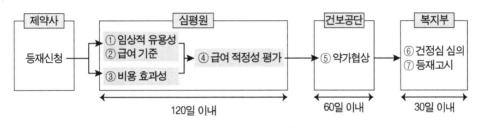

▶ 그림 7.4 ┃ 신약의 약가결정 절차

신약의 급여 평가 원칙은 상대적으로 임상적 유용성 및 비용효과성이 있는 의약품 에 한하여 보험급여가 되고, 환자에게 필요해도 비용효과성을 입증 못하거나, 제약사 와 공단 간 재정 영향 합의 등이 이루어지지 않아 협상이 결렬되는 경우에는 비급여 가 된다. 신약 보험급여는 심평원 위원회에서 임상적 유용성, 비용효과성 등 급여 적 정성 평가요소를 종합적으로 고려하여 임상적으로 유용하면서 비용효과적인 약제로 서 제외국의 등재 여부, 등재 가격 및 보험급여 원리, 보험재정 등을 고려할 때 수용 가능하다고 평가하는 경우 요양 급여 대상약제로 선별할 수 있으며 대체 가능한 치료 방법이 없거나 질병의 위중도가 상당히 심각한 경우로 평가하는 경우 등 환자 진료에 반드시 필요하다고 판단되는 경우에는 예외이다. 비교대안에 비해 상대적 치료적 이 익의 개선 정도에 따라 평가하며, 임상적으로 우월하거나 개선이 입증된 경우 제출된 비용 효과성 평가 결과로 점증적 비용 효과비(ICER: Incremental Cost Effectiveness Ratio)를 고려한다.

신약의 급여평가 원칙은 임상적으로 유용하면서 비용 효과적인 측면을 고려해야 하 며, 임상적 유용성 평가요소는 효과개선, 안전성 개선, 편의성 증가, 안정성 향상 등을 포함하나, 사회적 관점에서 편익이 인정되는 개선이어야 한다.

비용 효과성 평가기준은 신청품이 비교약제(치료법)에 비해 임상적 유용성의 개선 이 있고, 비교약제 대비 소요비용이 고가인 경우 '의약품 경제성평가 지침'에 따라 경제성평가 자료 제출대상에 해당하며, 점증적 비용 효과비(ICER)는 명시적인 임계값을 사용하지는 않으며, 1인당 GDP를 참고범위로 하여, 질병의 위중도, 사회적 질병부담, 삶의 질에 미치는 영향, 혁신성 등을 고려해서 탄력적으로 평가하고 있다.

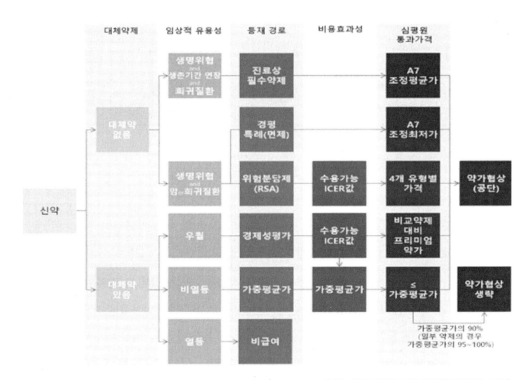

출처: 한국바이오의약품협회(데일리팜 구성)

▶ 그림 7.5 ┃ 신약약가등재 과정

2) 개량신약의 약가산정

신약이 아니면서 품목허가 시 안정성 및 유효성에 대한 자료를 필요로 하는 의약품을 자료제출 의약품이라 한다. 자료제출 의약품 중 안정성, 유효성, 유용성(복약순응도, 편리성 등)에 있어서 이미 허가된 의약품에 비해 개량되었거나 의약기술에 있어서 진보성이 있다고 식약처장이 인정한 의약품을 '개량신약(IMD: Incrementally Modified Drug)'이라 한다.

개량신약은 신약개발 역량이 부족한 국내 제약기업이 신약을 만들기 위해 나아가는 중간단계로, 신약보다 성공확률이 높고 개발비용과 개발기간이 짧아 해외에서도 중점적으로 키우고 있는 새로운 비즈니스 모델이다. 우리나라는 2008년 개량신약 산정기준을 마련하고 2013년 약가 우대기준을 신설해 당시 신약과 제네릭 중간 가격을 산정해 동기부여를 하였다. 이 결과로 국내 제약기업들은 개량신약을 오리지널에 역수출하는 등 큰 성과를 내고 있으며 많은 비용을 개량신약의 연구개발에 투자하고 있다.

❖ 원천기술분야 대상기술

기존			개정		
14. 화합물 의약품	혁신형 신약후보 물질	신약후보 물질 발굴기술	14. 화합물 의약품	가. 혁신형 신약후보 물질	1) 신약후보물질발굴기술
					2) 임상약리시험평가기술(임상1상)
					3) 치료적탐색임상평가기술(임상2상)
				나. 혁신형 개량신약	혁신형 개량신약 개발 및 제조 기술

임상약리시험 평가기술(임상1상)	신약 후보물질의 초기 안전성, 내약성, 약동-약력학적 평가 및 약물대사, 상호 작용 평가, 초기 잠재적 치료 효과 추정을 위한 임상 약리 시험-평가 기술
치료적 탐색 임상 평가기술(임상2상)	신약 후보물질의 용량 및 투여기간 등 치료적 유용성 탐색을 위한 평가기술
혁신형 개량신약 개발 및 제조 기술	DDS(Drug Delivery System, 약물전달시스템), 염변경, 이성체 제조, 복합제 제조 및 바이오, 나노기술과 융합 등의 기술을 통해 기존 신약보다 안전성, 유효성, 유용성(복약순응도, 편리성 등), 효능 등을 현저히 개선시킨 개량 신약을 개발, 제조하는 기술

▸ 그림 7.6 ▎개량신약의 세제지원 정책

WORKSHOP

- 왜 혁신형 제약기업에 개량신약의 약가를 가산해 주는가?
- 왜 개량신약 복합제의 약가우대가 폐지될까?

3) 제네릭 의약품의 약가산정

제네릭 의약품은 주성분, 안전성, 효능, 품질, 약효 작용원리, 복용방법 등에서 최초 개발 의약품(특허 받은 신약)과 동일한 약이다. 제네릭 의약품은 개발할 때 인체 내에서 이처럼 최초 개발 의약품과 효능, 안전성 등에서 동등함을 입증하기 위하여 반드시 생물학적 동등성 시험을 실시해야 하며 정부의 엄격한 허가관리 절차를 거쳐야 시판할 수 있다. 생물학적 동등성 시험은 동일한 약효 성분을 함유한 동일한 투여경로의 두 제제(오리지널과 제네릭)가 인체 내에서 흡수되는 속도 및 흡수량이 통계학적으로 동등하다는 것을 입증하는 시험이다.

미국, 유럽, 일본 등 선진국에서도 제네릭 의약품 허가 시 생물학적 동등성 시험을 요구하고 있다. 특히 미국 FDA는 생물학적 동등성 시험이 비교 임상시험보다 정확성, 민감성, 재현성이 우수하여 제네릭 의약품의 동등성 입증방법으로 권장하고 있다.

우리나라도 선진국의 심사기준과 동일한 기준을 적용, 생물학적 동등성 시험과 비교용출시험 등 여러 단계의 안전성과 유효성을 심사하는 과정을 거쳐 제네릭 의약품을 허가하고 있으며 허가 이후에도 주기적으로 제조시설에 대한 점검을 실시, 의약품의 제조와 품질을 엄격하게 관리하고 있다.

(1) 2012년 이후 제네릭 의약품 약가산정 방식

신약을 제외한 제네릭 의약품, 자료제출 의약품(개량신약) 등은 산정대상 약제로 분류되어 협상과정 없이 「약제의 결정 및 조정 기준」에 따라 약가 산정이 이루어진다.

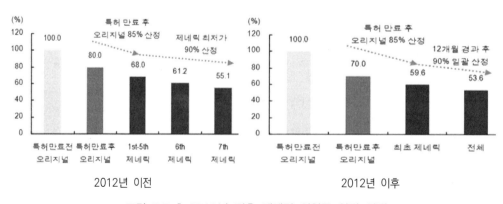

▶ 그림 7.7 ▌ 2012년 전후 제네릭 의약품 약가 산정

2012년 이전에는 제네릭 의약품의 약가 산정이 계단식으로 이뤄졌으며, 2012년 이후에는 최초 제네릭을 제외한 모든 제네릭의 약가를 오리지널 의약품의 53.55%으로 산정하였다.

(2) 2020년 7월 이후 제네릭 의약품 약가산정 방식

보건복지부 고시 제2020-51호 「약제의 결정 및 조정 기준」 일부개정에 따라 2020년 7월 1일부터 제네릭 의약품 약가제도가 개편되었다. 앞서 서술한 바와 같이 이러한 개편은 2018년 발사르탄 사태의 재발을 방지하기 위한 원료 의약품의 관리 강화(원료 의약품 등록제도)와 생물학적 동등성 시험의 관리기준 강화(공동 생동시험 폐지)에 중점을 두고 있다. 20번째 제네릭 의약품까지 등록된 원료 의약품을 사용하고, 3+1 공동(원제조사 1개와 위탁제조사 3개) 또는 자체적인 생물학적 동등성 시험을 수행한다면 오리지널 의약품 가격의 53.55% 수준으로 약가를 산정받을 수 있다. 그러나 위 조건들을 하나라도 충족하지 못한다면 오리지널 의약품 약가(53.55%)의 85% 수준으로 삭감된다. 예를 들어 원료의약품 등록 또는 공동 생동기준 중 한 가지만 충족할 때, 53.55%의 85%에 해당하는 45.52%로 산정되며, 둘 다 충족하지 못했을 때에는 45.52%의 85%인 38.69%를 약가로 산정하게 된다. 그리고 21번째 제네릭부터는 최저가의 85%에 해당하는 약가를 산정 받는다.

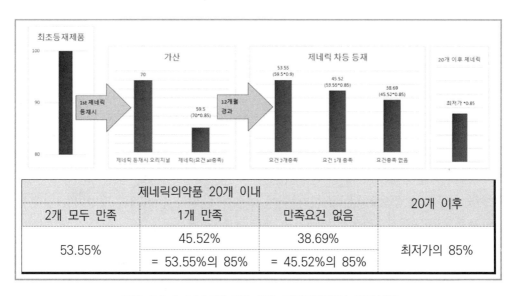

그림 7.8 ┃ 2020년 7월 이후 제네릭의약품 약가산정

개편 내용 중에서 품목허가 제도와 맞닿는 부분인 위탁·공동 생물학적 동등성 시험을 원제조사 1개와 위탁제조사 3개 이내로 제한하며, 2023년부터는 위탁·공동으로 진행되는 생동시험을 완전 폐지하고 자체 시험만을 인정하기로 한 부분이 업계로부터 많은 지적을 받았다. 2020년 4월 24일 공개된 제452회 규제개혁위원회 회의록에 따르면 위탁·공동 생동시험을 제한하는 내용의 「의약품 품목허가·신고·심사 규정」 개정안에 대해 철회를 권고하였고 식품의약품안전처 또한 이를 받아들여 해당 고시를 철회하겠다는 의견을 내겠다고 하였으므로 향후 공동 생동시험 규제 부분은 기존처럼 제한 없이 이루어질 것으로 보인다.

WORKSHOP

- 우리나라 제네릭의약품 가격이 OECD국가보다 비싼가 ? 싼가? 그 이유는?
- 2020년 개정된 약가정책으로 향후 제네릭의약품 가격이 낮아질까? 올라갈까? 그 이유는?
- 성분명 처방이 이루어질 경우 제네릭의약품 처방이 늘어날까? 줄어들까? 그 이유는?

4) 바이오의약품의 약가산정

바이오의약품은 사람 또는 다른 생물체에서 유래된 원료를 사용하여 세포배양 등의 생물학적 공정으로 생산한 의약품을 말한다. 여기에는 인슐린과 같은 유전자재조합 단백질 의약품이나 항체 의약품, 백신 등이 포함된다. 바이오의약품은 일반적으로 합성의약품에 비해 크기가 크고 복잡하며, 생물체를 이용한 복잡한 제조공정을 거치므로 변화에 민감하다. 대부분의 바이오의약품은 단백질을 주성분으로 하는 제품이 많으므로 경구투여 방식으로는 소화가 되어 약효를 발휘하기 어려워 정맥이나 근육에 주사하는 방식으로 투여된다. 투여방식으로 인해 합성의약품 보다 부작용이 적다는 장점을 갖고 있으며, 일반적으로 임상 성공률이 높고, 희귀성, 난치성 만성질환의 치료가 가능하다. 바이오의약품의 복제약의 경우, 합성의약품의 복제약처럼 합성 비율을 알면 쉽게 제조 가능한 것이 아니라 배양기술과 환경조건, 방법에 따라 전혀 다른 물질이 생산될 수 있기 때문에 복제가 쉽지 않다. 또한 생물 유래 원료를 사용하여 의약품을 제조하는 만큼 상당 수준의 설비를 필요로 한다. 이처럼 바이오의약품을 생산하는 것은 고도의 기술력이 요구되므로 이를 감안하여 바이오의약품의 약가산정 시에 일부 가산을 받는 등 혜택이 있다.

(1) 2016년 이후 바이오의약품 약가산정 방식

2016년 7월 7일 보건복지부에서 발표한 「의약품·의료기기 글로벌 시장창출 전략」에 따라 글로벌 의약품 개발을 위한 제도개선의 일환으로 ❶ 국내임상·R&D 등 국내보건의료에 기여한 바이오시밀러는 약가의 10%를 가산하여 최초 등재품목 약가의 80%를 적용한다. ❷ 바이오베터는 합성 개량신약보다 10% 가산하여 개발목표 제품 약가의 100~120%로 우대한다. ❸ 고함량 바이오의약품 등재 시 약가에 적용되는 함량배수를 1.75배에서 1.9배로 상향 조정한다.

(2) 2020년 이후 바이오의약품 약가산정 방식

2020년 7월 1일부터 시행되는 보건복지부 고시 제2020-51호(2020.2.28.) 「약제의 결정 및 조정 기준」에 따르면 바이오의약품의 약가 가산기간 적용이 달라진다. 기존의 바이오시밀러 등재 후 2년간 가산적용하고, 투여경로, 성분, 제형이 같은 제품이 3개 이하이면 1년 연장하여 가산이 유지되는 제도가 화학의약품과 동일하게 최초 등재 후 1년간 가산, 제네릭, 바이오시밀러 제품 3개 이하일 때 건강보험심사평가원 약제급여평가위원회의 심의를 거쳐 1년씩 연장하여 최대 3년간 가산적용을 받을 수 있도록 일원화되었다. 이러한 개편은 제약회사 입장에서는 가산적용을 받을 수 있는 폭이 좁아진 것으로 볼 수 있다.

(3) 쟁점 : 바이오신약의 약가 현행 등재제도 적절성

신약에 대한 현행 약가등재제도는 바이오의약품이나 화학의약품이나 동일한 기준으로 평가되고 있다. 하지만 앞서 언급했듯이 바이오의약품은 개발과 생산에 있어 난이도 차이가 있으며 그에 따른 투자비용 차이도 매우 크다. 현행 약가제도가 혁신적인 바이오신약의 가치를 적절하게 반영하지 못해 바이오신약의 접근성과 산업발전을 저해한다는 문제가 제기되고 있다. 바이오시밀러와 바이오베터의 경우 이러한 혁신 가치를 반영해 약가가 산정되지만, 바이오신약의 경우는 오히려 화학의약품과 동일 기준으로 평가되다 보니 그 가치가 과소평가되는 경향이 있다. 일반적으로 바이오신약은 임상적 유용성이 대체약제에 비해 우월 또는 비열등한 경우 약가협상을 생략하고 가중평균가 이하의 가격으로 등재가 가능하며 이때 화학의약품보다 10% 가산하여 대체약제 가중평균가의 100%로 등재된다. 바이오의약품 가운데 세포치료제 같은 경우를 예를 들면 대체약제 대비 임상적 유용성이 개선되었을 때, 유사 또는 비열등한 경우에 따라 약가가 달라진다. 임상적 유용성이 개선된 경우라면 경제성평가 자료 제출 여부에 따라 제도는 좀 더 세분화 된다.

대체약제가 없을 수도 있는 세포치료제에는 크게 도움이 되지 않는 제도로 현행 약가제도를 그대로 유지할 경우 세포치료제나 유전자치료제 등의 첨단 바이오의약품은 약가등재가 불가능한 경우가 다수 발생하여 환자 접근성과 산업발전에 역행할 수도 있다. 바이오의약품의 제조 특수성을 반영해 바이오의약품의 특성에 맞는 약가제도 운영 체계가 수립되어 바이오의약품의 가치가 적절히 평가받는다면 환자도 산업계도 혜택을 보는 방향으로 정책이 실현될 수 있다.

▶ 표 7.1 ▌임상적 유용성 및 경제성 평가에 따른 약가 산정

구분	내용
임상적 유용성이 대체약제 대비 개선된 경우	경제성 평가 자료를 제출하는 경우 : ICER값
	경제성 평가 자료를 제출하지 않는 경우 : 대체약제 최고가의 10% 가산
	경제성 평가 자료제출이 생략 가능한 경우 • 국내 등재되지 않은 외국 유사약제가 선정가능하고 A7 3개국 이상 등재 시 : 유사약제의 외국 7개국의 국가별 조정가 중 최저가 • 외국 유사약제가 선정이 곤란하거나 선정 가능하더라도 A7 3개국 미만 등재 시 : 기등재된 대체약제 최고가의 110%, 유사 약제 제외국 가격 등
임상적 유용성이 대체약제와 유사 또는 비열등한 경우	(1)과(2) 중 낮은 금액 (1) 대체약제 가중평균가와 대체약제 최고가 사이 금액 (2) 대체약제 가중평균가격*(100/53.55)로 가산된 금액 • 다만, 새로운 계열의 약제 등인 경우 최대 대체약제 최고가까지 인정할 수 있음

WORKSHOP

- 수출하는 바이오시밀러 제품의 약가는 오리지널 제품 대비 약 몇 %인가?
- 향후 바이오시밀러 수출가격은 낮아질까? 높아질까? 그 이유와 대책은?

5) 특허제도와 약가

제약산업의 특징 중 하나는 특허제도와 연계된 약가제도이다. 특허를 보유한 오리지널 제품의 가격은 특허 만료 이후의 가격과 차이를 두고 책정되는 것이 일반적이다. 이는 제약산업의 연구개발을 장려하기 위한 특허제도에 기반을 둔다. 의약품의 경우 한 개의 제품을 개발하기까지 많은 위험 요소와 더불어 엄청난 자본과 시간이 소요된다. 후보물질 중 최종적으로 시장에 출시되는 경우는 극히 소수에 그치고 임상단계별로 실패하는 경우가 많다. 따라서 특허로서 독점 판매를 일정기간 보장하지 않으면 시장진입 후 후발제품이 진출하기 전까지의 짧은 시간 동안 그동안 투자한 비용을 충분히 회수하기 어렵게 되기 때문에 대부분의 기업들이 막대한 비용을 지출해야 하는 연구개발 활동을 하지 않을 것이다. 이런 점에서 일정기간 독점 판매를 보장하는 것이 특허제도에 프리미엄 가격정책이다. 특허기간 동안에 신약을 개발한 특허권자는 제품개발에 소요된 연구개발비와 처음 시장에 진입하는 과정에서 투자한 광고비, 그리고 개발과정에서 실패한 수많은 후보물질들의 개발비용까지 포함하여 높은 가격을 책정하게 되고, 특정기간 동안 이 투자비용을 상회하는 이윤을 보상받는다. 많은 나라에서는 특허 이후에도 일정기간 동안 독점가격이 계속 유지되고 있다. 오리지널 개발사의 제품에 대한 royalty, 혹은 제품 자체의 우월성이 일부 인정되어야 한다고 생각하고 있다. 약가를 지불하는 정부는 최근 특허가 만료된 이후 값싼 제네릭 제품의 이용을 독려하기 위한 다양한 정책을 내놓고 있다.

(1) 의약품 허가-특허 연계제도

의약품 특허권자의 권리를 보호하고자 특허기간이 존속하는 동안 판매 허가와 특허를 연계해 복제약품(제네릭)의 시판을 금지하는 제도이다. 특허기간 도중 제네릭 시판

허가를 신청한 사람은 그 정보를 특허권자에게 통보하게 함으로써, 특허권자의 동의 없이 후발주자 제품이 판매되지 않도록 하는 것이 이 제도의 주된 목적이다.

이 제도의 유래가 되는 해치왁스만법(Hatch-Waxman Act)은 법을 제안한 의원의 이름에서 딴 것으로 법안의 본래 명칭은 '약가 경쟁과 특허 부활법'이다. 1984년 미국에서 의약의 가격 경쟁 유도 및 특허권의 존속기간 회복을 위해 제정되었다. 특허권 존속기간의 연장, 일정 요건하에서 특허권 침해로부터의 면제, 최초 유사 약품 개발 신청자에 대한 독점권 인정 등을 골자로 하고 있다. 이 법의 가장 큰 특징은 이전 제네릭은 제품의 안전성과 유효성을 별도로 증명해야 했었는데, 이 법이 신설되면서부터 기존에 제네릭이 FDA로부터 허가를 얻기 위해 필요했던 중복시험(duplicative tests)들을 제외하고 오리지널과 생물학적동등성(bioequivalence)을 증명하면 제품허가신청(ANDA: Abbreviated New Drug Application)을 할 수 있게 해 주는 것으로 제약사가 제네릭 시장에 진입하는 것을 더욱 쉽게 하고 비용도 절감하게 되었다. FDA 의약품 시판허가 승인을 위한 자료 제출을 목적으로 하는 시험은 특허권 침해가 되지 않음을 명시하였다. 신약 개발사에게는 FDA의 신약 시판허가 승인에 걸리는 기간은 해당 특허의 특허 존속기간 연장을 통해 특허권을 실질적으로 행사할 수 있도록 하였고 특정 시장독점권 및 자료독점권 부여가 가능하도록 하였다. 또한 다른 특허 침해소송과는 차별화된 신약 개발사와 제네릭 의약품 제조사의 특허도전과 침해소송 절차를 확립하였다.

WORKSHOP

- 의약품 특허(Amodipine) vs 삼성 핸드폰 몇 개의 특허로 보호받고 있나?
- 의약품 특허의 특징은?

(2) 허가-특허 연계제도의 영향

우리나라에 허가-특허 연계제도가 시행되면서 어떤 변화가 발생할까? 2012년 발효된 한미 FTA가 3년여의 유예 끝에 2015년 3월 15일 시행됨에 따라서, 국내 제약사가 제네릭에 대해 식품의약품안전처에 허가신청을 했을 때, 미국 제약사의 특허침해 소송이 제기될 경우, 허가 절차가 자동 정지되도록 규정되어 있어서 특허권자의 동의나 묵인 없이는 제네릭이 판매될 수 없도록 허가 단계에서부터 강력한 규제가 적용되는 것이다. 즉 리베이트 쌍벌제 도입 이후 리베이트 투아웃제까지 시행되어 제네릭 영업 환경이 크게 위축되어 과거와 달리 특정 제약사의 제네릭이 시장을 독과점 하기는 어렵고, 신약 출시 비중이 낮고 제네릭 비율이 높은 국내 제약업계 현실을 고려할 때 허가-특허 연계제도에 의해서 국내 제약사들의 제네릭 출시가 지연될 가능성이 크다. 더불어 이에 따른 특허소송의 비율이 대폭 상승할 것으로 예상되고 있다.

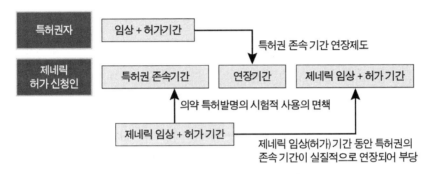

▶ 그림 7.9 ┃ 특허존속기간 연장 및 시험적 사용면책

(3) 생물의약품 확대 적용에 대한 반발

허가-특허 연계제도가 미치는 범위는 어디까지인가? 2010년 3월 미국 의료 개혁 법안(Affordable Care Act), 즉 오바마케어에 생물학적 제제 약가 경쟁 및 혁신법(BPCIA: Biologics Price Competition and Innovation Act)을 포함한다. BPCIA는 바이오신약 허가 후 4년간 바이오시밀러 허가신청 금지, 바이오신약 허가 후 4년간 자료독점권(Data exclusivity) 및 8년간 별도의 후속 시장독점권(Market exclusivity) 부여, 최초 대체 가능 바이오시밀러(Interchangeable biosimilar) 허가 후 최소 1년간 독점권 부여(특허 소송 여부 및 합의 여하에 따라 12~42개월 간 여타 대체 가능 바이오시밀러 허가 불가), 바이오신약 개발자 및 바이오시밀러 개발자 간 특허 정보 교류(Patent dance) 규정. 즉 바이오신약은 허가 후 자료독점권 4년 및 시장독점권 8년, 특허 출원 후 20년(특허 등록 평균 4년 소요, 임상 개발 기간 감안 시 평균 잔존 특허기간 10~12년) 경과 시 독점권이 상실된다.

미국 공중보건 서비스법(Public Health Service Act) 351(i)는 특허 정보 교류 (Patent dance)를 규정하고 있다. 바이오신약 개발자와 바이오시밀러 개발자는 예상특허 침해 목록 교환, 특허 분쟁 관련 합의 조정 절차를 수행한다. 바이오시밀러 개발자는 바이오신약 개발자에게 바이오시밀러 시판 180일 전 바이오시밀러 시판 사실 고지 의무가 있다.

최근 실제 예를 살펴보면 다국적기업 얀센은 2015년 3월 셀트리온의 '램시마'가 오리지널 제품의 '레미케이드'의 물질특허를 침해했다며 특허 침해소송을 제기했다. 얀센측은 '레미케이드' 성분 항체를 배양하기 위해 배지에 관한 특허가 남아있다는 주장으로 특허 침해소송을 제기한 것이다. 물질특허는 바이오 의약품 제조 물질에 부여하는 원천기술의 특허이다. 이런 이유로 '램시마'의 미국 출시 일정이 지연될 수 있다는 예측이 나왔다. 미국 공중보건 서비스법(Public Health Service Act) 351(i)는 특허 정보 교류(Patent dance) 규정에 따라 바이오시밀러 개발자는 바이오신약 개발자에게 바이오시밀러 시판 180일 전 바이오시밀러 시판 사실 고지 의무가 있다. 2016년 4월 5일 미국 식품의약품(FDA) 판매허가를 받은 '램시마'는 오리지널 '레미케이드' 특허가 기각되어 미국 시장에서 판매할 수 있게 되었다. 2015년 2월 미국 특허청이 '레미케이드' 특허 재심사에서 특허 거절을 통보했기 때문에 셀트리온이 승소했다. 셀트리온 '램시마'는 세계최초 항체 바이오 시밀러이자 자가 면역치료제이다. 2012년 7월 한국 식품의약품안전처를 통해 시판허가를 받았고 2013년 8월 유럽의약품청(EMA)으로부터 판매허가를 받았다. '램시마'가 속한 TNF-알파(TNF: Tumor Necrosis Factor) 억제제 세계 시장규모는 35조 원에 이른다. 미국시장만 20조 원 규모다. '램시마'의 오리지널인 '레미케이드', 에브비의 '휴미라' 암젠의 '엔브렐' 등 3개 바이오 신약이 시장을 점유하고 있다. '레미케이드' 시장 규모는 약 15조 원이다.

한국정부는 생물의약품 허가에 평균 10개월이 소요되고, 일부 생물의약품 분야에서는 우리나라가 강점이 있으므로 큰 피해가 없다고 하지만 앞으로 개발될 신약들 중 바이오 의약품의 규모가 점차 커지고 있으며 대부분 매우 고가이므로 바이오 시밀러의 출시가 조금이라도 지연될 경우 그 피해는 막대할 것으로 예상된다. 이러한 상황에서 한미 FTA에는 포함되지 않았지만 허가-특허 연계제도와의 균형점을 찾기 위해 도입된 제도가 바로 '우선판매품목허가제'이다.

WORKSHOP

- 특허연계제도의 근간인 법은?

- 특허연계제도의 근본적인 목적은?

- 포지티브 리스트 시스템(positive list system) vs 네거티브 리스트 시스템(negative list system)

- 약가등재 시 경제성평가를 고려하는 이유는?

- 현재 특허 만료약의 제네릭 제품의 약가는?

- 단일제 vs 2제 복합제 vs 3제 복합제 약가는?

- 향후 제네릭 약가 인상될까? 인하될까? 그 이유는?

- 약가 인하될 경우 예상되는 마케팅 전략은?

- 향후 포괄수가제 DRG(Diagnosis related groups) 비중 늘어날까? 줄어들까? 그 이유는?

CHAPTER 08

의약품 유통
(Place)

CHAPTER 08 의약품 유통 (Place)

01. 의약품 유통(PLACE)

GSP(Good Supply Practice)란 의약품유통품질관리기준을 말한다. 의약품의 유통, 판매단계에 있어서 지켜야 할 의무기준으로 의약품 유통과정에서 약제의 변질이나 파손 등을 방지해 안전하게 최종 소비자에게 전달하고자 하는 것이다. 의약품 등의 안전 및 품질 관련 유통관리 준수사항은 다음과 같다.

01 변질, 변패, 오염, 손상되었거나 유효기한 또는 사용기한이 지난 의약품을 판매하거나 판매의 목적으로 저장, 진열하지 아니하여야 하며, 의약품의 용기나 포장을 훼손하거나 변조하지 말아야 한다.

02 식품의약품안전처장 또는 지방청장이 수거하거나 폐기할 것을 명한 의약품을 판매하거나 판매의 목적으로 저장, 진열하지 아니하여야 한다.

03 의약품도매상은 불량의약품의 처리에 관한 기록을 작성하여 갖추어 두고 이를 1년간 보존하여야 한다.

04 의약품도매상은 대한민국약전 또는 대한민국약전 외 한약 규격집에 기준이 설정된 한약 중 품질관리 기준에 맞는 제품으로 판매할 것을 식품의약품안전처장이 지정 고시한 한약의 경우 규격품이 아닌 것을 판매하거나 판매의 목적으로 저장, 진열하지 아니하여야 한다.

유통이란 상품이 고객의 손에 넘어가는 모든 과정을 의미한다. 외부 유통경로와 관계되어 있기 때문에 일방적으로 변경하기 어려워 많은 시간과 비용이 필요하다. 그런 이유로 처음부터 장기적 관점에서 유통경로를 치밀하게 설계하는 것이 중요하다.

유통경로는 왜 필요한가? 바로 거래 시 발생하는 비용을 줄이는 효과 때문이다. 특히 수만 명의 고객일 경우에 기업은 고객이 원하는 상품을 원하는 시간에 원하는 양만큼 원하는 곳에서 얻을 수 있도록 하고, 물류와 재고 비용 등의 부담 곧 거래 비용을 절감하기 위해 유통경로를 구축하고 관리 및 통제하는 마케팅 활동을 하게 된다.

유통경로에는 다양한 형태들이 존재하는데 가장 보편적인 의약품 유통경로 형태는 그림과 같다.

▶ 그림 8.1 ▌ 의약품의 유통경로

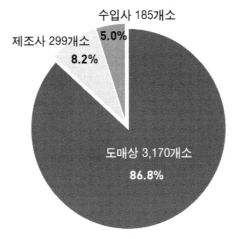

주: 2020년 12월 말 기준, 공급내역 보고대상 업체수이며, 실적이 없는 업체도 일부 포함되어 있음

▶ 그림 8.2 ▌ 업태별 공급업체 수

1) 제약산업에서의 유통

의약품유통은 제약 마케팅에서 매우 중요한 부분이다. 제품의 특성이나 이점이 무엇이든 가격이나 판촉 전략이 무엇이든 적합한 시간과 장소에서 제품의 입수 가능성이 시장침투나 시장에서 성공의 필수적 요소이다.

유통채널은 제조회사, 도매업자, 소매업자로 구성된 독립적 개체의 조합으로서 이루어져 있고, 적절한 제품을 적합한 시간에 공급하는 역할을 한다. 유통업자는 적절한 수수료를 받고 제조회사로부터 도매업자나 소매약국에 의약품을 운반해준다. 도매업자는 제조회사로부터 의약품을 사서 소매약국에 판매한다. 소매약국은 도매업자로부터 의약품을 사서 환자나 일반 대중에게 판매한다.

2) 국내 의약품 유통구조

국내 의약품 유통은 도매업체를 경유하는 방식과 제약회사가 직접 요양기관과 직거래하는 방식의 이원적 유통체계로 이루어져 있다. 다만 1994년도부터 100병상 이상 종합병원은 의약품을 구입할 경우 의약품 도매업체를 의무적으로 경유해야 한다. 즉 우리나라의 의약품 유통구조는 생산-도매-소매로 이어지는 2, 3차의 다단계 도매업체들이 존재하는 복잡하고 다원화된 모습을 보이고 있다.

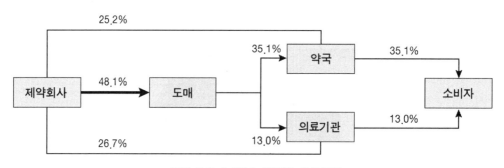

▶ 그림 8.3 ▌ 국내 의약품 유통구조

전국 의약품 도매업체가 3,000개를 넘었다. 도매업체들간 치열한 경쟁과 이로 인한 의약품 유통질서 혼탁도 우려된다. 건강보험심사평가원 의약품 관리종합정보센터에 따르면 2020년말 기준 전국의 의약품 도매업체는 3,170곳으로 집계됐다. 2019년 2,919개에 비해 251곳이 늘어난 것이다. 의약품 도매업체는 2014년까지 2,000개 내외였지만, 2015년부터 급격히 늘어나고 있다. 의약품 도매업체들이 급증하고 있는 것은 의약품 도매업체 창고면적 완화, 위탁도매업체의 경우 관리 약사를 고용하지 않아도 되는 등 규제 완화 정책, 판매대행업체(CSO: Contracts Sales Organization) 등의 영향이라고 할 수 있다. 의약품 도매업소 창고면적 기준은 2000년 규제 완화 차원에서 전면 폐지됐다가 2011년 264㎡로 제한 규정이 생겼다. 이후 2015년 초 창고면적 기준이 264㎡에서 165㎡로 규제가 완화됐다. 또 2015년 약사법 개정을 통해 위탁도매의 경우 관리 약사를 고용하지 않아도 도매업체 운영이 가능하도록 법이 완화됐다. 이 같은 규제 완화책의 영향으로 2015년부터 2020년까지 1,204곳의 도매업체가 늘어났다. 의약품 유통업계는 신설 도매업체들의 대부분이 제약사로부터 저렴한 가격으로 약을 공급받아 병원, 의원을 대상으로 의약품의 처방을 유도하는 품목 도매와 CSO 등인 것으로 파악하고 있다.

  전국적으로 의약품 도매업체 수가 증가했지만, 특히 서울, 경기, 인천 등 수도권에 소재한 도매업체들의 수가 많이 증가해 1,527곳으로 도매업체 2곳 중 1곳은 수도권에서 설립했다. 의약품 유통업계는 신규 업체의 신설이 급증하면서 도매업체들간의 심한 경쟁으로 의약품 유통의 문란 현상이 우려되고 있다.

▶ 표 8.1 ▌ 의약품 도매업체 연도별·지역별 현황

구분	2020년		2019년		2018년		2017년		2016년		2015년		2014년		2013년		2012년
	업체수	증감	업체수	증감	업체수	증감	업체수	증감	업체수	증감	업체수	증감	업체수	증감	업체수	증감	업체수
서울	769	32	737	26	711	88	623	21	602	30	572	4	568	-38	606	-8	614
부산	345	38	307	28	279	37	242	22	220	16	204	4	200	-6	206	2	204
대구	284	28	256	8	248	42	206	24	182	19	163	-2	165	-11	176	12	164
인천	110	12	98	4	94	21	73	-3	76	14	62	2	60	4	56	7	49
광주	277	29	248	19	229	36	193	22	171	12	159	10	149	-7	156	-4	160
대전	151	12	139	16	123	21	102	6	96	1	95	0	95	-6	101	-4	105
울산	25	2	23	1	22	4	18	5	13	-2	15	1	14	1	13	-3	16
경기	648	61	587	63	524	75	449	15	434	41	393	28	365	29	336	19	317
강원	51	3	48	-1	49	6	43	-2	45	3	42	1	41	-1	42	-2	44
충북	50	7	43	3	40	6	34	9	25	-2	27	-1	28	-3	31	2	29
충남	54	0	54	3	51	8	43	8	35	0	35	5	30	-2	32	1	31
전북	117	12	105	-3	108	16	92	7	85	0	85	5	80	1	79	1	78
전남	64	9	55	6	49	7	42	3	39	4	35	4	31	-5	36	7	29
경북	64	0	64	4	60	9	51	10	41	0	41	4	37	-1	38	1	37
경남	148	1	147	2	145	26	119	1	118	20	98	4	94	-17	111	2	109
제주	8	2	6	0	6	0	6	1	5	-1	6	0	6	1	5	-2	7
세종	5	3	2	1	1	0	1	0	1	-3	4	1	3	0	3	0	0
계	3170	251	2919	180	2739	402	2337	149	2188	152	2036	70	1966	-61	2027	34	1993

출처: 건강보험심사평가원 의약품관리종합정보센터

3) 국내 의약품 도·도매 비중 증가

2020년 도도매 형태의 완제의약품 유통이 유통단계에서 36.9% 차지, 증가세를 유지한 것으로 파악된다. 2020 완제의약품유통정보 통계집을 살펴본 결과 2020년 의약품 유통단계별 공급금액은 출고 기준 총 48조 4,904억 원에 달한다. 특히 2020년에 도매상에서 도매상으로 공급하는 이른바 도·도매의 거래 비중이 높아졌다.

2020년 유통단계별 공급금액을 살펴보면 제조·수입기관에서 요양기관으로 유통된 금액은 8,966억 원, 제조·수업체에서 도매상으로 공급된 금액은 5조 2,915억 원, 도매상에서 요양기관으로 유통된 금액은 26조 6,640억 원으로 파악되었다. 또한 도매상에서 도매상으로 공급된 금액은 15소 6,383익 원으로 전체 유통단계별 공급금액 중 36.9%를 차지했다. 이같은 수치는 지난 2018년 12조 1,040억 원(29.4%), 2019년 14조 3,059억(31.6%)에 비해서 크게 증가한 수치다. 이와 같은 도·도매의 공급금액 증가는 담보문제를 포함하는 제약사의 의약품 공급 제한과 함께 제네릭 품목 수가 많아지면서 나타나는 풍선효과, 낮은 진입장벽, 소량매입 등의 요인이 작용하는 것으로 분석되고 있다.

여기에 도매상에서 도매상으로의 공급이 늘어나는 것은 전체 시장에서 상위 도매상이 차지하는 비중이 높아진 점 등도 작용하는 것으로 분석된다. 특히 최근에도 담보문제 등에 대한 상황은 변함이 없다는 점, 점차 상위 도매상의 성장이 두드러지면서 기업 간 인수 등도 논의되고 있는 만큼 도·도매 거래 형태는 지속적으로 늘어날 것으로 예상된다. 이외에도 최근에도 문제로 제기되고 있는 CSO 영업 등의 확대 역시 영향을 미쳐 이에 대한 대책 마련 등도 필요하다.

▶ 그림 8.4 ▌ 2020년 의약품 유통단계별 공급 금액

WORKSHOP

- 최근 5년간 도매업체 수가 증가한 이유는?
- 도·도매 거래 비중이 증가하는 원인은? 대책은?
- CSO 영업활동은 도매업체에 어떤 영향을 미치나?

02. GSP 의약품 공급망이 직면한 주요과제

제약-도매 관계자 모두 유통이 선진화된 국가일수록 도매 거래 체제가 구축, 투명한 거래가 이뤄지고 있다는 점은 우리에게 많은 시사점을 던져주고 있다고 강조한다. 영세한 도매업체가 난립한 문제를 해결하고, 선진 물류 시스템 구축을 통한 유통 효율화 및 신속화 그리고 그 기본 조건으로 도매 대형화를 구축해야 한다.

의약품 유통의 투명성 제고를 위해서는 도매업체의 대형화 및 기능 고도화가 필요하다. 과거 직거래가 성행했던 것은 국내 도매업계의 기반이 취약했기 때문이다.

국내 의약품 유통구조의 선진화를 가로막고 있는 가장 큰 원인으로 도매업체의 영세성을 꼽고 있다. 도매업계가 스스로 유통일원화 필요성 강조와 함께 내부 현실에 대한 고찰이 필요한 이유다.

영세 도매업체의 난립은 유통구조를 복잡하게 만드는 한편, 도매업체가 갖춰야 할 전문적 역량 확보에도 걸림돌로 작용하기 때문에 시급히 해결돼야 할 문제이다. 소품목 소량체제의 영세업체들이 다품목 소량체제로 뭉치는 등 업계 전체적으로 구조조정이 필요하다.

의약품 유통 선진화와 투명화라는 목표를 갖고 시작된 유통일원화 정책은 여전히 많은 과제를 안고 있다. 최근 정부가 리베이트 쌍벌제와 시장형 실거래가제 등과 같은 새로운 제도를 도입, 의약품 유통 선진화 및 투명화를 재차 강조하고 있어 그 어느 때보다 유통의 중요성이 높아지고 있기 때문이다.

GSP 의약품 공급망이 직면한 주요과제는 다음과 같다.

1) 가시성(Visibility)

공급망에 대한 가시성 부족은 제약업계가 당면한 문제이다. 의약품 부족 문제, 많은 환자, 규제기관, 소매업체들이 의약품이 어디서 어떻게 제조되어 어떻게 왔는지를 알지 못한다는 것이다. 운송 중 열악한 온도 관리로 인한 주요한 성분의 약병이 손실되고 회사가 그것을 증명할 수 없다면 3자 물류업체는 이러한 우려를 해결하는 것 이외에 선택의 여지가 없다. 한편 제조과정에서 의약품이 오염되었다면 공급업자가 문제를 해결하라고 요청받을 수 있다. 이런 공급 및 운송상 책임의 소지를 확실히 할 수 있게 만들고, 소비자에게 신뢰성을 주기 위해서 GSP의 가시성은 필요하다.

2) 의약품 물류 프로세스 표준 조정/정립 필요성(Logistics coordination)

하나의 의약품 혹은 치료약은 유통업체를 통해 수백 개의 병원에 유통되어 각 구매자의 요구사항을 추적하고 충족시키기가 어렵다. 새롭게 부상되고 있는 CAR-T 치료법은 병원 간 프로세스 차이가 제품에 어떤 문제가 될 수 있는지를 보여준다. 다른 많은 면역 종양약과 달리 CAR-T 치료법은 독특한 공급망 형태를 가지고 있다. 이약의 생산은 암 환자로부터 T 세포를 추출하는 것으로 시작되고, 추출된 세포는 주입시설로 보내지기 전에 종양을 보다 효과적으로 표적화할 수 있도록 유전자 조작을 받은 제조시설로 운송된다. 운송 중 세포는 극도로 차가워져야 하는데 그렇지 않으면 죽을 수도 있다. 일반적인 치료에 실패한 암 환자는 잘 보관된 의약품 운송이 충분히 빨리 일어나지 않거나 다른 사람의 세포가 주어지면 죽을 수도 있다. CAR-T 등 제품에 대한 공급 표준 프로세스가 정립되지 않아 어떤 병원은 암전이가 발생하기 전에 이 제품을 사용을 요청하여 사용해야 하는 암환자에게 재고 고갈로 적시에 공급이 되지 않는 경우도 발생하고 있다. 이러한 불합리한 상황을 사전에 방지하기 위해서라도 의약품 물류 프로세스의 표준 정립이 필요하다.

3) 규정준수(Compliance)

의약품의 성분을 구성하는 재료의 80%, 완제품의 40%가 해외에서 미국으로 수입된다. 그러므로 미국 FDA(Food and Drug Administration)는 외국에서 생산된 의약품이 무균 생산 표준인 GMP(Good Manufacturing Practices)를 준수했는지 확인해야 한다. FDA 검사관들이 중국, 인도 등 해외 제조업체에게 품질 및 규제를 준수하라는 경고 메시지를 보냈다. 미국은 2023년까지 제품의 추적성을 강화하기 위해 선사와 운송업체는 의약품공급망 안전법(Drug Supply Chain Security Act)의 규제를 준수해야만 한다. 이러한 운송상의 규정준수를 확인할 수 있는 시스템이 구축되어야 한다.

4) 콜드체인운송(Cold-chain shipping)

의약품 같은 생물 제제는 열에 민감하며 오염되기 쉽다. 이러한 약을 운송 중 차갑게 유지하는 것은 제약회사와 환자를 연결하는 공급망의 중요한 부분이다. 또한 CAR-T 치료법이 각 환자에게 맞춤화되어 있어 콜드 체인 기술은 신원 확인 및 공급사슬을 세부적으로 유지할 수 있는 추적 소프트웨어와 통합해야 한다.

이와 같은 GSP가 당면한 문제들을 생각하면 GSP의 중요성은 앞으로 더욱 부각될 것이라고 예상된다. 그리고 위와 같은 4가지의 주요과제들은 결국 한가지를 말하고 있다. GSP를 가시화하고 표준화할 수 있는 프로세스 시스템이 구축되어야 한다는 것이다. 이를 통해 소비자들은 더 안전한 약물을 복용할 수 있고, 기업의 입장에서도 책임 소지의 명확화, 효율적인 운송 시스템을 통해 비용 절감 및 매출 증대를 기대할 수 있다. 또한 GSP 프로세스 관리 시스템의 구축을 통해 아프리카 등 의약품 소외국에 대한 공급 강화와 신종감염병 및 풍토병에 대한 신속한 대응을 할 수 있을 것이다.

WORKSHOP

■ 코로나-19 화이자 백신을 더 낮은 온도에서 보관 운송해야 하는 이유는?

03. 미국의 GSP

세계 최대 의약품 시장인 미국의 의약품 유통구조는 매우 특수하고 복잡하여 해외 기업들이 진출하기 어려운 요인이다.

미국 의약품 시장은 제약사, 도·소매상, 병원, 보험사, 보험약가관리업체(PBM; Pharmacy benefit management) 등이 복잡하게 얽혀 각자의 이익에 따라 의약품 유통과 가격 결정에 관여하고 있다.

미국 내 의약품 공급은 도매상들이 주도하고 있다. 제약사로부터 공급되는 전체 물량의 약 60%를 도매상들이 소화한다. 특히 매케슨, 카디널헬스, 아메리소스버겐 등 3대 도매상의 시장 점유율이 80%를 넘어설 정도로 높고 나머지 물량 40%는 약국과 구매대행업체(GPO: Group Purchasing Organization)를 통해 병원으로 공급된다. 도매상보다 과점 현상이 비교적 덜 하지만 소매상인 약국도 CVS, 월그린 등 대형 체인 사업자를 중심으로 운영되고 있다.

PBM은 제약사, 병원, 약국, 보험사를 연결하는 매개체로 자금결제와 기록관리 및 보고 등의 행정 처리를 주로 수행한다. PBM은 각 보험사의 보험청구 업무를 대행하는 회사였으나 다년간 환자와 의약품에 대한 정보를 축적하면서 보험등재 의약품 관리와 환자의 자기부담금, 복약 사후관리 등으로 영역을 대폭 확장했다. 현재 미국 시장에서 전체 조제약 판매의 30% 이상을 PBM이 행정 처리하고 있다.

미국은 일반적으로 보험사와 약국, 병원 등이 약가를 공개하지 않는다. 이로 인해 PBM은 실제 약가보다 더 비싸게 보험사에 비용을 청구하고 약국 및 병원에는 실제 약품비용을 지급한다. 즉 보험사로부터 수령한 약품비와 약국 및 병원에 지급한 실제 약제비의 차익으로 이윤을 남기고 있다. 이에 미국 정부는 높은 약가를 낮추기 위해 높은 약가로 이득을 보는 PBM을 규제하고, 타 국가 대비 많은 약가를 지불하는 불합리함 등을 개선하겠다는 내용의 약가인하 정책을 발표한 바 있다. 미국 식품의약국(FDA)도 직접 나서 제네릭 의약품의 승인 건수를 늘리고, TV 광고 내 일부의약품의 가격 표시를 추진하는 등 약가인하 정책에 활력을 불어넣고 있다.

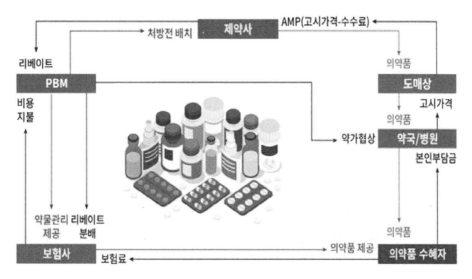

출처: KTB투자증권

▶ 그림 8.5 ▮ 미국의 의약품 유통구조

04. 미래의 KGSP

한국 제약 유통업이 과거에는 단순하게 의약품을 보관하고 병원과 약국에 공급하는 대가로 제약회사에서 수수료를 받아서 운영했다면, 현재는 제약회사와 더욱 적극적인

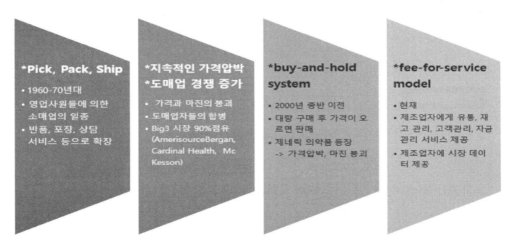

▶ 그림 8.6 ▮ 통업의 비즈니스 변천과정

협력으로 제약회사의 조직이 미치지 못하는 병원조직이나, 약국조직의 정보를 공유하는 방법과 행위별수가제 모델을 활용하여 제약회사에게 시장의 데이터를 제공하고, 의약품 안전사용서비스(DUR: Drug Utilization Review)의 고도화를 통해 국민이 안심하고 이용할 수 있도록 의약품 안전정보 제공하는 등 다양한 정보를 공유하는 견고한 협업을 하는 파트너 역할로 변모해야 한다.

일본의 도매업은 헬스케어 플랫폼을 만듦으로써 기존 의약품 도매업 중심 경영에서 종합 헬스케어 회사로 전환을 도모하고 있다. 따라서 다양한 타 업종 기업 등과 제휴 등을 실시함으로써 새로운 비즈니스 모델로 활로를 찾아내려고 하고 있다. 그 중심이되는 것이 물류 및 정보통신기술(ICT: Information & Communication Technology) 등이다. ICT의 적극적인 활용은 의약품 도매 경영의 목표를 완전히 뒤집게 된다. 각사가 목표로 하는 헬스케어 플랫폼의 완성을 위해서는 ICT의 활용이 필수이다. 이에 따라 의약품 도매 각사는 각자 개성을 가진 존재로서 향후 의료계만 아니라 관련분야에서도 그 역할이 더욱 늘어나고 있다.

일본의 대부분 제약업계의 영업은 도매에 맡겨 제약업계의 도매상에 대한 매출비중이 97%에 달한다. 또 다른 주요기능은 판촉기능이다. 일본 의약품도매업 연합회 자료에 따르면 일본 도매유통업계는 판촉기능을 수행하기 때문에 의약산업 선진국 중 도매마진율이 6.3%로 제일 높다. 우리나라와 같이 판촉기능을 안하는 미국 도매유통업계의 마진율은 2.7%, 영국과 독일 및 프랑스 등은 평균 4%다. 한국 도매유통업계의 2017년 기준 가중평균 유통마진율 6.5%는 앞으로 EU나 미국처럼 갈수록 계속 줄어들 가능성에 대비해 일본처럼 다양한 역할을 확대할 수 있는 비즈니스 모델을 개발해야 할 것이다.

WORKSHOP

- 향후 유통 마진율이 증가할까? 감소할까? 그 이유는?
- 일본 도매업계 유통 마진율이 미국, EU보다 높은 이유는?
- 미래의 KGSP는 어떻게 변화할 것인가?

의약품 판촉
(Promotion)

CHAPTER 09 의약품 판촉 (Promotion)

판촉(Promotion) 또는 판매촉진은 마케팅 커뮤니케이션의 일환으로 기업의 제품이나 서비스를 고객들이 구매하도록 유도할 목적으로 해당 제품이나 서비스의 성능에 대해서 고객을 대상으로 정보를 제공하거나 설득하여 판매가 늘어나도록 유도하는 마케팅 노력의 일체를 의미한다.

직접적으로 수요를 발생시키는 마케팅 수단뿐만 아니라 기업의 이미지를 높이거나 긍정적으로 만들어 간접적 이윤을 창출할 때 쓰이는 커뮤니케이션 수단으로도 쓰인다. Sales promotion은 소비자가 제품에 다가갈 수 있는 기회를 제공하여 신규 고객을 창출하고, 기존 고객에게는 브랜드 로열티를 강화해 제품의 매출 증대에 기여한다.

제약 마케팅에서 판촉이라고 하면 의사, 약사, 간호사와 같은 의료행위 종사자들과 환자에게 필요한 정보나 지식을 전달하기 위한 의사소통을 하는 것이다.

제약 마케팅도 다른 산업과 마찬가지로 고객의 니즈(needs)와 원츠(wants)가 무엇인지 확인하기 위해서 노력한다. 제약회사 영업마케팅 담당자는 이러한 필요와 욕구를 만족시키기 위해서 기존 경쟁제품이 제공하는 것보다 분명한 특징, 장점과 이점을 가진 새로운 제품을 개발하기 위하여 많은 시간과 비용을 투자한다. 이러한 신제품이 개발되고 나면 전 세계 시장에 출시되는데, 이러한 신제품이 처방하는 의사에게 관심을 갖게 하려면 신제품의 특징, 장점과 이점을 정확하게 처방 의사에게 알려야 한다. 신제품이 시장에 잘 침투하고 처방이 활성화되려면 제약회사들의 성공적인 의사소통 능력과 제품에 대한 전문적인 지식의 함양이 필수적이다.

제약 마케팅은 일반 컨슈머 마케팅과 비교해보면 접근 방식이나 원리는 비슷하지만 제약산업 자체가 다른 산업에 비해 규제가 따르는 것이 다르다. 즉, 제약산업 규제로 인하여 프로모션 방법 역시 매우 제한적이다.

제약 마케팅의 주 대상자는 의사와 환자이다. 그러면 의사들의 처방결정 과정이나 환자들의 의약품 구입과정은 어떻게 이러한 의사소통에 의해 영양을 받는 것일까? 그 해답은 처방 과정과 구입과정을 조사해보고 의사소통 전략에 의해 영향을 받는 과정을 확인해 보면 알 수 있다.

그림과 같이 처방 결정에 관여하는 각각의 단계를 보여주고 있다. 대부분 의사들은 처음 신제품이 소개될 때 그 제품에 대한 지식이 많지 않다. 이 단계에서 제약 영업마케팅 담당자는 신제품에 대한 인지도를 높이기 위해 인쇄물, 홍보, 광고, 전문적인 영업팀(TFT팀) 등의 활동을 통해 판촉 활동을 시작한다. 항상 환자를 위한 새롭고 효과적인 최신 약물을 찾는 의사들은 제약회사 영업마케팅팀의 디테일 활동, 저널광고 혹은 제약회사에서 주관하는 심포지움(symposium), RTM(round table meeting), 세미나를 통해서 이러한 정보를 접하게 된다. 이렇게 얻어진 정보와 지식을 평가하며 그들은 신제품을 알게 되고 나중에는 기존 제품보다 나은 점을 깨닫게 된다. 이러한 제품에 대한 선호도가 확신이 차게 되면 처방이 시작되고 신제품에 대한 임상경험을 축적하게 된다. 신제품의 처방 과정은 그림과 같다.

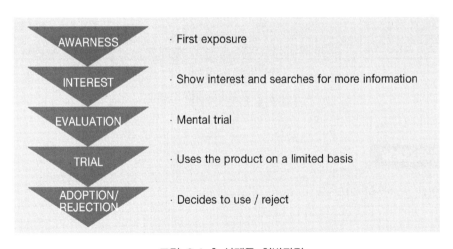

▶ 그림 9.1 ▌ 신제품 처방과정

01. 제약영업마케팅의 종류

제약마케팅은 시대에 따라 다양한 전략 전술이 변화하고 있다. 2020년대 제약마케팅은 신약개발 투자 확대로 바이오의약품, 신약중심으로 확대가 심화되고 Application, Big Data 활용한 스마트 마케팅이 확대될 것으로 예상된다. 지속적으로 확대 유지될 대표적인 마케팅 종류는 디테일링(Detailing), 공동 프로모션(co-promotion) 마케팅, CSO(Contract Sales Organization) 활용 마케팅, 다양한 Contents 활용한 Digital marketing 등이다.

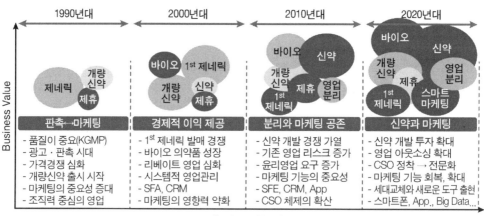

▶ 그림 9.2 ▮ 제약마케팅 트렌드

WORKSHOP

- 국내 MR들이 가장 많이 하는 ACTIVITY는?

1) 디테일링(Detailing)

디테일링(Detailing) 활동은 지난 수십 년간 제약영업사원은 브랜드 의약품에 관한 기본 메신저 역할을 해왔다. 의사에게 디테일링하는 것이 제약산업을 크게 성공시킨 중요한 하나의 요인이다. 디테일링(Detailing) 활동은 제약 MR이 의사를 방문하는 Call이라고도 할 수 있는데 Call 중에서 직접 의사를 만나서 자신이 담당하는 제품의 특장점과 이점을 알리는 활동을 Detail 활동이라 한다. 즉, 진정한 Call 활동만이 Detailing 활동이라 할 수 있다. 디테일링은 정확한 메시지를 정확한 빈도로 정확한 의사에게 전달하는 것으로 정리된다. 정확한 메시지는 제품의 특징과 이점을 설명하는 것으로, 반드시 사실을 기반으로 하며 처방하는 의사에게 꼭 필요한 정보여야 한다.

정확한 빈도는 메시지를 전달하는 횟수를 말한다. 의사가 특정 제품에 대한 선호가 생기기 이전에 메시지를 전달해야 한다. 정확한 의사에게 전달하는 것은 고객을 S&T(Segmentation & Targeting)한 후 제품에 맞는 의사에게 전달하는 것이다. 의약품은 제품에 따라 S&T(Segmentation & Targeting)가 다를 수 있는 특수성을 갖고 있다. 예를 들어 골다공증 의약품은 여러 과에서 공통으로 사용하는 약품 중 하나다. 골다공증을 진료하는 주요 과는 내분비내과, 정형외과, 산부인과지만 처방하는 과는 주요 진료과뿐만 아니라 류마티스내과, 신경외과, 가정의학과, 마취통증의학과 등 골다공증 위험이 있는 환자를 진료하는 모든 과가 대상이다. 물론 골다공증 약물 중 같은 class인 약물도 약품의 작용기전에 따라 target 과와 target 의사가 달라질 수 있다. 또한 내분비내과는 주로 당뇨병, 갑상선질환을 진료하지만 골다공증을 전문적으로 진료하는 병원과 내분비내과 의사가 있기 때문에 더욱 정확한 S&T가 요구된다.

2) 심포지움(Symposium) 활동

주로 신제품이나 회사에서 비중이 큰 품목을 홍보하기 위하여 진행한다. 주로 마케팅부서에서 주관하며, 영업사원들과 함께 제품과 관련이 있는 의사를 대상으로 대규모 참석(100~500명)을 유도하여 제품의 특장점을 홍보하기 위한 활동이다. 각종 학회나 연수강좌에서는 주로 대학교수들이 연구결과에 대한 내용을 중심으로 진행되어 개원의들 입장에서는 현실감이 떨어진다고 이야기할 수도 있지만 심포지움은 특정제품이 주제가 되고 실제 진료공간에서 바로 활용할 수 있는 내용으로 진행하는 경우가 대부분이다. 최근 심포지움 활동으로 신제품을 홍보한 예를 살펴보자.

㈜한국아스트라는 국내 첫 SGLT-2억제제(Sodium-glucose cotransporter 2) 계열의

제2형 당뇨병 치료제 '포시가'(성분명 : Dapagliflozin)가 심혈관, 신장질환 위험이 높은 환자의 증상 개선에 효과를 보였다는 임상결과를 심포지움을 통해서 제품과 회사의 이미지를 홍보했다.

▶그림 9.3 ▮ 제약회사 심포지움 활동

WORKSHOP

- SYMPOSIUM 효과를 증대하기 위한 방법은?

3) RTM(round table meeting)

심포지움(symposium)과 비교하여 RTM은 소규모 학술모임으로 진행을 빠르고 쉽게 할 수 있다. RTM을 진행하기 위해서는 모임의 회장으로 있는 의사 선생님의 승인이 필요하고, 그 모임의 총무님과 강의내용, 날짜, 시간, 장소 등 스케줄을 조율하여 진행한다. 주로 제품과 관련된 질병을 치료하는 대상 의사들 대상으로 10명 내외로 진행하여 간접적으로 회사 제품을 홍보하는 활동을 말한다.

WORKSHOP

- 성공적인 RTM을 위한 사전 준비사항은?

4) 공동 프로모션(co-promotion) 마케팅

공동 프로모션이란, 같은 제품을 공동으로 프로모션을 진행하는 것을 말하며, 흔히 소규모 회사와 대규모 회사 간에 진행하는 마케팅 방법이다. 소규모 회사가 대규모 회사와 파트너를 맺고 상호 간의 이익이 충돌 빚지 않는 선에서 공동으로 그 제품을 프로모션하는 것을 말한다. 공동 프로모션은 특히 해당 치료분야에 경험이 많고 그 분야 전문가들과의 관계가 형성돼 있는 숙련된 영업마케팅 인력들도 구성되어 있어 두 회사의 공동 목표를 달성하기 위하여 양사의 자원을 최적화한다는 장점이 있다. 영업마케팅을 개별적으로 시행하여 두 회사 간의 목표가 다를 수 있는 co-marketing 과는 구별된다. co-marketing은 1개의 제품을 다른 제품명으로 허가받아 두 개의 회사가 판매하는 것을 말한다.

당뇨병 치료제인 DPP-4 억제제 계열에 속한 LG의 '제미글로'는 DPP-4 억제제 계열의 다섯 번째로 출시하여 당뇨시장 진입이 어려웠으나 '란투스'로 당뇨시장에서 경쟁력을 보유하고 있는 사노피의 힘을 빌려 성공적인 시장안착을 하기 위하여 사노피와 공동 프로모션(co-promotion)을 체결하여 매우 성공적으로 시장을 주도하면서 매출 성장을 기록했다. 사노피와 co-promotion 계약 종료 후 2016년에는 대웅제약과 co-promotion을 진행하고 있다.

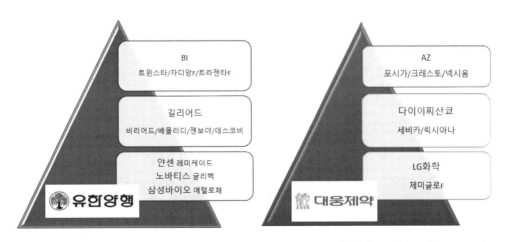

출처: http://www.hitnews.co.kr

▶ 그림 9.4 ▌ 코프로모션 비즈니스모델 사례

유한은 노바티스의 '글리벡'과 얀센의 '레미케이드'를 co-promotion 실시하고 또한 삼성바이오에피스의 '에톨로체', '레마로체'까지 바이오시밀러로 영역을 확대했다. 대웅제약은 co-promotion 전략으로 성공한 회사 중 하나이다. 아스트라제네카 '크레스토', '넥시움', '포시가'와 '직듀오'를 꾸준히 성장시키고 있고, 다이이찌산쿄 '세비카', '세비카', '릭시아나' LG화학의 '제미글로패밀리' 대웅과의 co-promotion 영향으로 2021년에 1,000억 원의 매출을 기록할 것으로 예상된다.

WORKSHOP

- Co-promotion vs Co-marketing
- 제약사간 co-promotion 비중이 왜 증가할까?
- 글로벌제약사와 국내제약사간의 co-promotion 비중이 증가하는 이유는?
- 국내제약사와 국내제약사간의 co-promotion 비중이 증가하는 이유는?

---

5) CSO(Contract Sales Organization)활용 마케팅

소규모 제약회사가 사용하는 또 다른 방법으로 CSO(Contract Sales Organization) 활용이 있다. 새로운 지역에서 경험과 자원이 부족한 제약기업에 가장 용이한 방안이다. CSO는 의사와 친밀한 숙련된 영업 전문 인력을 고용해 계약된 제품의 특정 기능과 장점에 대한 교육을 한다. CSO와 파트너를 맺는 이유는 이 일을 위한 전담 영업팀을 만들고 유지하는 것보다 비용이 저렴하므로 제품을 생산하는 입장에서는 큰 장점이다. 최근 제약산업이 성장하면서 과별, 질환별, 제품별, 지역별로 CSO를 활용하여 마케팅하는 회사가 늘어나고 있다. 이미 선진국은 CSO의 비중이 약 15~20%의 비중을 차지하며 그 역량을 강화하고 있다. 국내에는 의약분업 초기에 유디스 등이 전문 CSO 업체로 활동을 시작했다. ㈜유디스는 한국사노피 제품을 성공적으로 안착시켰다. 최근 인벤티브 헬스 코리아 등 다국적 CSO 회사가 하나, 둘 국내에 진출하고 있다. CSO를 활용한 영업 Outsourcing은 초기 투자 감소, 비용 절감, 시간 단축, 전문성 제고, 운영상의 융통성 등 많은 장점이 있다.

6) Contents marketing

최근 제약업계에 불어닥친 리베이트 쌍벌제, 공정경쟁규약 강화에 이어 부정청탁 및 금품 전달 금지(김영란법)까지 시행되면서 제약 MR의 병원을 방문을 원하지 않는 분위기가 팽배해지고 있다.

일부 다국적 제약사는 이러한 분위기를 극복하기 위해 온라인마케팅전략인 일명 멀티채널마케팅(Multi channel marketing)과 e-디테일링(electonic detailing)을 오래전부터 시행하고 국내회사들도 시행하고 있다. 대표적인 멀티채널마케팅으로는 한국MSD의 MDfaculty, 한국Pfizer의 Med Info &MediDoc link, GSK코리아의 웹기반 학술미팅, 한국얀센의 얀센프로, 한국릴리 Lilly On, 한국BMS의 e-Hepa academy, 국내제약사의 대표적인 멀티채널마케팅 Dr.Vill(닥터빌) 등 각각의 특색 있고 다양한 컨텐츠를 기반으로 마케팅 활동을 전개하고 있다. 이러한 각 회사의 멀티채널마케팅은 불필요한 영업사원 방문을 최소화하는 점도 있지만 이러한 프로그램을 지원받기 위해 관련된 자료를 제공받기 위해 고객이 먼저 방문을 요청하는 사례도 점점 높아지고 있다. MDfaculty 초창기에 수많은 고객에게 프로그램을 권유하고 소개하며 이러한 온라인 마케팅프로그램을 세일즈 활동에 접목함으로서 의학전문가적 포지셔닝을 달성하였던 경험에서 사용하기 따라 고객에게도 매우 유용한 혜택을 제공하고 우리에게도 시간관리 뿐만 아니라 성과관리를 위한 유용한 툴이 될 수 있을 것이다. 하지만 프로그램을 어떻게 구성하고 활용하는지에 따라 영업활동을 지원해주는 강력한 세일즈 툴로 활용될 수 있을 것이다. 특히 주의해야 할 점은 프로그램을 만들었다고 끝난 것이 아니다. 대면영업(Face to Face sales)에도 기술이 있듯이 멀티채널 마케팅과 e-디테일에도 기술이 있다.

출처: marketing91.com

▶그림 9.5 ▌Multichannel Marketing

WORKSHOP

- One to One Marketing vs Contents Marketing

7) Data 활용 marketing

Data 활용 marketing은 마케팅 전략과 방향성을 수립하는데 상당히 많은 활용이 있을 것이다. Date를 통해 ❶ 의약품 원외처방 시장 전망 및 마케팅 분석 콘텐츠(Market Forecasting Analytics Contents)을 활용하여 특정 제품을 처방받고 있는 환자의 인구통계학적 분석을 통해 환자의 증감 추이를 확인할 수 있는 만큼 마케팅 측면에서 연령별 환자를 고려한 마케팅 플랜을 수립할 수 있다. ❷ 의약품 처방 패턴 분석 콘텐츠(Treatment Pattern Analytics Contents)활용으로 제품의 스위칭 정보 등을 활용해 마케터들이 기회 포착이나 실적 감소 리스크를 적절하게 대응할 수 있는 바로미터로 삼을 수 있다. ❸ 의약품 이상사례 분석 콘텐츠(Adverse Event Analytics Contents) 등을 활용하는 방법이다. 마케터 입장에서 경쟁 제품과의 비교·분석 데이터를 디테일 자료로 폭 넓게 활용할 수 있고, 개발 측면에서도 제품의 리포지션에 대한 니즈가 있을 경우 활용 가치가 있는 부작용 데이터를 파악한다면, 신약개발의 근거자료로 활용될 수 있다.

8) Infographic marketing

인포그래픽 마케팅은 정보, 데이터, 지식을 시각적으로 표현해 제품정보를 빠르고 쉽게 표현하기 위해 사용된다.

한국GSK는 차고 건조한 날씨로 증상이 악화되는 겨울을 맞아 손 습진 질환 인식을 높이고자 인포그래픽을 개발하여 활용하고 있다. 손 습진은 치료가 잘 되지 않을 경우 환자의 삶의 질을 전반적으로 악화시킬 위험이 매우 높은 만큼, 보건 의료 현장에서 많은 전문의 및 환자들이 이러한 관련 자료를 접하여 질환 및 치료요법에 대한 인식 수준이 향상될 것을 기대하여 활용하고 있다.

▶그림 9.6 ▌GSK Infographic marketing 사례

한국화이자제약의 인포그래픽 마케팅 사례는 제품 자체에 임팩트가 많다는 자신감의 있기 때문이다.

한국화이자제약은 당뇨병 치료제가 없다. 그런데 당뇨 관련 캠페인을 진행했다. 고지혈증치료제 "리피토는 당신입니다"라는, 이른바 '당신' 캠페인이다. 이 역시 같은 계열 중 유일하게 '제 2형 당뇨병 환자의 심혈관 질환 위험 감소' 적응증을 갖기에 가능하지만, 인포그래픽 마케팅으로 제품의 정보를 보다 빠르게 각인시키고 있다.

WORKSHOP

- MCM과 E-Detailing 마케팅 전략이 증가할까? 감소할까? 이유는?

02. 광고(advertisement)

광고는 제조업자에게는 제품판매 수단으로, 고객에게는 정보 원천으로서 중요한 역할을 하고 있다. 광고의 특징을 살펴보면 다음과 같다.

- 고객에게 정보를 전달한다.
- 정보 전달과 동시에 구매를 자극하고 설득한다.
- 제품이나 브랜드에 대한 우호적인 태도를 형성할 수 있다.
- 경제 발전에 공헌한다. 제품을 널리 알림으로써, 다른 기업들도 보다 좋은 제품을 개발하도록 동기유발을 일으킨다.
- 변화의 촉매제 역할을 한다. 인식변화와 생활방식에 변화를 준다.

1) 제약시장에서 광고의 일반적 특징

제약시장에서는 신제품이 시장침투에 성공하고 오랫동안 그것을 유지하기 위해서는 의사와 환자의 좋은 임상 경험이 중요하다. 임상시험 시 나쁜 결과가 나오면 시장에서 점유율이 낮고 결국 시장에서 퇴출되게 된다.

제약광고는 다른 컨슈머 제품 광고와 유사한 점도 있지만 특이점도 있다. 제약광고의 특이성은 다음과 같다. ❶ 제약광고는 환자가 대상이 아니라 처방권을 가진 의사이다. ❷ 주요 목표대상은 쉽게 확인할 수 있다. ❸ 회사의 이미지가 중요하다. ❹ 과학잡지에서의 명성이 중요하다. ❺ 임상결과 같은 근거중심에 의한 정보가 처방에 큰 영향을 가져온다. ❻ 의사들은 광고가 약물의 효능과 위험성에 관한 정보를 제공하지 못하여 소비자에게 비합리적인 기대감을 갖게 한다고 생각한다. 이러한 차이점이 제약 마케팅 담당자들이 광고 전략을 결정할 때 영향을 미치므로 이를 잘 이해해야 한다.

03. 홍보(Public Relations)

PR(Public Relations)은 커뮤니케이션, 즉 보도자료를 배포하거나 후원 혹은 기업공시 문서들을 통해 회사와 제품에 대한 호의적인 생각과 인식을 유도하는 모든 제반 활동을 말한다. 또한 특정 부정 기사나 대중에게 전달된 부정이슈는 PR부서나 책임자에 의해 무력화되기도 한다. PR은 촉진믹스의 하나로 제품이나 서비스를 인쇄 매체나 방송 매체의 뉴스나 논설의 형태로 다루게 함으로써 구매를 자극하는 것이다.

1) 제약시장의 PR의 변화

제약회사는 전통적으로 처방을 결정하는 1차 고객인 의사를 상대로 마케팅 홍보 활동을 집중해 왔다. 그러나 현재와 같은 정보화 시대에서 인터넷의 발전과 함께 의사와 환자가 모두 의사결정에 관여하게 되면서 의약품 정보가 의사와 환자에게 공동으로 활용하는 시대로 변하고 있다. 이런 시장환경 변화를 고려하여 제약 마케팅은 전통적인 홍보에서 소비자에게 직접 접근하고 있다. 소비자에게 직접 접근하는 DTC(DTC: Direct to Consumer) 광고로 변하고 있어 환자도 의약품에 대한 다양한 정보를 접할 기회가 생기기 시작했다. 물론 처방의약품 DTC 광고에 대하여 대부분 의사들은 DTC 광고가 환자들에게 잘못된 정보를 제공하여 혼란을 주고 의사의 처방에 도전하는 환자들이 발생할 수 있기 때문에 반대하고 있지만 환자들의 지속적인 의약품의 정보 수요증가로 인하여 의사들도 조금씩 변하고 있다. 현재 처방의약품 DTC 광고는 미국과

뉴질랜드에서만 일부 품목에 대하여 허용하고 있고 우리나라에서는 OTC 품목 일부만을 허용하고 있지만, DTC 광고의 지속적인 수요증가로 인하여 DTC 광고는 처방의약품 일부의 허용과 OTC 품목의 수가 증가할 것으로 예상된다.

WORKSHOP

- 한국제약시장에서 합법적인 의약품 광고는?
- 의약품 Direct to Consumer Advertisement에 대하여 긍정적인가?
  부정적인가? 이유는?

---

2) 제약산업에서 PR의 종류

제약산업에서 PR은 다양한 형식이 있다. 새롭게 승인된 약의 적응증에 관한 보도자료를 내거나, 곧 시판되는 신약관련 리플렛(leaflet)을 통해 새로운 의약품 정보를 제공하는 등 제약사들은 그들 의약품에 관한 다양한 정보를 PR을 통해 대중이나 관계자에게 전달한다. 주로 진행하는 방식에는 첫째, 질병에 대한 인식을 고취시키는 캠페인 방법이 있다. 이러한 캠페인은 해당질병에 대한 인식을 증진시켜 이해관계자들이나 질병의 잠재 위험군에게 교육을 하는 역할을 한다. 둘째, 간행물 발행과 특별행사활동으로 기업과 기업 제품의 이미지를 PR하고 있다. 셋째, CSR 활동으로 기업의 이미지를 고취하는 방법 등이 있다.

- 공공캠페인 활동 : 환경운동, 미아 찾기, 공공건물 건립 등 건전한 사회운동에 후원금을 기부, 참여함으로써 우호적인 이미지를 형성할 수 있다.
- 간행물 발행 : 매체나 기업 관계자에게 제공되는 기업의 사보 및 연간기업 보고서, 제품 Brochure 등이 여기에 해당된다.
- 특별행사 기획 : 기자회견, 세미나, 전시회, 운동경기 등의 개최나 후원을 통해 기업이나 자사제품에 대해 주의를 끄는 것으로 인지도와 호감도를 높이는 효과가 있다.
- CSR(Corporate Social Responsibility) 활동 : 기업활동에 영향을 받거나 영향을

주는 직간접적 이해 관계자에 대해 법적, 경제적, 윤리적 책임을 감당하는 경영 기법을 말한다. 기업의 수익 추구와는 무관하며 주로 기업의 이미지 관리로 활용된다. 기업의 사회적 책임(CSR)은 기업홍보와 이미지 제고의 비용으로 생각하는 경향에서 벗어나 공유가치창출(CSV: Creating Shared Value) 개념으로 확산되고 있다. CSV는 기업의 사회적, 경제적 가치를 동시에 추구하며 사회, 문화적 니즈를 해결하는 신 경영 패러다임으로 사회공익문화 확산을 위해 꼭 실천해야 할 것이다.

WORKSHOP

- 제품 Brochure는 몇 면이 가장 효과적인가? 그 이유는?
- CSR(Corporate Social Responsibility) vs CSV(Creating Shared Value)

3) 제약영업사원 판촉 활동

영업활동은 영업판촉과 통합된 의사소통에 있어서 가장 중요한 요소 중 하나이다. 이것은 제품 판매자와 고객 간의 직접적인 의사소통 활동이다. 제약 마케팅에서 이러한 영업활동은 다른 산업과는 달리 정부로부터 많은 통제와 경우에 따라서는 허가를 받아야 하지만 가장 많이 사용하는 의사소통 수단이다. 많은 합병과 구조조정이 제약 산업계에 일어나고 있고 인터넷과 같은 새로운 의사소통수단의 이용이 증가되고 있지만 여전히 영업사원을 통한 활동이 제약 마케팅의 가장 중요한 수단으로 활용되고 있다. 제약 마케팅에서 영업사원의 활동이 중요한 이유는 다음과 같다. ❶ 최적의 고객 Targeting, ❷ 최적의 메시지 조정 가능, ❸ 최대의 정보내용 가능, ❹ 정보의 상호교류 가능, ❺ 고객의 지각과 필요에 대한 최적의 평가 가능, ❻ 시장조사 가능, ❼ 경쟁제품에 대한 정보수집이 가능하다.

CHAPTER 10

제약영업마케팅 STP

제약영업마케팅 STP

제약영업마케팅에서 Segmentation, Targeting, Positioning을 잘하면 마케팅의 절반을 했다고 해도 무방하다 할 정도로 매우 중요하나.

STP 전략은 시장을 세분화(Segmentation)하고, 세분된 시장 중 표적시장(Targeting)을 선정한 후 선정된 시장에서 어떤 위상에서 확보할 것인지 대안방안을 수립하는(Positioning) 정의와 전략이다.

STP 전략은 고객의 욕구가 다양하다는 사실에 근거하고 있다. 고객분석과 경쟁자의 확인을 거친 후, 경쟁제품의 포지셔닝을 분석하고 이를 통해 자사의 포지셔닝을 개발하고 결정하는 경쟁우위 달성을 목적으로 고객의 마음속에 제품의 정확한 위치를 심어주는 과정을 의미한다.

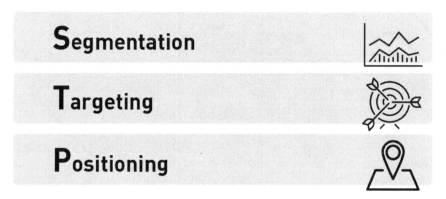

▶그림 10.1 ▌ 마케팅 프로세스 STP 전략

01. Segmentation

모든 고객에게서 기회와 수요가 있는 것이 아닌, 특정 고객들에서 대부분의 기회와 수요가 발생하며 그에 집중하여 Sales&Marketing을 전개할 필요가 있다. 세분화는 시장을 공통적인 수요와 구매 행동을 가진 그룹으로 나누어 그 그룹의 욕구와 필요에 맞추어 Sales&Marketing을 전개하는 것을 말한다. 세분화의 기준에는 인구학적, 지역적, 사회적, 심리적 방법 등이 있다. 세분화의 결과는 상호 간에는 이질성(heterogeneity)이 극대화되어야 하고, 세분시장 내에서는 동질성(homogeneity)이 극대화 되어야 바람직하다.

무좀 치료에는 스테로이드 제제보다는 곰팡이를 없애는 항진균제를 써야 한다. 바이엘의 '카네스텐' 같은 무좀 치료제는 균의 성장을 억제하면서 무좀으로 손상된 피부의 회복을 돕는 데 효과적으로 빈번히 사용되었다. 그러나 손발톱 무좀은 그동안 치료를 하지 않았던 영역이다. 하지만 ㈜한독은 매니큐어 타입의 '로푸록스'를 손발톱 치료제로 제품을 출시했다. 이는 손발톱 무좀 치료제라는 새로운 시장을 창출한 시장세분화 전략의 성공한 예이다. 최근에는 노바티스의 '라미실 원스' 동아ST의 **'주블리아'** 등 몇 가지 손발톱 치료제가 출시되었다.

▶ 그림 10.2 ▌ 매니큐어 타입의 손발톱 무좀약

02. Targeting

세분화를 통하여 나눈 시장 또는 그룹 중 어떤 곳에 집중할 것인지 선택하는 것이다. 선택한 곳에서 경쟁우위를 확보할 수 있다는 판단하에 선택할 수도 있지만, 시장 또는 그룹에 대한 평가에 의해 선택하고 그곳에 적절하게 경쟁우위를 개발할 수도 있다.

1) 차별화 전략

다양한 소비자 니즈에 대응하여 각 세분시장별 마케팅을 수립해야 한다. 하지만 집중적이지 못해 효율성이 떨어질 수 있다.

2) 비 차별화 전략

보편성이 높은 제품으로 큰 시장이 형성되어 있는 시장을 선택했을 때 쓰는 전략이다. 하지만 기존 브랜드와의 경쟁으로 시장 기회가 적다.

▶ 그림 10.3 ▌ 다층적 소비자

3) 집중화 전략

특정 세분시장 마케팅에 집중하는 전략이다. 한정적인 자원으로 특정 시장에 우위를 차지할 수 있는 기회가 크다. 하지만 고객 니즈의 변화로 위험 변수가 있다.

03. Positioning

고객에게 인식되고자 하는 이상향으로 기업의 제품과 이미지가 인식되도록 마케팅 믹스를 사용하는 마케팅의 과정이다. 다양한 제품과 경쟁사들 사이에서 돋보이기 위해서는 '차별화'가 필요하며, 마케팅을 통하여 자사 제품의 특성과 이미지를 실제와 어느 정도 다르게 인식하게 만들 수 있다. Positioning은 소비자의 마인드에 제품과 브랜드에 대한 차별화된(상대적) 위치를 차지하게 하는 것이다. 결국 전략적 포지셔닝은 제품과 브랜드에 대한 Communicated 지각을 말한다.

이미지는 제품에 대한 전체적인 인상이라 할 수 있지만, 포지션은 일반적으로 경쟁자와 비교된, 소비자 마음속의 Reference Point라는 점에서 이미지와는 차별화되는 개념이 된다. 자사의 제품이나 브랜드를 경쟁자로부터 분리시킬 수 있는 한두 가지 특성을 찾아내는 것이 바로 전략적 포지셔닝이라 할 수 있다.

1) 포지셔닝 전략

그렇다면 포지셔닝의 방법은 어떤 것이 있는가? 포지셔닝의 핵심은 차별화이다. 가장 확실한 차별화는 선도자가 되어서 최초로 시장에 들어서는 것이다.

2) 선도자 전략

어떤 영역의 최초의 플레이어가 되면 소비자의 인식에 확실하게 자리 잡을 수 있을 뿐만 아니라 그 영역 자체를 대표하게 된다. 콜라는 코카콜라, 면도기는 질레트, 이런 식으로 깊게 인식된다. 최초가 되면 특별한 광고 없이도 가장 쉽게 인지도가 증가될 수 있을 뿐만 아니라 특별한 이유 없이도 선호도가 올라가는 것이 밝혀졌다.

선도자는 또한 수성에도 아주 유리하다. 일차적으로 인지도와 선호도가 매우 높기 때문에 경쟁에 유리할 뿐만 아니라 축적된 경험과 진입장벽으로 후발주자를 쉽게 물리칠 수 있는 다양한 전략을 구사할 수 있기 때문이다. 규모의 경제가 구축된 경우 부담 없이 가격 경쟁을 벌일 수도 있고, 시장점유율을 바탕으로 공급망에 압력을 넣을 수도 있다. 가장 좋은 전략은 최초가 되는 것이다. 더 좋은 것을 만들어서 경쟁하기보다는 최초가 될 수 있는 곳으로 들어서는 것이 훨씬 좋다.

3) 차별화를 통한 포지셔닝

이미 시장을 점유하고 있는 마켓리더가 있는 곳에 후발주자로 진입하려면 자신만의 영역을 갖고 있어야 한다. 고유의 영역을 가지려면 차별화를 해야 하고, 시장세분화 전략에서 살펴 본 것처럼 몇 가지 기준을 바탕으로 자신만의 시장을 구축할 수 있다.

4) 사용자에 의한 차별화

인구 특성적으로 시장을 세분화하는 것이 가장 쉽고 또 상당히 효과적이어서 종종 활용된다. 남성 미용실, 여성 한의원, 축구화 전문 회사처럼 특정 사용자만을 타깃으로 차별화할 수 있다. 이 경우, 선도자가 큰 점유율을 갖고 있더라도 전문성을 갖추는 경우 나름의 영역을 구축할 수 있다.

5) 사용양태에 의한 차별화

특정한 상황에서만 사용되는 제품이나 서비스의 경우 차별화 요소가 될 수 있다. 심야 영화관, 아침 과일처럼 같은 소비자에게 같은 제품을 팔더라도 특정 사용양태에 집중해서 자기 영역을 구축할 수 있다.

6) 가격을 통한 차별화

4P 중 가격(Price)을 차별화 요소로 활용할 수도 있다. 제품 속성이 복잡해서 소비자에게 우리 브랜드의 우수성을 전달하는 게 곤란한 경우 고가정책을 채택해 특정 영역을 차지할 수 있다. 소비자는 품질의 우수성을 가격을 통해 판단하는 경향이 있고,

가격은 거의 모든 경우에 구매 결정에 큰 영향을 미치는 요소이므로 매우 효과적이다. 저가정책도 마찬가지이다. 예컨대, 가장 싼 곳이라는 인식을 얻고, 이를 지탱할 수 있는 원가경쟁력만 있다면 어떤 경우에도 자기만의 시장을 지키고 있을 수 있다. 의약품의 가격은 대부분 비탄력성을 갖고 있어서 일부 제네릭 의약품에서 가격을 통한 차별화를 하게 된다.

7) 시장세분화와 포지셔닝

지금까지 살펴본 것처럼 포지셔닝은 시장세분화와 밀접한 관계가 있다. 포지셔닝은 시장세분화를 소비자의 인식이라는 장으로 끌어온 개념으로 보면 된다. 우리가 차지해야 할 시장이 외부에 별도로 존재하는 어떤 것이 아니라 소비자의 인식이라는 한정된 공간이고 그 안에서 다른 브랜드와 어떻게 경쟁할 것인가를 생각한 게 포지셔닝이다. 시장세분화의 무게중심이 시장에 있다면 포지셔닝은 인식과 상대적 위치에 있다. 실제 사례를 ㈜한국다케다제약의 골다공증치료제인 '에비스타'를 통하여 살펴보자. ㈜한국 다케다제약의 골다공증치료제인 '에비스타'(선택적 에스트로겐 수용체 작용물질: SERM; Selective Estrogen Receptor Modulator)는 산부인과를 타깃으로 폐경 후 여성 환자의 골다공증치료에 적합하고 더불어 유방암과 골절위험을 줄인다는 활동으로 폐경 후 여성 호르몬 'Estrogen' 결핍 환자에게 적합한 약제라는 근거자료로 positioning을 하고 있다.

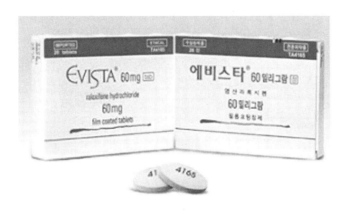

▶그림 10.4 ▎골다공증치료제 '에비스타'

WORKSHOP

■ 골다공증 치료제 '에비스타'는 어떻게 STP 했나요?

8) 경쟁자를 리포지셔닝

강력한 경쟁 브랜드가 있는 경우, 경쟁 브랜드를 다른 위치로 옮기려는 시도를 할 수 있다. 유명한 '타이레놀' 사례가 대표적이다. 타이레놀은 '위장장애, 위궤양, 천식, 알러지, 철결핍성 빈혈 등이 있다면 아스피린을 드시기 전에 의사와 상의하십시오'라는 광고를 통해서 아스피린을 부담 없이 복용할 수 있는 좋은 진통제의 위치에서 위궤양이나 천식 등이 있는 사람은 복용하기 곤란한 브랜드로 위치를 옮겨 놓았다. 그리고 그 자리에 '타이레놀'을 포지셔닝시켰다. 그럼으로써 진통제 시장을 특정 경우에는 조심해야 할 아스피린과 특정 경우에도 복용이 가능한 '타이레놀'로 해열진통제 시장을 리포지셔닝 시켜 타이레놀은 환자들에게 보다 안전하게 복용할 수 있는 해열진통제로 인식시켰다.

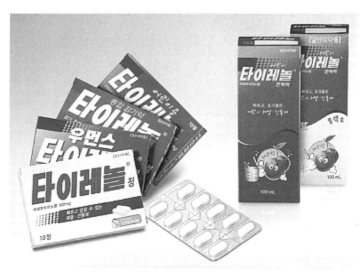

▶그림 10.5 ▮ 타이레놀의 다양한 제제

04. 신약 재창출 Drug Repositioning

비교통상적으로 신약개발 과정은 질병에 대한 작용점 선정, 약물 스크리닝, 약물 최적
화 등의 신약 연구단계와 전임상, 임상 1, 2, 3 상 시험 및 FDA 심사, 등록 등 개발단
계의 복잡한 과정을 거치게 되며, 일반적으로 10 ~ 15년의 오랜 기간과 평균 10억 달
러 이상의 자금이 소요되는 과정으로 알려져 있다. 한편, 최근 들어 생물학, 약학, 독
성학 및 의학 등 신약개발 관련 학문 분야의 급격한 발전으로, 약물에 대한작용기전의
이해와 이를 통한 다양한 약물 작용 및 독성에 대한 이해도가 높아지고 있다. 그리고
이러한 기술의 발달이 신약개발의 효율성을 높여 줄 것으로 기대하였다.

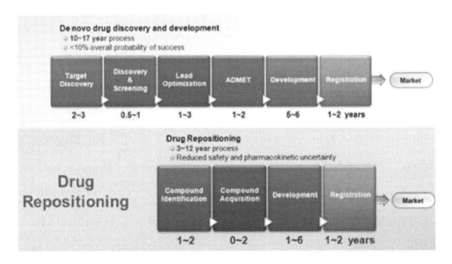

▶ 그림 10.6 ┃ 일반적 신약개발과 Drug Repositioning 기술 적용에 의한 신약개발 효율성

그러나 이러한 기대와는 달리, 최근의 의학 관련 기술의 발달이 보다 높은 수준의 약물안정성과 예측가능성의 요구로 이어져서, 아직까지는 개발 비용 증가의 원인이 되고 있는 실정이다. 물론 앞으로 꾸준한 기술의 발달과 보다 많은 정보의 축적이 궁극적으로는 신약개발의 효율화를 이룰 수 있을 것으로 판단된다. 하지만, 이러한 과도기적 비효율성을 극복하고 기존 약물의 가치를 높이는 방법으로써 최근 신약재창출(drug repositioning)기술이 관심을 받고 있다.

Drug repositioning 기술은 시장에서 이미 판매중이거나 임상단계에서 안전성 이외의 이유로 산업화에 실패한 약물들의 새로운 의학적 용도를 개발하는 신약개발의 한 방법이다. 따라서 이미 안전성이 검증된 약물을 활용함으로써 비용절감 및 개발 기간의 단축을 이룰 수 있다는 장점이 있다. Drug repositioning을 사전적으로 정의하자면, 약물의 구조를 바꾸지 않고 새로운 적응증을 찾는 단지 용법이나 용량 등을 바꾸는 정도의 변화 과정이라 할 수 있다. 그렇지만, 최근에는 약물의 제형 또는 일부 화학구조를 변경시킴으로써 약물의 전달 속도, 약효, 안전성의 향상 등을 꾀하는 경우도 drug repositioning의 범주에 포함시키는 추세이다. 한편, 기존 약물의 구조나 제제, 용도 등을 일부 변형시킴으로써 약물 전달속도, 약효, 안정성 등의 향상을 통해 얻어지는 약물을 통칭 개량신약이라고 하는데, drug repositioning은 새로운 적응증의 창출이라는 관점에서 개량신약과 구별되어 독립적인 신약개발 전략으로 간주되고 있다.

지금까지는 drug repositioning에 의한 신약개발은 의도된 신약개발 전략이라기보다는 우연한 발견(serendipity)에 의한 경우가 대부분이었다. 최근에는 대단히 계획적인 시스템의 활용으로, 임상의학 및 첨단 생물학적 정보에 기반한 새로운 개념의 drug repositioning 기술이 시도되고 있다. Celgene사는 1957년 임신부의 입덧 완화를 위해 출시되었다가 기형아 출산 등의 부작용으로 1961년에 시장에서 퇴출되었던 Thalidomide를, 이의 작용기전을 기반으로 다발성 골수종 및 나병 치료제로 1998년 FDA 허가를 받아 현재까지 사용하고 있다. 또한, Forest Laboratories와 Cypress Bioscience사는 항우울제로 개발 중이던 Milnacipran을 섬유조직염 치료제로 전환 개발하였다. Pfizer는 협심증과 고혈압치료제로 개발 중이던 Sildenafil과 Minoxidil을 각각 발기부전치료제와 대머리 치료제로 적응증을 전환하여 개발함으로써 새로운 blue ocean형 치료제 시장을 개척하였다.

05. 리더십의 법칙 The Law of Leadership

리더십의 법칙은 최초의 영역을 찾아서 리더가 되라는 것이 더 좋은 제품을 만드는 것보다 더 효과적이라고 말하는 법칙이다. 마케팅에 있어서 무엇보다도 효과적인 것은 시장의 선점에 있다. 뒤늦게 아무리 좋은 제품을 만든다고 하더라도 이미 소비자에게 최고라 인식되고 있는 제품을 밀어내고 그 자리를 차지한다는 것은 쉽지 않다. 그래서 최초가 될 수 있는 영역을 창출해 내고 그 영역 안에서 리더가 될 수 있는 방법을 찾는 것이 무엇보다도 중요한 것이라 할 수 있다. 리더십의 법칙 예로 진통제라는 단어보다 '타이레놀'이라는 이름이 우리에게 더욱 익숙하다. 이미 브랜드가 보통명사화 되어 우리에게 인식되었기 때문이다.

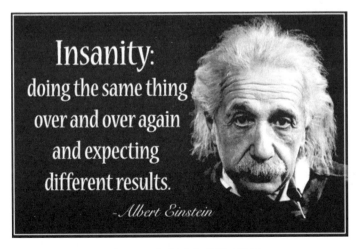

▶ 그림 10.7 ┃ 알버트 아인슈타인

의약품은 각각의 class에서 처음으로 출시한 제품을 First in class라고 한다. 역시 First in class는 최초로 출시하여 시장을 선점하기 때문에 후발 품목은 First in class 시장을 추월하기가 어려운 것이 현실이다. 하지만 다양한 마케팅 전략으로 First in class 제품보다도 성공한 제품들도 있다.

WORKSHOP

- First in class vs Fast follower

06. 카테고리의 법칙 The Law of the Category

마케팅 불변의 법칙 중 어느 영역에서 최초가 될 수 없다면, 최초가 될 수 있는 새로운 영역을 개척하라. 즉 최초가 되기 위해서는 카테고리를 더욱 세분화(niche market) 하여야 한다. What's new? 생각해야 한다. 시장에서 성공하기 위해서는 시장에 최초로 진입해야 하지만 최초의 리더 제품은 하나뿐이다. 최초제품 이외의 나머지 후발 제품들은 어떻게 해야 할까?

최초가 되지 못했지만 시장에서 성공할 수 있는 방법으로 '카테고리의 법칙'이 있다. 카테고리의 법칙은 리더십의 법칙과 다르다. 리더십의 법칙이 "이 신제품은 시장의 최초인가"를 고민한다면, 카테고리의 법칙은 이 신제품이 최초가 될 수 있는 영역은 무엇인가를 고민한다. 이렇게 최초를 강조하는 이유는 최초에게는 경쟁자가 없기 때문이다. 그렇기에 우리는 최초가 될 수 있는 새로운 영역을 탐색하고, 개척한 영역을 성장시키면 좋은 성과가 있을 것이다.

새로운 영역을 찾는 것은 '브랜드 지향적 마케팅'보다는 '소비자 지향적 마케팅'에 가깝다. 즉, "어떻게 소비자가 우리 브랜드를 더 좋아하게 만들 것인가?"가 아닌 어떻게 소비자에게 새롭게 다가갈 것인가에 대한 질문이 필요한 것이다.

아오모리현 합격사과가 카테고리법칙의 좋은 성공 case다.

1991년 일본의 아오모리현은 잇따른 태풍의 피해로 인해 수확을 앞둔 사과의 90%가 땅에 떨어져 버렸다. 대부분의 사람들은 땅에 떨어져 상품의 가치를 잃어버린 사과를 보며 망연자실한 상태로 태풍을 원망했다. 하지만 한 청년이 여전히 매달려있는 사과를 발견하게 된다. 그는 그 사과를 보고 "이 사과는 거센 비바람과 태풍에도 떨어지지 않는 행운의 사과다." 그는 이 행운의 사과를 '합격사과'라는 이름으로 판매하여 성공하게 되었다. 이 사례를 통하여 알 수 있듯이 새로운 영역을 찾는다면 새로운 시장에서 리더가 될 수 있을 것이다.

▶ 그림 10.8 ▮ 카테고리법칙의 성공사례

WORKSHOP

- 카테고리의 법칙으로 성공한 제약마케팅 사례는?

07. First Mover와 Fast follower

First mover는 새로운 제품이나 기술을 빠르게 따라가는 전략으로 Fast follower와 다르게 산업의 변화를 주도하고 새로운 분야를 개척하는 창의적인 선도자를 말한다.

▶ 그림 10.9 ▮ First Mover 전략 사례

1) First Mover 전략

새로운 분야를 개척하는 사람이나 기업을 뜻하는 말로서 먼저 주도적으로 움직여 시장을 개척하는 선구자, 개척자로 창의성과 기술력을 바탕으로 새로운 분야를 개척해 선점하는 전략이다.

손발톱 무좀치료제(onychomycosis)중 동아ST '주블리아'(성분명 에피나코나졸)은 항진균제로 손발톱무좀치료 전용으로 사용한다는 점에서 시장을 세분화 (Segmentation)하였고, 국내에서 바르는 제형으로는 유일하게 전문의약품으로 허가 받았는데(Targeting), **특히 기존의 바르는 약들이 모두 OTC 제품인 반면에 '주블리아'는 ETC로 의사의 처방이 필요한 약이다.** 그동안은 환자들이 광고만 보고 약을 구입하여 사용하다 효과가 없어 치료를 중단하는 경우가 많았지만, '주블리아'는 의사의 정확한 진단과 관리를 받을 수 있어 치료를 중단하는 비율이 낮다. 결국 치료하기 힘들었던 손발톱무좀이 이제는 치료할 수 있는 질환으로 인식이 바뀌고 있다(Positioning).

'주블리아'는 경구제 수준의 높은 치료율을 보이기 때문에 기존 국소제에서는 경험하지 못한 우수한 치료 효과를 경험할 수 있다. 그 결과 진료를 하는 의사들도 인정할 수 있었고, 그동안 치료가 어려웠던 손발톱 무좀 치료제에 가장 기본이 되는 약물로 자리매김할 수 있었다.

First in class가 아닌 대부분 국산신약들은 First in class 제품보다 시장에서 성공하려면 First Mover 전략이 최적의 전략이 될 수 있다.

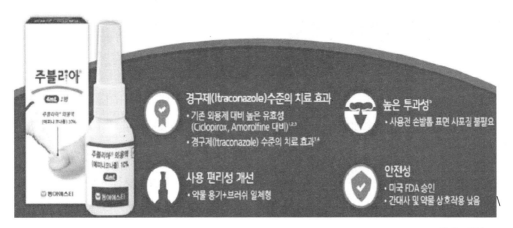

출처: 동아ST

▶ 그림 10.10 ┃ 전문의약품 손발톱무좀 치료제

- First in class vs. First Mover
- 동아ST의 손발톱 무좀치료제(onychomycosis) '주블리아'는 어떤 STP 전략으로 성공했나?

2) Fast follower 전략

First in class 혹은 First Mover가 개발한 제품이나 기술을 빠르게 따라가 가격, 품질에서 이를 개선 발전시켜 제품을 내놓는 전략으로 미투(me-too) 전략 또는 벤치마킹(benchmarking) 전략이라고 한다. 우리나라 제약기업 대부분은 제네릭 비중이 높아 최소비용으로 최대효과를 낼 수 있는 Fast follower 전략을 사용하고 있다.

- First Mover vs Fast follower
- Fast follower가 First in class, First Mover와 경쟁 시 마케팅 전략은?

08. 신환 창출하는 방법

대부분 많은 처방이 이루어지지는 의약품은 동일 Class 내, 동일 Class 간 경쟁품이 수십 개 혹은 그 이상 존재한다. 이로 인하여 경쟁이 매우 치열한 상황에서 제약영업 마케팅 활동 중 신환 창출은 무엇보다도 중요하다. 흔히 생각하는 경우는 새로운 질환으로 내원하는 환자를 신환이라 하는데, 이런 경우 의사에 따라서는 1개월에 1명의 신환도 없는 경우도 적지 않다. 그러면 어떻게 하면 신환을 개발할까? 필자가 생각하기에는 대부분의 질환에서 급격한 변화가 있으면 신환이라 해도 과언이 아니다.

예를 들어 급격한 BP Variability, Glucose Variability, Lipid Variability, BMI Variability 등이 있으면 약을 변경하거나, 추가해야 하는 상황이 발생한다. 이런 상황을 의사에게 인지시키는 방법이 신환을 창출하는 방법 중 하나이다. **Selling Model chapter의 SPIN Q을 통하여 신환을 창출하는 방법도 하나의 대안이 될 수 있을 것이다.**

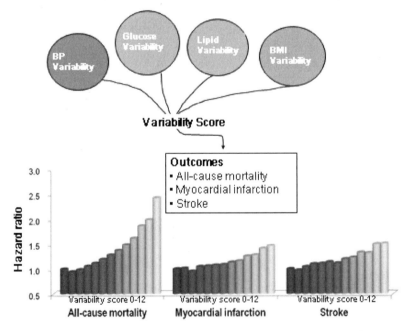

출처: Number of parameters with high variability and the risk of dementia
※ Alzheimers Res Ther. 2018; 10: 110.

▶ 그림 10.11 ┃ 다양한 Variability의 위험성

WORKSHOP

- 신환이란?

- 신환을 10배 이상 창출하는 방법은?

- 특허만료 약 화이자 '리피토' 국내에서 어떻게 Steady seller 되었나?

❖ **특허만료 약 화이자 '리피토' 국내에서 어떻게 Steady seller 되었나?**

대표적인 성공사례인 특허만료 고지혈증 약 화이자의 '리피토' 국내에서 어떻게 Steady seller 되었나? workshop 내용을 다음과 같이 정리할 수 있다.

화이자의 '리피토'는 1999년 국내 출시되어 2009년 특허가 만료되었지만 여전히 고지혈증 치료제 가운데 가장 많이 처방되고 있다. 특허만료 후 제네릭 경쟁과 보험약가 인하에도 불구하고 외래처방액 1위를 고수하며 Steady seller가 된 비결은 무엇일까?

PART 04

제약바이오
마케팅
실제 현장

제약영업마케팅 실무

01. 의사들은 어떤 이유로 처방을 결정하는가?

학습목표

01. 제품에 대한 Resources

02. 제품에 대한 Value

03. 제품에 대한 Scientific Evidence Medicine

▶그림 11.1 ▌ 의사의 처방결정 요인

1) 제품에 대한 Resources

정부의 제도, 의료정책 변화 등의 영향으로 처방이 변경될 수 있다.

예를 들어 값비싼 항암제는 보험이 적용되는지 비보험인지에 따라 처방이 이루어질 수 있다.

2) 제품에 대한 Value

의사들은 환자의 가치 즉, 환자에게 이점이 있어야 처방으로 이루어진다.
제약마케팅은 환자의 가치를 향상시키는 요인이 무엇인지를 제시해야 한다.

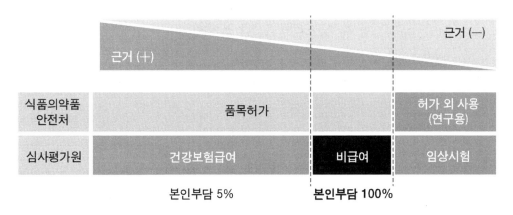

▸ 그림 11.2 ▌ 항암제의 급여 비급여 기준

3) 제품에 대한 Scientific Evidence Medicine

의사들은 대부분 과학적인 근거자료를 바탕으로 처방이 이루어진다.
즉, 제약영업마케팅은 의사들에게 과학적인 근거자료(임상자료 등)를 준비하여 제
공하는 것이다.

	Oxford Centre of EBM
1a	Systematic review/meta-analysis of RCTs
1b	Randomized controlled trials
2	Cohort studies
3	Case-control studies
4	Case-series
5	Expert opinion

Bias

▸ 그림 11.3 ▌ Level of Evidence

02. MR은 제약회사의 꽃이다

학습목표

01. MR은 누구나 할 수 있으나 아무나 할 수 없다.
02. 잘하는 일이 좋아하는 일이 될 수 있다.
03. 긍정적인 자세로 살아갈 때 감사하는 마음을 가질 수 있다.

1) MR은 누구나 할 수 있으나 아무나 할 수 없다.

"제약회사 영업사원(MR)은 누구나 할 수 있으나 아무나 할 수 없다."

철저한 준비가 필요하고 구체적인 전략이 필요하다. 몇 년 전 한 여학생이 질문을 했다. "여자들도 제약영업을 할 수 있나요?" 결론부터 말하면 제약회사 영업은 당연히 성별의 차이는 없다. 제약영업마케팅의 고객인 의사들을 배출하는 의과대학 입학, 졸업생 성별은 여성 비율이 점점 높아지고 있고 현재는 여성의 의과대학 입학, 졸업비율이 남성과 비슷하거나 높은 대학도 있다. 약학대학생 비율은 오히려 여성이 훨씬 높다. 제약영업은 시대에 흐름에 따라 급격히 변하고 있는 현 상황은 성별로 인재를 선발하는 것이 아니라 전문지식을 함양한 전문가를 선발하고 있다. 특히, 제약 MR은 Number 1이 아닌 제약산업 전체를 이해하고 전문지식을 전달할 수 있는 전문가인 Only 1인 전문적인 지식을 연마한 훌륭한 인재를 선호한다.

2) 잘하는 일이 좋아하는 일이 되도록 제약영업에 사명감을 가져야 한다.

내가 MR에 맞는 적성을 가졌을까? 수십 번 생각하고 고민하게 된다. 하지만 잘 모르는 것이 현실이다. 필자 역시 마찬가지였다.

대부분의 사람들은 처음부터 적성에 맞는 일을 하는 것이 아니다. 적성은 일에 대한 사명감을 갖고 열심히 일을 하다보면 일을 좋아하게 되고 결국 그 일이 적성에 맞는 경우가 대부분이다. 즉, 적성은 맞춰가는 것이다.

예를 들어 "1개월에 약 50만 원 정도로 살 수 있을까?" 살 수도 있지만, 나이, 지역,

건강상태 등에 따라 어려울 수도 있게 된다.

자신이 잘하는 것을 해야 돈을 받을 수 있다. 좋아하는 것을 해서 받을 수 있는 것은 아니다. 따라서 첫 단계는 잘하는 일을 먼저 시작해야 한다. 그래야 일에 대한 보상을 받고 밥을 먹을 수 있다. 밥 먹으면서 좋아하는 것을 겸할 수 있다. 좋아하는 것을 겸하다가 좋아하는 것을 하면서도 굶지 않을 수 있겠다 싶으면 옮기면 된다. 그것을 처음부터 선택하려고 하지 말아야 한다. 스스로 무엇을 잘하고 무엇을 좋아하는지 자문해봐야 한다.

좋아하는 일은 막노동하면서도 할 수 있고 직장 다니면서도 할 수 있다. 항상 우리의 생존은 현실이다. 현실적인 면을 해결해 나가면서 일을 풀어나가야 한다. 그런 관점으로 임하면 실수를 줄일 수 있다.

잘하는 것이 중요한가? 좋아하는 것이 중요한가? 따지지 말고 사회에 처음 나갔을 때는 일단 세상에 필요한 일을 해야 한다. 세상에 필요한 일을 해야 돈을 준다. 내가 좋아하는 일을 하면 돈을 내고 해야 하는 경우가 많다. 세상에 필요한 일을 잘해야 돈을 주니까 일단 잘하는 일을 주업으로 선택하고 좋아하는 일을 부업으로 하다가 나중에 좋아하는 일로 옮겨가면 삶을 노동에서 놀이로 전환할 수 있다.

3) 항상 겸손하고 긍정적이어야 한다.

제약영업마케팅의 1차 고객은 의사이다. 의사들은 의료분야에서 전문가이다. 이들을 대할 때 항상 겸손해야 한다. 즉, Attitute가 중요하다.

겸손하다는 것은 자신을 낮추는 것이 아니라 상대방을 존중하고 높이는 것이다.

삶을 긍정적인 자세로 살아갈 때 감사하는 마음을 가질 수 있다.

감사하는 마음은 인간관계 속에서 겪게 되는 갈등과 번민의 상당 부분을 해소시킬 수 있다. 긍정적인 삶의 자세를 취하면 어느 순간부터 지금의 힘겨움, 어려움은 아무것도 아니라는 생각이 들어 어려움을 쉽게 극복하게 된다.

긍정적인 삶의 자세는 감사와 기쁨이 넘치는 생명력 있는 삶을 누리게 되지만 부정적인 마음 자세는 부정적인 가치관을 갖게 되고 결국 일에 대한 흥미를 갖지 못하게 되고 사회에도 적응하지 못하게 된다.

Let each letter of the alphabetic has a value equals to it sequence of the alphabetical order:

A	B	C	D	E	F	G	H	I	J	K	L	M	N	O	P	Q	R	S	T	U	V	W	X	Y	Z
1	2	3	4	5	6	7	8	9	10	11	12	13	14	15	16	17	18	19	20	21	22	23	24	25	26

S	K	I	L	L	S
19	11	9	12	12	19

= **82**

K	N	O	W	L	E	D	G	E
11	14	15	23	12	5	4	7	5

= **96**

H	A	R	D		W	O	R	K
8	1	18	4		23	15	18	11

= **98**

A	T	T	I	T	U	D	E
1	20	20	9	20	21	4	5

= **100**

▶ 그림 11.4 ▌ Attitute의 중요성

  영국 마가렛 대처 전 수상의 아버지가 남긴 "생각을 조심해라. 말이 된다. 말을 조심해라. 행동이 된다. 행동을 조심해라. 습관이 된다. 습관을 조심해라. 성격이 된다. 성격을 조심해라. 운명이 된다." 말과 같이 제약영업마케팅도 MR이 생각하는 대로 된다고 생각한다.

03. 제약영업사원의 성공 Knowhow

> **학습목표**
>
> 01. 실패를 두려워하지 말고 포기하지 말라.
> 02. 질문하는 습관을 키우자.
> 03. 목표를 구체적으로 설정하라.

1) 실패는 성공을 위한 하나의 과정이다.

  실패는 성공의 어머니라는 말이 있듯이 실패의 경험이 나를 더욱 준비하고 발전하게 한다.

나의 제약 MR Call 경험은 수많은 실수와 실패의 연속이었다. 실패의 경험이 없으면 발전할 기회가 적다고 생각한다. 실패를 인정하고 그때마다 다음번 call의 실수를 줄이기 위하여 준비 또 준비하면서 스스로 발전함을 느끼게 되었고 더불어 자신감을 갖는 계기가 되었다.

MR은 자신이 담당하는 제품에 대한 새로운 데이터가 없거나, 더 좋은 약품이 시중에 출시되어 경쟁이 치열해질 때 간혹 좌절감을 가질 수 있다. Low performer MR들은 의약품이 막 출시되었을 때나 약품에 대한 연구자료가 많을 때는 열심히 일하지만, 그런 시기가 지나면 Detailing을 자주 하지 않는 Happy call만 하는 경우가 많다. 대부분 의약품의 연구자료는 쉽게 나오기가 어려운 상황이다.

이런 경우 필자는('대부분 의약품은 약품계열 별, 약품계열 간 다수품목이 출시되어 경쟁이 치열하다.') "오히려 경쟁사, 경쟁품의 연구자료를 찾고, 질문하고, 공부하여 고객에게 다양한 정보를 제공하였다." 이런 습관이 축적되어 내가 담당하는 제품에 대한 지식뿐만 아니라 제품에 해당되는 질환에 대한 지식과 정보, 경쟁사, 경쟁품에 대한 지식과 정보를 습득할 기회도 얻을 수 있었다. 이러한 적극적이고 포기하지 않는 자세가 MR이 할 일이다.

신약개발은 10,000분의 1의 성공률을 갖고 있다. 이같이 신약개발 연구원들은 수없이 실패를 거듭하면서 신약개발 성공을 위하여 한발씩 다가서면서 발전한다. 필자의 제약 MR 경험으로는 평균 약 20~30번의 준비된 Call을 하면 원하는 목표(처방)을 이루어낼 수 있었다. 단 몇 번의 call로 승부를 보려는 마음이 있다면 분명 실패할 것이고 장기간 못할 것이 분명하다. 이는 제약영업마케팅만이 아니라 모든 산업에 적용해도 마찬가지일 것이다.

2) 어리석은 질문이란 없고, 어리석은 대답이 있을 뿐이다.

사람들은 스스로 발견하고, 깨닫고, 참여하여, 배우고, 경험한 것을 가장 잘 기억한다. 만일 나의 행동을 바꾸고 싶다면, 뭔가를 깨닫고 기억하게 하고 싶다면, 스스로에 대한 정립된 생각이 있어야 한다. 그러기 위한 효과적인 방법은 스스로 질문을 해서 답을 찾는 것이다. 내가 모르는 지식을 얻기 위해서는 나 자신과 고객에게 질문하는 것이다. 질문은 타인에게만 하는 것이 아니라 나에게도 필요하다는 것과 그 질문에 대한 대답의 목소리에도 귀를 기울여야 좀 더 나은 상황과 긍정적인 효과를 볼 수 있다.

좋은 질문을 하려면 분명한 목적이 있어야 한다. 질문하는 의도가 분명하면 필요로 하는 원하는 대답에 접근할 수 있다. 목적을 가지고 질문을 한다는 것은 그 목표를 갖기 위해 많은 생각을 하게 되어 있다. 처음에는 어렵지만 연습하다 보면 나아지고 생활 속에서 의식적으로 질문해봐야겠다는 생각이 가지게 된다. **내 고객을 항상 존경하는 마음이 생기면 질문하는 습관이 생기게 된다. 질문에 앞서 고객을 동반자로 생각하고 항상 존경해야 하는 이유다.**

"어리석은 질문이란 없고, 어리석은 대답이 있을 뿐이다". 모르고 궁금한 것이 있으면 질문을 통해 배우는 방법이 매우 효과적이다. 질문하는 습관을 키우는 것이 제약 MR의 능력을 키우는 초석이 될 것이다.

질문의 7가지 힘은 ❶ 질문을 하면 답이 나온다 ❷ 질문은 생각을 자극한다 ❸ 질문을 하면 정보를 얻는다 ❹ 질문을 하면 통제가 된다 ❺ 질문은 마음을 열게 한다 ❻ 질문은 귀를 기울이게 한다 ❼ 질문에 답하면 스스로 설득이 된다. 질문의 순기능들을 활용하면 인간관계나 업무, 자신의 내면을 다스리는데 유용하므로 의사를 만나기 전에 질문을 구체화한다면 원하는 목표를 쉽게 달성할 수 있을 것이다.

3) 목표는 구체적이어야 한다.

필자가 제약회사 MR로 근무하면서 50,000의 call(면담) 경험이 있었는데 그 중에서 많은 부분의 call이 happy call로 무의미한 call이었다. 나의 call이 왜 무의미한 call이 되었을까? 여러 가지 이유가 있었지만 그중에서 가장 큰 이유는 구체적인 목표가 없었고, call 역시 준비가 부족해서 call process를 정확히 이해하지 못했다. 모든 원인은 준비와 목표가 철저하지 못했고 좋아하는 일이 아니라고 생각했기 때문이었다. 경험상 내가 좋아하는 일을 해야 내가 행복할 수 있다. 그러면 목표를 세우고 그 목표를 이루기 위한 모든 행동을 다 좋아하게 된다. 중요한 것은 목적과 목표가 의미가 있어야 하고 구체적이고 측정 가능한 목표를 설정하는 것이 좋다.

그러면 성공적인 call을 위한 준비과정은 무엇인가?

Call 준비과정 중에서 첫 번째로 준비할 사항은 바로 **Call preparation** 과정이고 그 중에서도 OMR을 준비하는 것이 매우 중요하다.

OMR은 **O**BJECTIVE, **M**ESSAGE, **R**ESOURCE이다

"성공이란 무엇인가?
우선 자신이 하는 일에 대한
흥미를 느껴야 하며,
그것으로 충분치 않다는 것을 알고,
더 열심히 노력해서
어느 정도 목적의식을 가지게 되는 것을
나는 성공이라고 생각한다."

– 마가렛 대처(Margaret Thatcher)

그림 11.5 ▌ 영국 수상 마가렛 대처의 성공이란 무엇인가?

04. 가치기반의 제약영업마케팅 활동

학습목표

01. 치료한계(treatment unmet needs) 관점에서 접근하는 방법을 고려해야 한다.

02. 근거중심(EBM: Evidence Based Medicine) 마케팅 활동을 해야 한다.

03. 고객이 제품 가치를 경험하고, 지속적으로 구매가 이루어지도록 가치기반건강관리(VBH: Value-Based Healthcare) 전략이 필요하다.

　마케팅 활동의 시작은 가치(Value) 창출이다. 가치라는 의미는 목표를 달성하고 싶은 혹은 문제를 해결하고 싶은 고객의 욕구를 해결해주는 제품의 이점, 도움이 되는 점을 의미한다. 제품 가치가 고객인지에 성공적으로 자리 잡아서 고객이 특정 목표를 달성하거나 문제를 해결하고 싶을 때, 그 제품을 바로 떠올리는 것을 포지셔닝

(positioning)이라고 한다. 그 다음 제품 판매가 확장되기 위해서는 **의약품이 가진 가치(positioning message)를 지속적으로 홍보하여 더 많은 의료인이 의약품의 치료가치를 받아들이도록 의료인의 치료관점에 변화를 주도록 해야 한다.**

목표 질환이 치료과정에서 일어나는 치료한계(treatment unmet needs) 관점에서 접근하는 방법을 고려해야 한다.

가장 흔한 주요질환 중 하나인 당뇨병의 치료한계(treatment unmet needs)는 대한당뇨병학회 당뇨병 통계 보고서인 'Diabetes Fact Sheet in Korea 2020'에 의하면 당뇨병 환자의 경우 LDL-C를 100mg/dL 미만으로 조절하도록 권고하고 있지만, LDL-C가 100mg/dL 이상인 당뇨병 환자가 전체의 86.4%로 거의 대부분이 조절되지 않은 것으로 확인되었다. 또한 당뇨환자의 목표혈당 도달율이 30% 미만으로 조사되었다. 결국 70% 이상 환자들이 당뇨 합병증 위험에 노출되어 있다고 할 수 있다. 제약영업마케팅 활동은 당뇨병의 치료한계(treatment unmet needs)를 극복할 수 있는 맞춤형 치료의 필요성에 맞게 환자의 라이프스타일 관련 다양한 정보를 의료진에게 전달해야 하는 등 변화된 활동이 필요하다.

국민들의 인지도가 높고 의료인들의 치료 의지도 높은 주요질환에서도 이러한 치료한계가 확인된다는 것은 그 외의 치료영역에서 환자를 정확하게 진단하고 적극적으로 치료를 시작하게 하고, 충분한 수준으로 치료를 유지한다는 것이 얼마나 어려운 일인지를 알 수 있게 해주고, 다양한 질환에서의 치료한계들을 여러 국내외 학술자료, 시장조사, 의료인의 강의나 대화, 환자들의 경험담 등을 통해서 확인할 수 있다.

다양한 치료한계를 확인하는 것은 제약영업마케팅의 시작이다. 이렇게 확인된 치료한계를 해소하는 차별화된 접근법을 고민하고 다양한 회사의 내·외부 자원을 활용해 실행하고 성과로 이룰 수 있도록 관리하는 것이 제약영업마케팅의 기본적인 활동이다. 제약영업마케팅 담당자는 질환, 제품, 의료보험정책, Sales skills 등 다양한 역량 강화 교육을 통해서 환자들의 한계에 대해서 의료인들이 인식하도록 하고 의료인들이 우리 제품을 통해서 환자들의 한계를 적극적으로 해결하도록 우리 제품의 메시지를 강조하여 전달하는 일이다.

근거중심(EBM: Evidence Based Medicine)의 영업마케팅 활동은 오리지널 회사의 전유물이 아니며, 신약과 개량신약 그리고 제네릭 제품도 더 많은 의약품의 매출을

원한다면 의약품의 그 자체의 장점보다는 의료인이 **treatment unmet needs**를 인식하도록 하고 이를 해결할 수 있도록 근거자료를 제공하는 것이 제약영업마케팅의 핵심활동이다. 그러면 국내 제약회사 마케팅 담당자들은 이에 대한 준비가 되어 있을까? 일단 가능성은 커지고 있다. 이유는 코로나 상황에서 효과적인 고객관리 프로그램으로 의료인을 위한 비대면 교육프로그램이 활성화되고 있다는 점이다. 비대면 프로그램이 지속적으로 진행되기 위해서 제약회사에서는 점점 양질의 교육콘텐츠가 필요하게 될 것이고 이는 점점 의료인의 치료한계를 충족시켜주는 방향으로 전개될 것이다.

　향후 급변하는 제약환경 변화에서는 근거중심(EBM) 만으로는 결정하기 어려운 다양한 의료문제들은 가치기반건강관리(VBH: **Value-Based Healthcare**)를 반영하여 충족시켜 줄 수 있을 것이다.

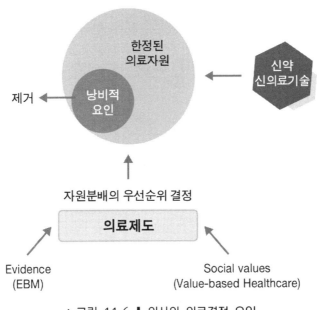

▶ 그림 11.6 ┃ 의사의 의료결정 요인

Personal Value 개인적 가치

Technical Value 기술적 가치

Allocative Value 의료자원 분배

Societal Value 사회적 가치

▶ 그림 11.7 ┃ EBM → VBH(Value-based healthcare)

05. MR의 Presentation 현장

01. Presentation은 정확한 목적설정이 필요하다.

02. Presentation을 통해 MR은 의료인에게 의약정보를 제공한다.

03. 의약품은 필요로 하는 환자를 위해 존재하는 것이다.

1) Presentation 준비(세미나실 분위기)

아무도 없는 빈 회의실에서 노트북을 열고 파워포인트를 점검하는 등 **Presentation** 준비를 순조롭게 진행하고 있는 제약회사 영업사원 O군.

오늘은 담당하는 의료기관 의사를 대상으로 최근 발매된 신제품을 소개하는 자리이다. 제품의 특장점을 비롯해 예상되는 질문까지 꼼꼼히 점검하면서 다소 긴장한 마음으로 세미나 시간을 기다리고 있다.

예정 기간보다 10분이 경과하면서 수명의 의사들이 들어온다. 이들은 책상 위에 놓

여있는 제품 설명자료들을 대충 살펴보면서 자신들끼리 대화를 나누면서 선임의사를 기다리고 있다.

2) Presentation 시작

선임의사는 오후 진료가 늦어 참석이 지연되고 있어 미안하다고 말하면서도 표정은 미안한 기색이 전혀 없다.

그 후 다른 의사들이 몇몇 더 들어오고 있는 상황이다. 늦어서 미안합니다. 자 이제 시작합시다.

이에 따라 O군은 그동안 준비해 온 15분의 Presentation이 시작됐다.

"회사에서 최근 새로 발매된 경구혈당강하제 'OOO'의 제품의 특장점과 이점, 그리고 대규모 연구결과 등을 소개하겠습니다. 이 제품은 지금까지의 당뇨치료약을 여러 측면에서 개선이 기대되며 특히 새로운 작용기전을 지닌 약물로 체중증가 없는 장점과 1일 1회 복용으로….'"

O군은 이 Presentation 실현을 위해 심층적인 학술자료와 몇 일간 집중적으로 공부를 했기 때문에 자신감을 갖고 집중력 있게 설명해 나갔다.
"이 제품은 회사에서 차세대 당뇨병약으로 육성될 것으로 기대되는 강력한 대형 신약이며 동일한 작용기전으로 앞서 발매된 타사의 'OOOO'이 지니지 못한 강력한 evidence가 미국과 유럽에서 제시됐으며 3년 후에는 국내에서도 수백억원대의 매출달성을 기대하고 있습니다.'"

"고위험군으로 분류된 그룹에서는 HbA1c의 현저한 저하로 미세혈관 합병증이 약 35%, 대혈관합병증이 약 22% 감소했고….'"

이 같은 내용이 이 신약의 홍보에는 절대적으로 필요한 evidence이다.

회사는 기존 당뇨병 치료제가 특허 만료 직전에 있어 후발 제품 발매를 통해 매출 감소를 만회하려는 전략을 세웠다. 한마디로 신약으로 커버하고 call quality 향상으로 매출 감소를 막겠다는 것이다.

Presentation을 마친 후 한동안 분위기가 정숙한 분위기 속에서 선임의사가 질문을 했다.

"타사의 동일한 작용기전의 제품에서도 언급됐던 내용으로 알고 있는데 아시아계

인종에서 간기능장애 발병률이 높다고 생각합니다. 우리나라 국민에게는 어느 정도인지 자료가 있나요?"

당초 우려했던 질문이 나오자 O군은 당황스러워한다.

"선생님, 앞서 발매된 제품에서도 3.3%에서 AST, ALT의 상승이 있었습니다만 당사의 이번 제품에서도 3.7%로 확인됐습니다. 작용기전이 유사하기 때문에 유의적인 차이가 없다고 봅니다."

그럴까요?, 의문스러운 표정을 짓고 있는 선임의사. 이는 사내에서 사전 미팅에서도 문제가 된 부작용으로 'OOOO' 제품에 비해 간기능장애가 특히 높은 것은 아니라는 학술부의 설명이 있었다. 서양인과의 인종차이에 의한 것이지만 동양인에서 높은 것은 사실이다.

"그건 그렇고, 이 작용기전의 약은 스타틴과 궁합이 맞지 않는다는 지적이 있던데 2년 전 NEJM에 언급된 바 있다. 장기간의 병용은 바람직하지 못할 것 같고, 스타틴과 병용투여한 임상자료가 없는 것으로 알고 있는데, 발매하기 전에 해결했어야 하는 문제점들 아닙니까?"

의사의 지적에 전신에 강한 전류가 흐르는 듯한 느낌을 받는 O군. "잘 모르는 야기입니다. 제가 찾은 문헌에서도 찾지 못했습니다. 좀 더 찾아보고 선생님께 보고 드리겠습니다."

다른 논문에 개재 되었는데… 라며 여기저기서 소곤거리는 의사들. 경직돼 부동자세로 서 있는 O군에게 선임의사가 말한다. "그다지 상세하지 않아도 대충 자료에서 보듯이 좋은 것 같네." 이와 같이 대부분 회사 주도 Presentation이 진행된다.

3) 성공적인 Presentation?(의사, 환자의 입장에서)

제약사 MR들이 의료기관을 방문해 각사의 제품설명회에서 **Presentation**하는 모습을 수시로 접하게 된다.

이들은 부자연스러울 정도로 설명이 정리정돈 됐고 절차도 획일적으로 자사 제품이 대단히 좋다는 공통점이 있다. 당연히 꼼꼼하게 학술부가 조사했기 때문이라고 생각할 수 있지만 의사로서 타분야의 여러 Evidence 자료를 읽고 있어 '자사 제품의 경우 좋은 스토리를 묘사했기 때문에 각본을 수정하도록 Evidence 설명을 조합시켰다'는 느낌을 버릴 수 없다.

이는 여러 회사 팀에서 **Presentation** 연습을 받았기 때문에 거의 동일하다.

MR은 어필하고 싶은 요점에 대해 각사의 제품이 관련되기도 하고, 일상적으로 환자를 진료하는 의사 입장에서는 환자나 의사의 입장이 아닌 회사측의 제품만이 좋다는 미사여구가 열거된 **Presentation**이라 생각되어 **집중하기를 싫어한다.**

정보를 정확하게 전달할 수 있는 상대, 의사 및 약사가 요구하고 있는 지식수준에 맞는 의약품정보를 제공하는 것이 MR활동의 원칙이고 더불어 정확하고 신속한 정보전달이 요구된다.

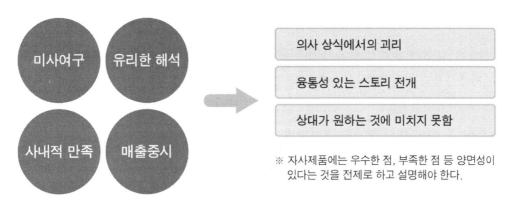

▶ 그림 11.8 ▌ MR PRESENTATION의 일반

이번 프레젠테이션에서 O군은 상당히 어려운 선임의사의 질문을 받았는데 설명이 좋다고 평가해도 미수집 질문에 유연하게 답할 수 없는 곤경에 빠졌다.

MR들은 이러한 시련에 자주 직면하게 되는데 각 제약사에서 체계적이고 전문적으로 교육받지 못하면 숙련된 MR로 성장할 수 없다. 무엇보다도 중요한 것은 부족하면 부족할수록 더 많은 경험을 해야 자신감이 생기게 되고 성공적인 프레젠테이션을 할 수 있게 된다.

WORKSHOP

■ 효과적인 MR의 Presentation을 위한 준비사항은?

06. 정확한 시장분석이 필요한 이유

학습목표

01. 시장조사의 중요성
02. 고객에 대한 이해와 반응을 파악한다.
03. 경쟁품과 경쟁사를 분석한다.

1) 시장은 매우 역동적으로 변한다.

기술의 발전과 융합이 빠르게 진행되면서, 시장의 형성과 변화도 다양하게 나타난다. 제약시장도 새로운 환경 속에서 다양한 신종 질환의 출현되고 그와 더불어 새로운 제품이 출시되고 있다. 이런 급격한 환경변화 속에서 기업은 성장, 발전 방안을 모색해야 한다. 이에 대한 해답은 손자병법 모공(謀攻) 편에서 찾을 수 있다. 모공 편에서는 '지피지기백전불태(知彼知己百戰不殆)'라 하였다. 즉, '적을 알고 나를 알면 백번을 싸워도 위태롭지 않다.'라는 의미이다. 시장현황(경쟁사)에 대해서 정확히 알고, 객관적으로 자신의 제품의 특장점과 이점, 그리고 부작용을 정확히 인지한 후 시장조사를 하면 실패 확률을 줄일 수 있다.

마케팅 전략은 흔히 전쟁에 비유된다. "작전에 실패한 지휘관은 용서할 수 있어도, 경계에 실패한 지휘관은 용서할 수 없다." 맥아더 장군이 한 말이다. 군사 작전에 있어서 상대방과 주변 환경의 변화를 감지하는 것이 무엇보다 중요하다는 점을 강조한 말이다. 시장과 경쟁자 그리고 고객에 대한 정확한 정보는 모든 마케팅 활동의 근본이다.

그럼에도 시장에 대한 의미 있는 정보를 얻기 위한 활동, 즉 시장조사에 대해 소홀히 하는 경우가 많다. 흔히 마케터들은 시장전체를 보는 통찰력이 부족하여 우리 제품의 우수성을 확신하고, 이를 구매할 고객이 누구인지도 잘 알고 있다고 생각한다. 시장조사를 단지 고객의 취향 변화를 확인하는 절차 정도로 판단하는 경향이 있다. 이는 마케터나 마케팅부서가 시장에 대해 충분한 통찰력을 가지고 있다는 오판에 기인한다.

시장은 카멜레온처럼 시장환경의 변화에 따라 매우 역동적으로 변화하고 있어 주기적으로 업데이트하지 않으면, 어느 순간 흐름을 놓치게 되고, 결국 시장의 변화에 적응하지 못하고 실패한다.

"고객은 카멜레온처럼 수시로 변한다."

▶ 그림 11.9 ┃ 고객은 시장환경의 변화에 따라 유동적

2) 고객에 대한 이해와 반응을 파악한다.

마케팅은 사람과 제품, 그리고 프로세스를 관리하는 일이다. 기업들은 자신들의 제품이나 서비스를 위해 기꺼이 돈을 지급하는 사람들이 누구인지 알기 원한다. 그리고 그들의 구매 행위에 가장 큰 영향을 미치는 해당 분야에 영향력을 가진 사람(KOL: Key Opinion Leader)은 누구이며 어떤 요소들이 영향을 미치는지 알기를 원한다. 따라서 이에 대한 명쾌한 답을 가지고 있지 못하다면, 마케팅 전략의 기초가 매우 부실해질 수밖에 없으며, 특히, 고객의 구매 환경은 수시로 변하므로 이에 대한 정기적인 점검이 필요하다. 이 정보만 가지고 있어도 매우 유용한 마케팅 전략 수립이 가능하다.

현대의 시장환경에서 대부분의 기업들은 제품이나 서비스를 홍보하기 위해 한 가지의 방법만 사용하지는 않는다. 고객의 구매 환경에 맞게 다양한 방법들을 동시에 실행하는데, 이런 활동을 Promotion-Mix 혹은 Communicaiton-Mix라고 한다. Promotion-Mix는 흔히 광고, 홍보, 직접 판매, 그리고 판촉 행사 등으로 우리 제품이나 기술에 대한 고객들의 반응을 먼저 알고 이를 바탕으로 시장을 개발하는 것이 기본이다. 목표 고객들을 대상으로 제품에 대한 만족도 혹은 불만족 사항을 확인하는 것은 시장조사의 가장 큰 역할 중의 하나이다. 고객의 구매 여정을 파악하여 고객의 반응에 따라 적절하게 소통하는 것이 필요하다.

3) 경쟁품과 경쟁사를 분석한다.

제약마케팅은 다국적회사(오리지널)의약품, 국내회사(제네릭)의약품 그리고 약품계열 별, 약품계열 간 의약품이 다수 출시되어 경쟁이 매우 치열한 상황이다.

경쟁사, 경쟁품의 동향을 계속 모니터링하고 있으면서 이들의 신제품 출시 계획, 판촉전략, 가격정책을 알고 있다면 매우 도움이 된다. 경쟁사의 매출액의 경우 의약품의 경우 IMS data 등 객관적인 통계자료가 있어 이들의 매출 동향, 평균 성장률 등을 파악할 수 있다. 경제전망, 경제성장률 등의 거시 지표는 전사적인 사업계획 시 반영되어야 할 요인들이다.

인구통계자료는 제약마케팅에서 매우 중요한 자료로 질환의 유병률과 향후 발생할 질병의 진행을 예측할 수 있는 자료로 활용할 수 있는 정확도가 높은 자료이다.

판매예측조사 Top-Down으로 할 것인가 아니면 Bottom-up으로 할 것인가이다.

- 상향식 방법(Bottom-up)은 통상 영업조직으로부터 받은 각 Territory나 지역별 Amount & unit sales에 각 Unit 당 평균 cost를 곱하는 방법이다.
- 하향식 방법(Top-Down)은 전체 시장 크기(Total Market Size)에서 시작하여 자사가 몇 %의 시장을 가져갈 수 있는지 예측하는 모델이다. 흔히 사용하는 방법은 Funnel식 예측법이다. 하향식은 목적지향형으로 목표 달성의 개념이 강하다.

경쟁환경에 대한 정보는 다양한 방법을 활용하여 획득할 수 있는데, 가장 빠르고 정확한 방법은 관련 분야의 전문가나 고객들의 의견을 수집하는 것이다. 이 정보를 바탕으로 경쟁 전략을 수립하는 것이 경쟁에서 성공할 수 있는 최고의 방안 중 하나이다.

07. MR의 행동변화 필요성

학습목표

01. 밀착 영업의 한계
02. MR부터 변화해야 한다
03. 무조건 기다리는 행위는 시대착오

MR과 의사와 개인적 관계는 한시적 효과 불과하다. MR이 개인적으로 구축한 1대1의 관계성은 담당자의 교대 및 의사의 다른 지역으로 인사이동에 의해 쉽게 상실된다. 인간적 동지의 관계 이상 MR이 의사를 쫓아가는 행위(1대1의 관계성)는 MR과 의사의 발전과 연속성을 주지는 않는다.

1) 밀착 영업의 변화는 이익보다는 손실이 크다.

장기간 제약사와 의료기기업체들은 자사 제품의 처방과 사용 권한을 지닌 의사를 대상으로 대면 영업을 기본적으로 전개해 왔다. 어디까지나 의사와 직접 면담할 수 있도록 접근함으로써 매출실적의 유지 및 증가시킬 수 있다고 생각해 왔다.

제약사들이 제품을 개발하는 데 막대한 비용과 시간을 투자하고 있다. MR에 의한 의사 면담 누적 결과로써 막대한 세계규모의 업적을 이룰 수 있다면 모든 국가에서 비슷한 현상이 나타날 것이다.

의사로부터 지금까지 나를 기다리고 있었나? 하며 신뢰받는 MR이 과연 얼마나 될까? 의사에게 기대되지 않는 행위를 영업 간부가 일방적인 논리나 관습, 과거의 성공체험에서 얻었다는 것은 장점보다 단점이 더욱 많을 것이다.

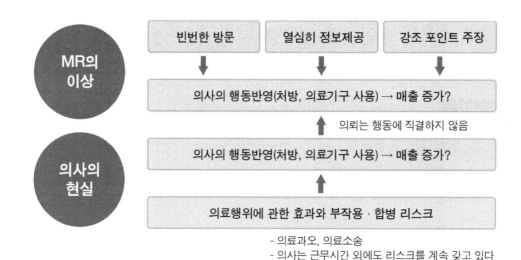

▶ 그림 11.10 ▮ MR의 이상과 의사의 현실

2) MR부터 변화해야 한다.

Change 속에 Chance가 생긴다는 말이 있다. Change의 단 한 글자 g를 c로 변경하면 Chance가 된 것처럼 많은 변화보다도 적은 변화를 통해서도 큰 기회를 얻을 수 있다.

MR은 주로 외부 고객을 만나는 직업으로 시간적인 효율성을 추구하는 의미가 크다. MR의 행동 중 현재의 무조건 기다리는 스타일에서 적극적으로 탈피하려고 노력함으로써 의사와 대등한 동료 관계를 구축할 가능성이 충분하다고 생각된다. 열심히 하면 된다며 무조건 기다리는 행동에서 의사와 파트너로 대화하는 새로운 변화가 필요하다. 물론 지금까지의 기존 방식의 변화를 위해서는 용기가 필요하고 의사 측의 변화도 중요하다.

MR의 직업을 선택한 사람들이 현재의 문제점을 개혁한다는 마음으로 자발적인 참여로 변화를 한다면 자신의 가치를 향상시키고 자존감을 갖는 계기가 되며 또한 회사가 추구하는 영업효율성(SFE)을 높이게 된다.

3) 무조건 기다리는 행위는 자존감을 떨어지게 한다.

제약사 MR들이 깔끔한 정장 차림으로 가방 및 자료를 들고 외래환자 대기실이나 의국 앞에서 서서 의사를 기다리는 모습은 병, 의원에서는 일상적으로 볼 수 있는 광경이다.

병원의 규모가 클수록 여기저기서 MR이 대기하고 있는 모습을 자주 볼 수 있다. MR들의 방문 자제를 요청하고 있는 의료기관에서는 면회 가능한 시간 안에 어떻게든 의사와 접촉하려는 MR들로 복도를 가득 채운다.

의사들 대부분은 MR의 방문을 긍정적으로 수용하는 편이지만 뜻밖에 복도에서 안면이 없는 MR로부터 자료 등을 받으면 당혹감을 느낄 수도 있다.

왜 MR은 무작정 기다리는 것인가. 제약회사의 업무 내용은 종류가 많고 다양한데 고객인 의사와 만난다는 보증이 없어도 꼼짝하지 않고 기다려야 하는 합리적인 이유가 잘 이해되지 않는다.

의사 측면에서 보면 신뢰감이 없으면 곁눈질로 보는 정도에 불과하다. MR들이 다리가 아플 정도로 무작정 계속 기다리는 것으로는 그에 적합한 성과를 올릴 수 없다.

무조건 진료실 앞에서 의사를 기다린다. 아직도 일부 제약회사의 MR들은 업계의 오랜 관행으로 합리화하고 있다. 다른 회사도 동일하게 기다리고 있다. 선배로부터 학습 받았기 때문에 또는 팀장이 방문하라는 주문을 내렸기 때문에 등 이유는 있지만 이런 방식은 시대에 뒤떨어진 영업활동이고 바뀌어야 한다.

MR의 업무 시간 대부분을 좌우하는 무조건 기다리는 행위는 시간 낭비로 성취감과 만족감이 떨어지게 되고 자존감을 잃을 수 있다.

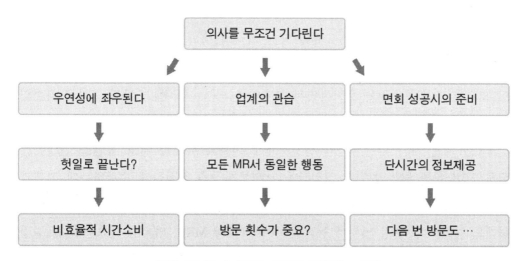

▶ 그림 11.11 ▌ MR의 무조건 기다리는 행위

무조건 기다리는 행위를 탈피한 필자의 경험을 공개하면 처음에는 어려웠지만, e-메일이나 SNS를 활용하여 의사와 사전 예약을 통한 call의 비율을 높이고 지속적인 면담을 위한 상대방과 다음번 면담 약속을 하면서 call closing을 마치는 방법으로 서로의 시간을 절약할 수 있었고, MR의 입장에서도 call quality를 향상시키는 결과를 가졌다.

08. 제약영업마케팅 팀장의 역할

학습목표

01. 신입 MR을 맞이하는 팀장의 역할
02. 제약영업 팀장의 고뇌
03. 영업팀장의 Muti-player 역할

1) 신입 사원 배정의 날

"안녕하세요. 오늘부터 'OOO'팀에 출근하게 된 신입사원 OOO입니다. 앞으로 많은 지도 부탁드립니다."

패기가 넘치는 젊은 신입 사원을 미소 지으며 바라보는 영업팀장.

인사팀에서 MR들의 상세한 업무환경에 대한 설명을 듣고, 영업팀에서 앞으로 담당하게 될 병원과 의원을 통보하면서 하루의 일과를 시작했다. 아직은 학생 시절의 분위기가 남아있는 신입 사원.

MR은 제일 처음 담당병원의 선생들에게 회사의 배지를 달고 명함을 전달하는 일로 자신의 존재를 알린다. 영업활동과 정보제공을 착실하게 수행하는데 고객과 좋은 관계를 유지하는 것이 필요하다. 병원의 행정실, 약제부, 유통도매와의 원만한 관계도 중요하다. 현장 업무에 능숙한 선배 베테랑 MR이 업무상 필요한 점을 설명했다.

"팀장님, 저…" 약간 자신감이 없는 듯한 표정으로 새로 입사한 여성 MR O 양이 질문을 했다.

"연수받을 때 우리 회사의 여성 MR은 아직 적지만 지금부터 채용을 늘릴 예정이며 육아지원 체제도 정비했기 때문에 앞으로 육아 등에 걱정할 필요가 없다고 했습니다. 그런데 이 팀에서는 여성은 저를 포함해 2명입니다. 앞으로 근무환경이 걱정됩니다."

사실 작년까지 팀에는 5명의 여성 MR이 근무했지만, 그 중 2명은 결혼을 이유로 퇴직했고 1명은 다른 이유로 이직했다. 약대 출신으로 의료에 공헌하겠다는 생각으로 취업했지만 회사의 지원 여건이 불충분하여 다른 제약사로 이직 또는 불분명한 이유로 떠난 사람도 있다. 매년 이와 비슷한 현상이 반복되어 팀 차원에서 여성 MR은 고민거리가 되고 있다.

팀장은 "나는 젊은 시절부터 일에만 전념하면서 가정을 돌보지 않았기 때문에 좋은 남편은 아니지만 요즘 신세대들의 고민을 이해한다. 업무와 가정은 다르지만 우려한다고 상황이 달라지지 않는다. 따라서 어려운 일에 대해 언제든 얘기해 주면 무슨 일이든 신경 쓰겠다."

아버지 같은 자상한 답변에 여성 MR은 작은 미소를 지으면서 만족해했다. 그러나 팀장으로서는 또 다른 고민거리가 늘어났다.

2) 영업팀장의 고뇌

연수기간(약 1~3개월)이 끝나면 회사에서는 현장에 배속된 신입 MR들이 본격적인 활동에 들어간다. 본격적인 활동은 경력 입사자를 포함해 영업효율성을 높이고 보다 빠르게 현장에 적응할 수 있도록 교육훈련(OJT: On the Job Training)을 영업팀장의 책임과 감독하에 진행된다. 이 과정 또한 영업팀장의 머리를 아프게 하는 업무이다. 급변하는 노동환경에서 영업팀장으로 근무하고 있는 베테랑 MR에게 신입 MR 지도, 여성 MR의 노동환경개선, 인원 증가 속에서 사기 유지 등 더욱 다양한 역할이 요구되고 있다.

영업팀장은 장기간 의료현장에서 다양한 경험이 있고, 많은 의사들의 개인적인 신뢰를 확보하고 있으며 각종 문제를 원활하게 대처할 수 있는 능력도 있다. 그러나 철저히 교육하고 있는 비즈니스 업계의 복잡한 영업이론 및 약리학적 사항, Communication skill 과정 등의 연수교육은 MR 업무의 기본이지만 새로운 의료환경의 트렌드를 이해하기 위한 과정은 점점 복잡하고 어렵게 다가오고 있다.

특히 '사람 대 사람'의 관계성에 평등문제, 임기응변으로 실천한다는 것이 어려운 문제이다. 이는 많은 MR과 상대하고 있는 의사의 업무에서도 비슷하다. 타과 의사들과 만나 보아도 MR의 무의식적인 행동에 형식적으로 대응하고 있다. 근본적으로 불가피한 파트너십을 강조하는 업종이지만 의사와 MR이 대등한 관계에 이르지 못한 것이 현실이다. 개인의 실력만으로는 의료계에서 활약의 장을 구축하는 것이 상당히 어려운 현실이다.

4) 제약영업 팀장의 Leadership

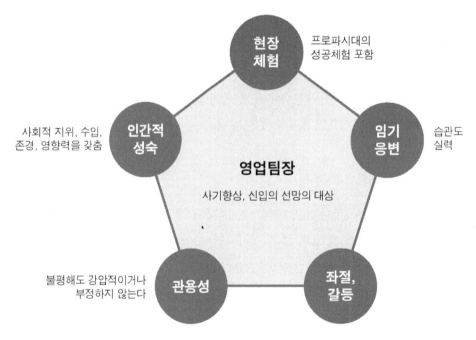

※ 단순히 '나이 많은 MR'에서 벗어나 직장에서 존경받는 영업팀장이 되어야 한다.

▶ 그림 11.12 ┃ 영업팀장의 리더십

다수의 MR을 관리하는 영업팀장의 입장에서 MR들이 동일한 방향으로 갈 수 있을 정도의 통솔력을 발휘해야 하고, 매일 호령을 반복하지 않아도 개성이 풍부한 집단이 우왕좌왕하지 않고 전진성을 유지해야 한다.

영업팀장 능력의 차이는 MR 집단의 사기와도 직결된다. MR은 기본적으로 사람을 상대로 하는 정보제공을 하는 전문직이며 인격적으로도 직업적으로도 숙달되면 주변으로부터 정당한 가치를 자연스럽게 인정받는다. 어느 신제품을 어느 지역에서 몇 번째로 판매했다는 실적에 자만하는 부하를 인간적으로도 성숙 되도록 하는 것이 관리자의 역할이다.

영업팀장은 MR의 정신적인 교육을 포함한 기본교육과 더불어 MR의 전문성을 향상시키는 교육프로그램 등의 지원을 통하여 MR의 value를 향상시키는 역할 또한 중요하다.

WORKSHOP

- 중간 관리자인 제약영업 팀장의 주요 역할은?
- 여성 MR이 더욱 요구되고 증가하는 이유는?

09. 디지털 마케팅 스트레스

학습목표

01. Digital Contents에 무엇을 담을까?
02. 의사들이 선호하는 Digital Marketing Channel?
03. MR의 Digital 역량 키우기

1) Digital Contents에 무슨 내용을 담아 고객에게 전달할 것인가?

코로나-19 영향으로 대면영업(F2F)이 어려워지면서 의사들은 짧은 시간 안에 키 메시지를 전달할 수 있는 MR을 선호하고 있다. 코로나-19로 인해 F2F 영업을 할 수 없는 상황에서 Digital Channel을 통한 마케팅, e-Detailing 방법을 병행하고 있다. Omni-Channel 상황은 MR에게 좀 더 정교한 역할을 요구하고 있다. 이런 상황에서 지금까지 우리 회사는 디지털 채널이 대체할 만한 일을 해왔던가? 잘 생각해봐야 한다. 예를 들어 디지털 채널을 활용한 주된 활동을 살펴보자. 주로 정보전달이다. 지금까지 고객들이 우리 영업사원들에게 주로 물어보던 것들인가? 아니면, 우리가 전달하고 싶은 정보인가? 영업사원들은 알아서 고객들에게 똑같은 정보라도 고객별 Needs에 맞게 수정해서 전달했을 것이다. 하지만, 안타깝게 디지털 Tool은 대부분 비슷한 정보만 전달한다. 그 정보는 고객들이 원하는 정보인가? 생각해봐야 한다. 대부분 의사들은 제약사가 제공한 디지털정보는 자사 제품 위주로 수준 낮은 치료정보라고 평가한다. 의료진이 지속적인 관심을 갖도록 하기 위해서는 의사와 환자의 입장에서 Digital Contents를 개발해야 한다.

2) 의사와 환자의 입장에서 Digital Contents를 개발해야 한다.

의사대상으로 한 설문조사에 따르면 의사들이 선호하는 디지털 마케팅 채널은 '의사 전용 포털 커뮤니티 사이트'를 가장 많이 꼽았고 이어 '제약사 의사 전용 포탈', '웹캐스트 형식의 온라인 세미나'가 뒤를 이었다. 디지털 마케팅 채널이 제품 처방 선호도에 긍정적인 영향을 끼친 이유로는 '제품에 대한 최신정보 제공', '제품 관련 평소 궁금했던 점에 대한 정보 습득', '학술적 깊이', '다양한 기법을 활용한 정확하고 효율적인 정보전달', '실시간 질의응답 가능' 순으로 답했다. 실제로 오프라인의 각종 학술행사는 시공간적 제약으로 인해 참가자 수가 많지 않은 것이 사실이다. 그러나 양방향 소통을 전제로 한 웨비나는 편한 시간 및 공간에서 함께할 수 있다는 장점 때문에 의사들이 선호한다. 조사 DATA와 같이 제약사들은 의사들이 선호하고 필요로 하는 Digital Contents를 개발하여 제공해야 한다. 대부분 회사가 소화기약, 당뇨병약, 고혈압약, 고지혈증약, 항생제 등 백화점식으로 해당 질환과 제품 전체를 홍보하고 있다. Digital Contents를 차별화해서 관련질환 논문제공, 관련질환 합병증관리, 관련질환 합병증예방법, 치료 가이드라인, 다양한 희귀의약품의 정보 등 다양한 Digital Contents를 제공한다면 고객이 좀 더 선호할 것이다. 그러나 회사들 대부분이 비슷한 Digital Contents를 제공하니 고객들은 한두 개 회사 외에는 접속하지 않게 된다. 결국 비슷한 Content를 개발한 후발회사는 경쟁력이 떨어진다. 자사만의 개성 없는 사이트, 영업사원과 연계가 없는 사이트 등 차별화 없는 사이트는 경쟁력이 없다.

3) MR의 Digital 역량 키우기

MR들의 디지털 역량을 먼저 향상시켜야 한다. 먼저 영업사원들이 디지털 환경에 익숙해지도록 사전에 실험해 봐야 한다. 그러면 디지털 채널에 자신감이 생기면 고객들에게 전달도 잘 되고 본인들이 이 채널을 활용해서 자료를 찾고 전달할 수 있다.

디지털 역량이 부족한 상황에서 급하게 디지털 마케팅을 진행하면, 고객들에게 디지털 채널을 전하기는 어렵다. 우리가 어떤 부분이 부족하고 어떤 내용의 메시지를 전달해야 할지 영업사원들에게 충분히 학습시킨 후 고객들을 위한 사이트를 열면 조금 늦어도 빛날 수 있는 사이트를 만들 수 있을 것이다.

흔히 처방의사들은 제약사가 제공한 디지털정보는 자사 제품만을 강조하고 있고 낮은 수준의 치료정보라고 평가한다. 이런 상황을 타개하기 위해서는 의료진이 지속해서 관심을 갖도록 하는 것이 결국 MR이 해야 할 일이다. 더불어 회사 제품으로 인한 부작용 등의 문제, 의사들이 치료하며 겪는 애로사항을 해결해주는 일, 신기술이 적용된 의료제품을 숙련시키는 일, 고객에게 적합한 정보를 제공하는 일 등도 회사의 대표자 역할을 하는 MR이 해야 할 일이라 생각한다.

회사가 Digital marketing에 성공하려면 MR들의 Digital 역량을 상향 표준화 해야 한다. 매뉴얼과 교육이 필요하고 MR에게 어떤 역할을 맡길지 정확히 파악해야 한다.

WORKSHOP

- MR의 Time Management를 향상시키는 방법은?
- MR의 Digital 역량을 향상시키는 방법은?
- MR의 SFE를 향상시키는 방법은?

10. MR의 Call Quality 향상 위한 방안

01. Call 빈도 수, Call 디테일 의사 수, Call 디테일 시간을 향상시키기 위한 교육
02. 영업효율성(SFE; Sales Force Effectiveness) 증대
03. 제약 MR교육에 Facilitation 교육방법이 효과적

1) MR의 역할과 직무

제약영업마케팅은 일반 소비자를 대상으로 하는 consumer 마케팅과는 다르게 환자의 질병과 건강을 다루는 분야로 규제가 있고 또한 의약품의 최종 수혜자인 환자들이 치료받기까지 제약산업의 이해, 신약개발과정, 임상시험단계, 의약품 인·허가 결정과정, 시판 후 의약품 안전관리, 생산, GMP, Validation, GSP, 보험약가 및 가이드라인 결정, 병원구매 및 의사의 처방결정까지 다양한 관련부서와 관계자가 연관되어 있는 것을 이해해야 한다. 제약영업마케팅은 의약품 개발의 전 과정에서 이루어지고 있다.

대부분 산업의 영업은 영업사원이 고객보다 자신이 판매할 제품을 더 많이 알고 정확히 이해하여 고객에게 특징과 장점 그리고 이점 등을 설명하여야 한다. 제약산업 역시 제약영업사원들은 자신이 판매할 약품에 대한 정확한 이해가 선행되어야 의사, 약사, 간호사 등 보건의료 전문가들에게 정확한 정보를 전달할 수 있다. 그러기 위해서는 전반적인 제약산업의 특수한 상황의 이해와 현재와 그리고 미래 제약바이오산업 Market Trend의 이해가 선행되어야 하고 ❶ 자신이 디테일할 약품의 이해(특·장점, 복용방법, 그리고 부작용 등의 정보) ❷ 약품의 임상의 이해, ❸ 질병에 대한 주요 system의 구조 및 기능의 이해, ❹ 관련 진료과에 대한 이해, ❺ 제약영업의 1차 고객인 의사에 대한 특성과 그들이 일하는 의료기관에 대하여 이해, ❻ 정부 정책, 회사의 경영철학과 공정거래 자율준수프로그램의 이해와 더불어 ❼ Communication skills, Presentation skills 등 Selling skills을 겸비해야 시대에 맞는 제약 MR로서 제약영업 효율성(SFE : Sales Force Effectiveness)을 증대할 수 있다.

※ 학술적이고 전문적인 지식과 정보를 전달하는 회사의 대표자

▶ 그림 11.13 ▌ MR의 역할과 직무

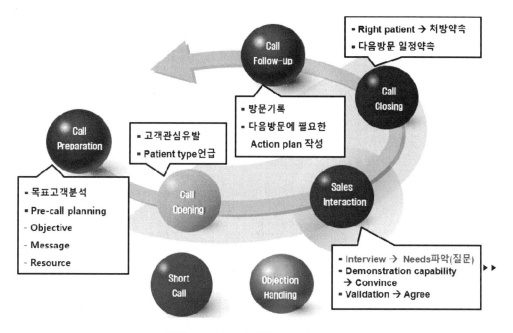

그림 11.14 ▌ MR의 Call Process

필자가 2021년에 D제약회사 제약영업사원(MR)들의 자료를 통하여 제약영업사원의 능력과 전문성을 어떻게 향상시켜 영업효율성(SFE; Sales Force Effectiveness)을 증가시킬 수 있을 것인가를 연구한 내용을 간략하게 요약한 내용이다.

2) 연구목적

01 영업효율성(SFE) 향상 교육이 제약영업사원(MR: Medical Representative)의 Call 빈도 수, Call 디테일 의사 수, Call 디테일 시간이 얼마나 증가되었는지 연구.

02 교육전(1시점),1차 교육 후(2시점),그리고 2차 교육 후(3시점)시점별로 조사하여 시점별 Call의 변화가 얼마나 증가 되었는지 연구.

03 Call 변화가 'OOO' 매출에 얼마나 영향을 미치는지 연구.

3) 연구대상 및 방법

xxx 제품 이해도

1. xxx 복약 편의성 이해도
2. xxx과 동일계열 제품과의 차이점 이해도
3. xxx 제품 및 의약지식 숙지 정도
4. xxx 대상 환자군 이해도
5. 타사의 DPP4-1에 대한 이해도
6. xxx 처방 가이드라인 이해도
7. 약물 안정성 정보 이해도

영업사원 역량 강화

1. Call closing 능력
2. Spin question 능력
3. Right patient 능력
4. Call preparation

xxx 임상 과정 이해도

1. 개발 과정에 대한 이해도
2. 임상실험 과정에 대한 이해도

각 시점 별 교육 전후 Call 변화

1. 1일 평균 방문 의사 수
2. 1일 평균 디테일 의사 수
3. 1일 평균 디테일 시간

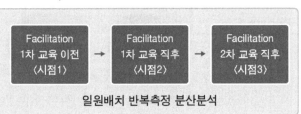

| Facilitation 1차 교육 이전 〈시점1〉 → Facilitation 1차 교육 직후 〈시점2〉 → Facilitation 2차 교육 직후 〈시점3〉 |

일원배치 반복측정 분산분석

▶ 그림 11.15 ▎영업효율성 증가 연구방법

- 교육 전후 Call 변화 : 1일 평균 방문 의사 수, 1일 평균 디테일 의사 수, 1일 평균 디테일 시간
- 조사 시점 : 1차 교육(2019.1월-4월)이전(시점1), 1차 교육 후(시점2), 2차 교육 (2019.8월-12월)이후(시점3)

- 교육 인원 : 1차(413명), 2차(302명) 각각 5-25명(평균 17명으로 진행)
- 교육 방법 : Facilitator에 의한 Facilitation 교육
- 분석 방법 : 일원배치 반복측정 분산분석(한 집단에 대한 세 개 이상 시점을 반복 측정하여 효과 검정)

4) 연구결과

MR이 의사를 만나서 담당하는 의약품의 특장점, 이점, 안전성, 부작용 등 다양한 의약정보를 설명하는 과정을 면담(Call)이라 한다. 대부분 제약회사들이 어떻게 하면 MR의 Call 빈도 수, Call 디테일 의사 수, Call 디테일 시간을 증가시킬 수 있을까 연구한 결과 Call의 효율성을 증가시키는 방법은 MR이 정확한 의사(Right Doctor)에게 고도의 의약정보를 정확한 환자(Right Patient)에게 최적의 치료가 될 수 있도록 정확한 메시지(Right Message)와 정확한 근거자료(Right Resource)를 준비하여 전달하는 능력을 향상시키는 것과 이를 위한 제품교육, 질환교육, 의약정보교육, 판매기술(Selling Skill)교육, 그리고 직업윤리교육 등 다양한 교육이 필요하다.

이러한 교육을 받은 후 Call 빈도 수, Call 디테일 의사 수, Call 디테일 시간의 증가된 변화는 시점1 대비 시점3의 각 종속변수에 대한 증가율 또한 평균 디테일 시간이 75.5%, 디테일 의사 수 41.1%, 방문 의사 수 16.5% 순으로 나타남-종속변수 전체에 대해 1, 2차 교육 이후 큰 증가를 보이고 있으며, 1일 평균 디테일 시간에서 가장 큰 효과를 보임-1차 교육에서 가장 큰 효과가 나타나지만, 2차 교육 이후에도 지속적으로 효과가 나타났다.

▸ 표 11.1 ▌ 시점별 Call 향상률

구분	시점1 평균 (명/분)	시점2 평균 (명/분)	시점3 평균 (명/분)	증가율(%) 시점1 대비 시점3
1일 평균 방문 의사 수	10.16	11.20	11.84	16.5
1일 평균 디테일 의사 수	5.02	6.38	7.09	41.1
1일 평균 디테일 시간	2.59	3.88	4.55	75.5

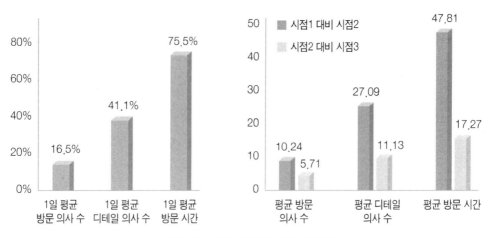

▶ 그림 11.16 ┃ 시점별 Call 향상률

5) 결론

MR의 활동은 크게 3개의 종류로 진행된다. 첫째 매일매일 의사를 직접 만나서 제품의 특징, 장점, 이점을 홍보하는 Call 활동, 둘째 Online-Webseminar 활동, 셋째 Group Symposium 활동으로 이루어진다. 그중에서 1일 평균 10명 내외의 의사를 만나서 제품을 홍보하는 Call 활동이 대부분을 차지한다. 제약업계는 다양한 영업마케팅 전략을 통해 제품을 홍보하고 있다. 다양한 전략 중 하나로 의사에게 담당하는 제품을 Detail 하는 MR들의 전문성을 향상시키는 교육은 필수적이며 가장 근본적인 해결방법이다. 본 연구에서의 통계적 분석결과로부터 퍼실리테이션 교육법은 영업사원들에게 제품의 약리작용과 특장점에 대한 이해도를 향상시켜 1일 평균 방문 의사 수, 1일 평균 디테일 의사 수 및 1회 평균 디테일 시간에 대한 통계적으로 유의한 향상을 이끌었다고 결론 내릴 수 있다.

1일 평균 방문 의사 수 보다 1일 평균 디테일 의사 수와 1회 평균 디테일 시간에 대한 향상이 더욱 큰 것으로 나타났다. 이는 MR들의 전문성을 향상시키는 교육이 단순한 Call의 수치적 증가가 아닌 Call quality에 더욱 영향을 준다고 볼 수 있다. 결국 MR들의 전문성을 향상시키는 교육이 영업효율성(SFE)을 향상시키고 더불어 매출의 증대와 회사의 지속적인 성장발전에 필연적이라 할 수 있다.

● 학습 효율성 피라미드

　　· One Way ──→ 기존 교육방식
　　· Two Way ──→ Facilitation 방식

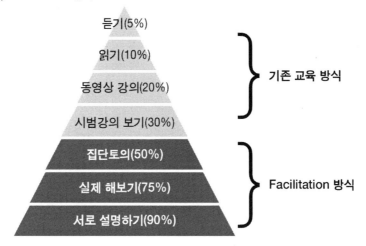

● Facilitation 교육

> Facilitation은 Facilitator가 진행하는 교육으로 일방적인 일괄소통이 아닌 쌍방향
> 교육방법으로 Facilitator가 영업사원에게 질문을 던지고, 영업사원들의 생각에
> 맞서며, 한편으로 독려하고 피드백을 제공하여 영업사원의 학습을 가속화시키는
> 영업사원 교육방법

출처: NTL(National Training Laboratories)

▶ 그림 11.17 ▎ 기존교육방식 vs Facilitation 교육

WORKSHOP

■ Facilitator에 의한 Facilitation 교육과 기존교육방법의 다른 점은?

■ Facilitator에 의한 Facilitation 교육의 대상인원은 몇 명이 가장 적정할까?

CHAPTER 12

당뇨병
치료제

당뇨병 치료제

의사들이 가장 많이 처방하는 약제는 어떤 약제일까?

의사들은 환자 개개인에 맞는 최적의 치료를 위하여 환자에 맞는 다양한 약제를 처방한다. 제약회사도 마찬가지로 환자의 치료를 위하여 많은 수의 의약품을 생산 공급하고 있다.

가장 많은 처방이 이루어지고 있고, 클래스 내, 클래스 간 경쟁이 치열한 계열은 수소펌프 억제제, DPP-4 억제제, 안지오텐신 수용체 억제제, 스타틴계열이 대표적이다. 그중에서도 국내제약회사, 글로벌제약회사 대부분이 생산, 판매하고 있고 클래스 내, 클래스 간, 경쟁이 가장 치열한 약제 중 하나가 당뇨약제이다. 그 중에서도 시장 사이즈가 가장 크고, 계열간 경쟁이 가장 치열한(DPP-4억제제: 현재 9개 제품이 출시된 상태) DPP-4억제제를 예를 들어 Selling Model을 이해하고자 한다.

01. 경구용 혈당강하제(OHA)

경구용 혈당강하제(Oral Hypoglycemic Agent; OHA)는 먹는 당뇨병 치료제로, 제2형 당뇨환자의 혈당조절을 위해 식사요법 및 운동요법의 보조제로 투여된다. 인슐린 작용 및 분비 감소 개선, 포도당 흡수 조절 등을 통해 혈당을 조절한다. 여러 계열의 약물이 있으며, 단독 혹은 다른 기전의 약물과 병용해서 사용된다. 혈당강하제를 복용할 경우 저혈당에 주의하여야 한다.

1) 당뇨병

포도당(glucose)은 우리 몸이 사용하는 가장 기본적인 에너지원으로 혈액 속에 존재하는 포도당을 혈당이라고 한다. 혈당은 인슐린(insulin)과 글루카곤(glucagon)이라는 두 가지 호르몬에 의해 일정한 수준으로 유지된다. 인슐린은 췌장(이자)의 베타세포에서 만들어지는 호르몬으로, 혈액 내의 포도당이 필요한 세포에서 사용될 수 있게 세포 안으로 전달하여 혈당을 감소시키는 역할을 한다. 글루카곤은 췌장의 알파세포에서 생산되는 호르몬으로, 혈당이 기준치 이하로 내려갈 경우 간에서 글리코겐(glycogen)을 포도당으로 분해하거나 탄수화물이 아닌 물질에서 포도당을 합성하여(포도당 신합성, gluconeogenesis) 혈당을 증가시키는 역할을 한다.

혈당이 정상적으로 조절되지 못하여 기준치 이상의 높은 농도로 존재할 때 당뇨병으로 진단 받는다. 정상 혈당일 때는 소변으로 포도당이 배출되지 않지만 고혈당일 때는 소변으로 배출되게 되기에 소변 중에 당이 있는 질환이라는 의미인 당뇨병이라는 이름이 붙여졌다. 지속적인 고혈당은 시력 이상, 신장기능 이상, 말초신경염과 같은 미세혈관 합병증과 심혈관, 뇌혈관, 말초혈관 질환과 같은 대혈관 합병증을 유발한다.

당뇨병은 크게 제1형(인슐린 의존성) 당뇨병과 제2형(인슐린 비의존성) 당뇨병이 있으며 그 외에 임신성 당뇨병 등이 있다.

제1형 당뇨병은 인슐린을 분비하는 췌장의 베타세포가 파괴되어 발생하며 소아 당뇨병 혹은 인슐린 의존성 당뇨병이라고 말한다. 인슐린을 분비하지 못하기에 인슐린 주사에 의해서만 혈당조절이 가능하며, 주로 소아나 청소년기에 발병하지만 모든 연령층에서 가능하다. 전체 당뇨병의 약 5%를 차지하고 있다.

제2형 당뇨병은 인슐린이 분비되기는 하지만 그 양이 충분하지 않거나, 분비되는 인슐린이 정상적으로 사용되지 못해서 생기는 경우로 인슐린 비의존성 당뇨병이라고도 하며, 전체 당뇨병의 약 95%를 차지하고 경구용 혈당강하제와 인슐린 주사가 사용된다.

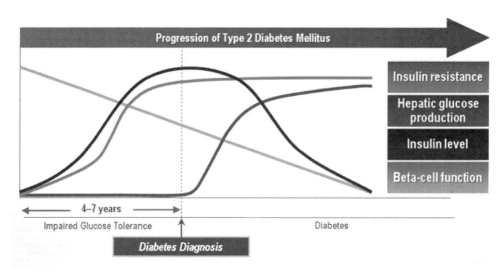

출처: 1. Ramlo-Halsted BA et al. Prim Care. 1999;26:771-789.
2. Kahn SE. J Clin Endocrinol Metab. 2001;86:4047-4058

▶그림 12.1 ┃ Type 2 Diabetes Mellitus 진행과정

2) 효능·효과

식사요법 및 운동요법을 통해 혈당 조절이 충분치 않은 제2형(인슐린 비의존성) 당뇨병 환자의 혈당조절을 위해 사용된다.

3) 종류별 특징 및 약리작용

경구용 혈당강하제는 제2형 당뇨병 환자의 인슐린 감수성과 인슐린 분비 감소 개선, 포도당 흡수 조절 등을 통해 혈당을 조절하기 위해 복용하는 약물로, 다양한 종류가 있다. 환자의 체중, 연령, 동반 질환 등을 고려하여 약물 선택이 이루어진다. 한가지 약물의 단독투여로 혈당이 조절되지 않는 경우 약리기전이 다른 2~3가지 약물을 병용 투여한다. 각 종류별 특징과 약리작용은 다음과 같다.

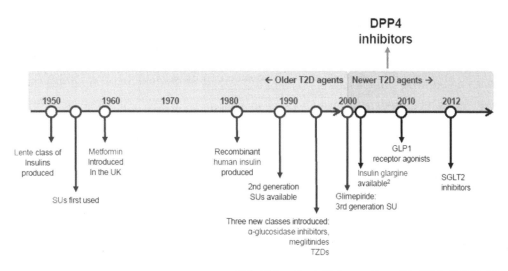

출처: Kirby. Br J Diabetes Vasc Dis 2012;12:315-20.

▶그림 12.2 ▏ Evolution of T2D agent

WORKSHOP

- 우리나라 당뇨병 환자 비율은? 증가할까요? 감소할까요? 이유는?

- 당뇨병 진단 기준은?

- KDA, ADA, EASD 당뇨병 진단기준이 조금씩 다른 이유는?

- 젊은 환자와 고령의 환자의 목표 혈당은 같은가? 다른가? 이유는?

- 한국인은 서양인에 비하여 왜 식후 혈당이 높은가?

- 공복혈당이 높아지는 이유는?

- BMI 수치가 높으면 왜 당뇨 유병률이 높을까?

- BMI 30이상 인구비율(서양인 약 30% vs 동양인 약 3%)은 서양인이 매우 높은데 동양인과 서양인의 당뇨 유병률이 비슷한 이유는?

- 당뇨병환자들은 유병기간이 길어지면 대부분 왜 약을 추가해야 하나요?

- 췌장의 β cell 기능이 저하된 당뇨환자에게 적절한 제제는?

- 당뇨병을 초기에 적극적인 치료를 해야 하는 이유는?

- 당뇨약제 SIZE 차별화 마케팅 전략은?

- 약의 COLOR 차별화 마케팅 전략은?

(1) 비구아나이드(biguanide)

간에서 포도당의 생성(포도당 신합성)을 억제하고 근육에서 포도당의 흡수 및 이용을 증가(인슐린 감수성 개선)시키며, 소장에서 포도당의 흡수를 감소시켜 혈당을 조절한다. 제2형 당뇨병 치료에 있어서 1차 선택 약제이다. 인슐린 분비를 촉진하지 않기 때문에 단독으로는 저혈당을 유발하지 않고 체중감소, 고지혈증 개선 효과가 있어 비만이나 대사 증후군이 동반된 당뇨병 환자에게 유용하다. 심혈관계질환 감소 효과가 입증되어 있으며, 장기간 사용되어 왔기에 안전성이 입증되어 있다.

(2) 설포닐유레아(설폰요소제, sulfonylurea, SU)

대표적인 인슐린 분비촉진제로 췌장의 베타 세포에서 인슐린 분비를 촉진하여 혈당을 조절한다. 글리메피리드(glimepiride), 글리클라지드(gliclazide) 등이 있다. 20년 이상 장기간 사용되어 온 약물로 혈당 강하 효과가 강력하다. 췌장의 베타세포에서 인슐린 분비기능이 남아있는 경우에 효과적이므로, 당뇨병이 오래되어 인슐린 분비기능이 저하된 환자의 경우 효과가 없다. 저혈당이 흔히 나타날 수 있으므로 저혈당을 피하기 위하여 가능한 저용량으로 시작해서 단계적으로 증량하며, 약물 복용 후 식사를 거르지 않도록 한다.

(3) 메글리티나이드

인슐린 분비촉진제로 작용기전이 설폰닐유레아와 비슷하여 비설폰요소제(non-sulfonylurea)라고도 한다. 췌장의 베타세포 자극을 통해 인슐린 분비를 촉진하여 혈당을 조절한다는 점은 같지만, 작용하는 수용체가 설포닐유레아와는 다르며, 설포닐유레아보다 빠르게 효과를 나타내지만 작용 지속시간이 짧다. 나테글리니드(nateglinide), 레파글리니드(repaglinide) 등이 있다. 설포닐유레아보다 빠르게 효과를 나타내고(10분 이내) 지속시간이 짧아 용법 조절이 자유롭고, 불규칙적인 식사습관을 가진 환자들이 복용하기 편하다. 설포닐유레아와 비교하여 저혈당의 부작용이 낮다는 장점이 있지만 작용 지속시간이 짧기에 식사 때마다 복용해야 된다.

(4) 치아졸리딘디온(thiazolidinedione, TZD)

당과 지질의 대사와 연관된 인슐린-반응성 유전자의 전사를 조절하는 세포핵 수용체인 PPAR-γ (peroxisome proliferator-activated receptor-gamma)를 자극하여 체내 근육, 지방의 인슐린 감수성을 개선한다. 피오글리타존(pioglitazone), 로베글리타존(lobeglitazone) 등이 있다. 인슐린 분비에 영향을 미치지 않으므로 단독으로 사용 시 저혈당을 유발하지 않는다.

(5) 알파-글루코시다제 억제제(α-glucosidase inhibitor, α-GI)

소장에서 탄수화물을 단당류로 분해시키는 알파-글루코시다제라는 효소를 억제하여 아카보즈(acarbose), 보글리보스(voglibose) 등이 있다. 탄수화물의 소화, 흡수를 억제하므로 식후 혈당이 조절되지 않는 경우 유용하며 매 식전에 복용한다. 단독으로 사용 시 저혈당을 유발하지 않는다. 포도당의 장내 흡수를 지연시켜 탄수화물을 포함한 음식의 섭취 이후 혈당 상승을 억제한다.

(6) DPP-4 억제제(DPP-4 inhibitor)

음식물 섭취 시 위장관에서 분비되는 인크레틴(incretin)이라는 호르몬은 혈당에 의존적으로 인슐린과 글루카곤의 분비를 조절하여 혈당을 조절한다. DPP-4 억제제는 인크레틴을 분해하는 DPP-4(dipeptidyl peptidase-4)라는 효소를 억제하여 인슐린 분비를 증가시켜 혈당을 조절한다.(Sitagliptin; 자누비아®), (Vildagliptin; 가브스®), (Linagliptin; 트라젠타®), (Gemigliptin; 제미글로®), (Evogliptin; 슈가논®) 등이 있다. 다른 인슐린 분비 촉진제와 다르게 혈당 의존적으로 인슐린의 분비를 촉진하므로 단독으로 사용 시 저혈당 위험이 낮고 체중은 증가시키지 않는다.

(7) 억제제(SGLT-2 inhibitor)

신장에서 포도당의 재흡수에 관하여는 SGLT-2(sodium/glucose co-transporter 2, 나트륨/포도당 공동수송체-2)를 선택적으로 억제한다. 소변으로의 포도당 배출을 증가시켜 혈당 상승을 억제한다. 다파글리플로진(dapagliflozin), 엠파글로플로진(empagliflozin) 등이 있다. 인슐린 비의존적으로 혈당 감소효과를 가지며, 단독으로 사용 시 저혈당 발생 위험이 낮다.

4) 용법

경구용 혈당강하제는 종류가 매우 다양하고 환자 개개인에 따라 복용법과 용량에 차이가 날 수 있으므로 약물의 정확한 용법은 전문가의 처방에 따른다.

인슐린 분비 촉진제인 설포닐유레아, 메글리티나이드와 알파-글루코시다제 억제제는 식사 30분 전 또는 식사 직전에 복용하는 것이 권장된다. 인슐린 분비 촉진제의 경우 너무 이른 복용은 저혈당을 유발할 수 있으므로 피하도록 한다. 메트포르민은 식사 직후에 복용 시 메스꺼움, 설사 등의 위장관계 부작용을 줄일 수 있다. 그 외의 약제들은 하루 중 매일 같은 시간에 식사와 무관하게 복용할 수 있다.

5) 부작용

경구용 혈당강하제 복용 시 가장 주의해야 할 부작용은 저혈당이다. 인슐린 분비 촉진제인 설포닐유레아와 메글리티나이드를 제외한 다른 약제들은 비교적 저혈당의 발생 위험이 낮지만 혈당 조절을 위해 2가지 이상의 약제를 복용하는 경우 저혈당 발생 위험이 증가될 수 있다. 그 외 약물별 대표적인 부작용은 다음과 같다.

- 비구아나이드: 식욕감퇴, 오심, 구토, 금속 맛, 복부 팽만감, 설사(복용초기 20~30%) 등의 소화기 장애, 유산산증(젖산산증, lactic acidosis) 등
- 설포닐유레아: 저혈당, 체중증가, 관절통, 관절염, 요통, 기관지염 등
- 메글리티나이드: 체중증가, 저혈당, 변비, 상기도 감염, 부비동염 등
- 치아졸리딘디온: 체중증가, 부종, 드물게 빈혈, 골절, 심부전 등
- 알파-글루코시다제 억제제: 복통, 설사, 가스가 차는 느낌, 방귀 등의 위장관계 증상 등
- DPP-4 억제제: 메스꺼움, 구토 등의 위장관계 부작용, 드물게 인후염, 식욕저하 등
- SGLT-2 억제제: 비뇨생식기 감염, 다뇨증 등

그 외에 상세한 정보는 제품설명서 또는 제품별 허가정보에서 확인할 수 있다. 부작용이 발생하면 의사, 약사 등 전문가에게 알려 적절한 조치를 취할 수 있도록 한다.

▶ 표 12.1 ┃ 약제별 작용기전과 용법

약제	작용기전과 용법	A1c감소 (단독요법)	부작용
Sulfonylurea	• 췌장 베타세포에서 인슐린 분비가	1.0-2.0%	저혈당, 체중증가, 관절통, 관절염, 요통, 기관지염
Biguanide (Metformin)	• 간 당생성 감소 • 말초 인슐린 감수성 개선 • 식사와 함께 복용	1.0-1.5%	체중증가와 저혈당 위험 낮음. 소화기 장애(식욕감퇴/오심/구토/설사), 젖산증
α-glucosidase inhibitor	• 상부위장관에서 다당류 • 흡수를 억제하여 식후 • 고혈당 감소, 하루 3회 식전 복용	0.5-1.4%	체중증가, 부종, 혈색소 감소, 골절, 심부전
Thiazolidinedione	• 근육, 간, 지방의 • 인슐린 감수성 개선	0.5-1.4%	체중증가, 부종, 혈색소 감소, 골절, 심부전
Meglitinide	• 인슐린분비 증가 • 식후 고혈당 개선 • 하루 3회 식전 봉용	0.5-1.5%	체중증가, 저혈당, 변비, 상기도 감염, 부비동염
GLP-1 receptor agonist	• 포도당의존 인슐린 분비 • 식후 글루카곤 분비 억제 • 위배출 억제, 피하주사(일 2회)	0.5-1.0%	체중증가 및 저혈당 위험 낮음
DPP-4 inhibitor	• 인크레틴(GLP-1, GIP) 분해 억제 • 포도당의존 인슐린 분비 • 식후 글루카곤 분비 억제	0.5-1.0%	체중증가 및 저혈당 위험 낮음
SGLT-2 inhibitor	• 신장에서 당 재흡수를 억제하여 변으로 당 배출. • 식사와 관계없이 일 1회 복용	0.5-1.0%	이뇨제 사용 시 주의, 중등도 이상의 신장 장애 환자는 권장하지 않음

출처: 대한 당뇨병 학회, 당뇨병 진료지침 2015

WORKSHOP

- 당뇨환자들에게 대부분 의사들이 처음 처방하는 것은 무엇인가요?
- 인슐린 저항성을 개선시키는 약제는?
- 당뇨약제 Metformine의 1일 Dose는?
- 당뇨약제 Metformine 중 가장 작은 SIZE 제품은?
- SU 제제의 장점, 단점은?

- SU제제를 장기적으로 복용하거나, 인슐린을 장기적으로 투여할 경우 체중이 증가하는 이유는?
- TZD 제제의 장점, 단점은?
- SGLT2-I 제제의 장점, 단점은?
- 남성보다 여성 당뇨환자에게 좀 더 신중하게 처방하는 제제는? 이유는?
- BMI 수치가 높은 환자에게 처방될 수 있는 당뇨약제는?

02. GLP-1 유사체

GLP-1 RA(glucagon-like peptide-1 receptor agonist)는 인크레틴 호르몬인 GLP-1과 구조가 유사하지만 DPP4 효소에 의해 분해되지 않도록 개발된 주사제이다. 최근 여러 가지 가이드라인에서 죽상 경화성 심혈관 질환이 동반된 당뇨병 환자에게 GLP-1 RA 중 심혈관질환 예방 효과가 입증된 약제를 우선 고려하도록 권고하고 있다. 심혈관질환 예방효과가 인정된 GLP-1 RA는 liraglutide, semaglutide, albiglutide, dulaglutide 이고, 신장보호효과가 있다고 보고된 제품은 liraglutide, semaglutide, dulaglutide 이다. 또한 GLP-1 RA는 중성지방을 감소시키고, HDL-cholesterol을 증가시키는 효과도 있다.

1) 작용기전

GLP-1은 경구로 섭취한 음식이 소화, 흡수될 때 위장관 상피의 L-세포에서 분비되어 췌장에서 포도당 의존적으로 인슐린 분비를 촉진시키고 글루카곤 분비를 억제한다. 또한 중추신경계에 작용하여 식용억제 및 체중감소 효과가 있으며, 위 배출시간을 지연시켜 식후혈당의 과도한 상승을 막고 포만감을 지속시킨다. 체내에서 생성되는 GLP-1은 DPP4에 의해 수 분 내에 빠르게 분해되어 활성을 잃지만, GLP-1 RA는

DPP4에 의해 분해되지 않도록 개발되었다.

2) 혈당 강하 효과

GLP-1 RA는 HbA1c를 0.5~1.0% 감소시키고, 식전혈당을 50mg/dL 까지 낮출 수 있다. 속효성(short-acting) GLP-1 RA는 위 배출을 지연시켜 식후혈당 강하 효과가 크며, 지속형(long-action) GLP-1 RA는 식전혈당 강하효과가 크고 HbA1c감소 효과가 더 크다. 이 약제는 포도당 의존적으로 인슐린과 글루카곤의 분비를 조절하므로 저혈당 발생위험이 낮고, 식욕억제 효과를 통해 평균 2~4 kg의 체중감소 효과가 있다.

3) 부작용

가장 흔한 부작용은 구역, 구토, 설사 등 위장장애이며 약물사용 초기에 흔하고 시간이 지나면서 감소하는 경향이다.

4) 경구용 GLP-1 유사체

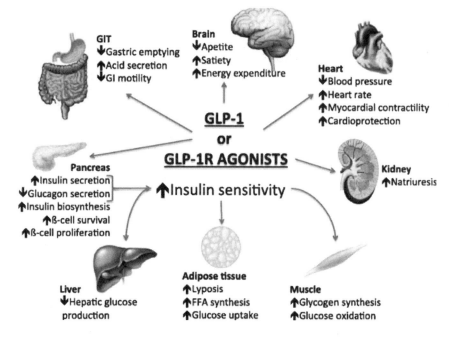

▶ 그림 12.3 ┃ 경구용 GLP-1 유사체

주사로 투약하는 GLP-1 RA 중 '세마글루타이드(semaglutide)'가 경구용 약으로 변신하면서 최초 경구용 GLP-1 RA로 환자의 편리성을 강조하여 2019년 하반기 미국 FDA 허가를 받아 새로운 경구용 시장에 진출하게 되었다. 한국시장에도 조만간 발매될 것으로 예상된다. 경구용 '세마글루타이드'를 시작으로 다른 GLP-1 RA 들도 경구용으로 개발하여 출시될 것으로 예상된다.

WORKSHOP

- GLP-1 RA 제제가 한국시장에서 현재보다 Market Share를 늘리기 위한 마케팅 전략은?
- 향후 국내에서 발매 할 경구용 GLP-1 RA 시장은?
- '빅토자' vs '삭센다'

03. DPP-4 억제제

First in class인 Sitagliptin(2008년) 발매를 시작으로 Vildagliptin(2009년), Linagliptin, Gemigliptin(2012년), Evogliptin(2016년)이 차례로 발매되어 현재까지 9개 신약이 발매되었다. 최근에 발매된 제품보다 2014년까지 발매된(상대적으로 임상자료가 많은 글로벌 제약사 5개사 제품: Sitagliptin, Vildagliptin, Saxagliptin, Linagliptin, Alogliptin) DPP-4 억제제에 대한 자료를 바탕으로 DPP-4 억제제의 특징을 다음과 같이 정리하였다.

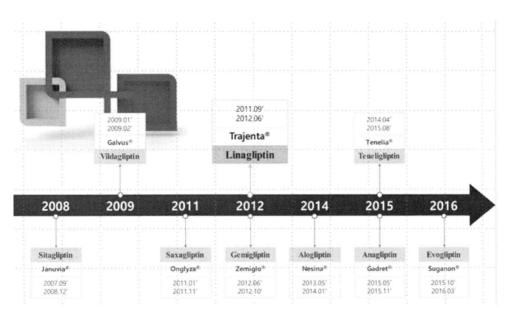

출처: 온라인의약도서관, http://drug.mfds.go.kr/html/index.jsp

▶ 그림 12.4 ▌ History of DPP4 Inhibitors in Korea

1) DPP-4 효소 선택적으로 억제

(1) DPP-4 억제제의 작용기전

766개 아미노산으로 구성된 DPP-4 효소는 세포 안에 존재하는 짧은 intracellular domain과 세포 표면에 존재하는 긴 extracellular domain으로 구성되어 있다. Extracellular domain은 highly glycosylated region, cysteine-rich region, catalytic region으로 구분되며, DPP-4 억제제는 인크레틴 등의 기질을 잘라 불활성화 시키는 catalytic region을 목표로 하여 억제 작용을 한다. 현재 개발되어 있는 DPP-4 억제제들은 DPP-4 효소에 비해서 아주 작은 크기의 화합물 형태이며, 기질(substrate)을 자르는 효소의 역할을 억제하는 것 이외에는 다른 기능이나 전체적인 구조에 영향을 미치지 않는다. 특히, DPP-4 효소에 대한 선택성이 뛰어난 DPP-4 억제제는 T-세포 활성화에는 영향을 미치지 않는 것으로 보고되어 있다.

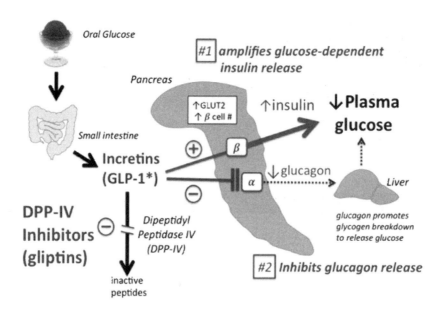

출처: tmedweb. tulane. eud

▶ 그림 12.5 ┃ DPP-4 억제제의 작용기전

(2) DPP-4 억제제의 선택성

DPP-4는 세포막에 있는 펩티드 분해효소이며 신장, 장의융모, 간, 혈관 내피, T세포 등에 광범위하게 존재한다. DPP-4는 인크레틴 N 말단에서 2번째 알라딘과 3번째 글루타민 결합을 절단하여 분해하는 작용으로 인크레틴 작용을 감소시킨다. DPP-4 분해효소의 이런 작용을 저해하여 DPP-4가 인크레틴을 분해하지 못하게 만드는 약이 DPP-4 억제제이다. DPP-4 억제제는 DPP-4에 대해 수소결합이나 공유결합으로 효소 활동을 저해하며, 이런 결합의 차이, 저해율, 활성 지속성에 따라 분류할 수 있다.

지금까지 발매된 DPP-4 억제제들은 모두 적은 농도로(IC$_{50}$: 0.98~62 nM) DPP-4 억제효과를 나타낸다. 최근 발매된 Evogliptin은 1nM 이하의 0.98nM로 DPP-4 억제효과를 나타낸다.

DPP-4는 펩티드 결합을 절단하는 효소이며 유사한 효소로 DPP-8, DPP-9 등이 있습니다. DPP-8,9 대비 DPP-4의 선택성이 높으면 안전성면에서 부작용 우려가 적다고 할 수 있다. DPP-4억제제들은 대사, 배설경로에 따라 용량, 용법, 금기가 다르다. 특히 신기능 장애가 많고, 병용하는 약이 많은 고령자에게는 약의 종류와 투여량에 주의하여야 한다.

2) 복용의 편리성

(1) DPP-4 억제제의 약동력학적 특징

DPP-4 억제제는 화학구조 차이에 따라 DPP-4를 억제하는 기전이 다르며, 이런 화학구조의 차이는 약물동태로 나타나 약제의 대사와 배설에도 차이를 나타낸다. 또한 각 약제의 조직이나 세포내 이행에 관여하는 수용성과 지용성간의 차이, 간에서 CYP 대사, 대사체의 활성유무, 배설경로나 배설률의 차이 등이 DPP-4억제 활성정도나 지속시간에 영향을 준다. 이렇게 DPP-4 억제 기전, 대사와 배설기전의 차이와 특징이 혈당개선효과와 그밖에 다양한 작용에 관여한다.

모든 DPP-4 억제제들은 경구로 투여하는 형태이며, sitagliptin, vildagliptin, saxagliptin의 생체이용률은 모두 75~87%에 이른다. 반감기가 긴 sitagliptin(12.4시간), alogliptin(12.4~21.4시간), linagliptin(113~131시간)은 모두 1일 1회 투여가 가능하나, vildagliptin(2~3시간)과 saxagliptin(parent: 2.5시간, metabolite: 3.1시간)은 반감기가 상대적으로 짧은 편이다. 그러나, vildagliptin과 saxagliptin은 DPP-4 효소에 강력한 공유결합을 함으로써, 혈장내 존재 시간은 짧으나 실제 작용 시간은 길다고 알려져 있다.

(2) DPP-4 억제능에 비례하는 DPP-4 억제제의 혈당강하 효과

각 약제의 최대 DPP-4 억제능은 saxagliptin이 80%에 달하고, 나머지 약물이 90% 이상을 유지한다. 각각의 다른 측정법을 사용한 까닭에 이들의 결과를 직접 비교하기에는 어려움이 있지만, Sitagliptin, Vildagliptin, Saxagliptin, Linagliptin, Alogliptin 중 sitagliptin이 가장 강력한 DPP-4 억제 효과를 나타내는 것으로 알려져 있다.

Sitagliptin 100 mg을 단 회 투여하였을 때, 24시간 동안 97% 이상의 DPP-4 억제 효과를 지속하였다. 반면, 반감기가 짧은 vildagliptin은 1일 1회 투여로는 24시간 동안 DPP-4를 효과적으로 억제하지 못하였고, 12시간이 지나면 급격히 감소한다. 이로 인해, vildagliptin은 50mg 1일 1회(-0.5%)보다 50mg 1일 2회(-0.7%) 투여 시 더 안정적인 DPP-4 억제로 당화혈색소를 더 많이 감소시킨다.

Saxagliptin은 2.5mg과 5mg 모두 24시간 동안 80% 정도의 DPP-4 억제 효과를 나타내지만, 20시간 이후 급격히 떨어지는 양상을 나타내며, linagliptin은 긴 반감기를 가진 만큼 24시간 90% 이상 DPP-4 억제를 나타낸다.

3) DPP-4 억제제의 대사와 배설

Sitagliptin과 alogliptin은 대사되지 않은 채 투여 약물의 80%와 60~71%가 신장으로 배설되는 반면, vildagliptin은 가수분해된 후 신장으로 배설된다.

Saxagliptin은 CYP3A4로 대사된 후 투여 약물과 그 활성 대사체가 신장으로 배설되고, linagliptin은 다른 약물과 다르게 대사되지 않은 채, 담즙으로 배설된다.

4) 신장 환자에서의 용량 조절

Sitagliptin은 70% 이상이 신장으로 배설되고, vildagliptin, saxagliptin, alogliptin은 간과 신장을 통해 제거되므로 신기능에 따라 용량조절이 필요하다. Sitagliptin 경우 신기능이 정상인 경우와 creatinine 청소율이 50mL/min 이상의 경증 신장애에서는 1일 1회 100 mg이 권장 용량인 반면, creatinine 청소율이 30~50mL/min인 중등도 신장애의 경우 50mg, 그 이하 중증 신장애나 말기 신부전에서는 25mg을 투여해야 한다. Vildagliptin은 경증 신장애인 경우 50mg 1일 2회가 권장 용량이며, 중등도 이상의 신장애에서는 사용이 권고되지 않고, saxagliptin의 경우 모든 단계의 신장애 환자에서 2.5mg 1회가 권장 용량이다. 이러한 약제들의 용량 조절을 위해 사용 이전과 투여 중에도 신장 기능 모니터링을 실시해야 하며, 결과에 따라 적절한 용량 조절이 필요하다.

Linagliptin은 대부분(85%) 대사되지 않고 담즙으로 배설되고, 신장배설은 1% 미만이므로 만성 콩팥병 환자(CKD)에게 용량조절 없이 투여할 수 있다. Gemigliptin은 주로 간에서 대사되며, 신장 및 담즙을 통해 배설되므로 만성 콩팥병 환자(CKD)에서 용량조절이 필요하지 않다.

e-GFR	CKD1-2 ≥ 60	CKD3a 45-59	CKD3b 30-44	CKD4 15-29	ESRD < 15
Metformin		최대용량 1000 mg/일 이하	금지	금지	금지
Meglitinide					
Repaglinide					주의
Mitiglinide					주의
Nateglinide					금지
DPP-4 inhibitors					
Sitagliptin	100 mg	100 mg	50 mg	25 mg	25 mg
Vildagliptin	100 mg	50 mg*	50 mg	50 mg	50 mg
Saxagliptin	5 mg	2.5 mg*	2.5 mg	2.5 mg	2.5 mg
Linagliptin	5 mg	5 mg	5 mg	5 mg	5 mg
Gemigliptin	50 mg	50 mg	50 mg	50 mg	50 mg
Teneligliptin	20 mg	20 mg	20 mg	20 mg	20 mg
Alogliptin	25 mg	12.5 mg*	12.5 mg	6.25 mg	6.25 mg
Evogliptin	5 mg	5 mg	5 mg	5 mg	자료 없음
Anagliptin	200 mg	200 mg	200 mg	100 mg	100 mg
SGLT2 inhibitors					
Dapagliflozin	10 mg	금지	금지	금지	금지
Empagliflozin	10 mg/25 mg	주의¶	금지	금지	금지
Ertugliflozin	5 mg	주의¶	금지	금지	금지
Ipragliflozin	50 mg	금지	금지	금지	금지
Sulfonylurea					
Gliclazide			주의	주의	주의
Glimepiride			주의	주의	주의
Glipizide			주의	주의	주의
Alpha-glucosidase inhibitors					
Acarbose				금지**	금지
Voglibose				자료 없음	자료 없음
Thiazolidinedione					
Pioglitazone	15/30 mg	15/30 mg	15/30 mg	15/30 mg	15/30 mg
Lobeglitazone	0.5 mg	0.5 mg	0.5 mg	0.5 mg	0.5 mg
GLP-1 수용체작용제					
Lixisenatide				자료 없음	자료 없음
Liraglutide					자료 없음
Dulaglutide					

*e-GFR ≥ 50 용량 조절 불필요, ¶ e-GFR < 60 시작 금지, **e-GFR < 25 금지
용량 조절 불필요
CKD, chronic kidney disease

출처: 대한 당뇨병학회 진료지침 가이드 2019

▶ 그림 12.6 ┃ 신기능에 따른 약제 조절

5) 간장애 환자에서의 용량 조절

Sitagliptin과 saxagliptin은 간장애 환자에서는 용량 조절이 요구되지 않고, 상대적으로 안전하게 사용할 수 있는 것으로 되어 있다. 이에 반하여, vildagliptin의 경우 경증 간장애 부터 사용이 권고되지 않는다. Vildagliptin은 임상연구에서 100mg을 1일 1회 투여한 경우, 간효소 수치의 증가가 관찰되어 부득이하게 용법용량을 50mg 1일 2회 투여로 변경하여야 했다. 따라서 vildagliptin은 사용 이전에 필수적으로 간효

소 수치 검사가 요구되며, 이미 투여를 시작하였다 하더라도, 3개월에 한 번씩 간효소 검사를 실시하여야 한다. 만약, 사용 이전과 사용 도중 간효소 수치가 정상 상한치의 2.5배 이상인 경우 vildagliptin의 사용이 금지된다.

6) 다양한 임상 자료

(1) Sitagliptin vs. Metformin: 동등성 임상자료

24주간 단독으로 사용하였을 때, 기저(baseline) 당화혈색소가 7.2%이었던 임상연구를 완료한 환자들의 혈당강하 효과는 sitagliptin과 metformin에서 각각 -0.43%, 0.57%로 두 약물은 동등함이 입증되었다(두 약물차이 0.14%, 95% CI: 0.06-0.21) (Diabetes Obes Metab 2010;12:252).

(2) Sitagliptin vs. Sulfonylurea: 동등성 임상자료

Metformin에 불충분한 혈당조절을 나타내어 약물을 추가로 투여한 경우, 52주간 sitagliptin과 glipizide의 당화혈색소 강하 효과는 0.7%로, 두 약물은 동등함이 입증되었다. 뿐만 아니라, metformin에 각각 sitagliptin과 glimepiride를 추가한 경우에도 30주간 당화혈색소 강하 효과 차이는 불과 0.07%에 그쳐, 두 약제의 효과는 동등함이 입증되었다(Diabetes Obes Metab 2007;9:194).

(3) Sitagliptin vs. Thiazolidinedione: 유사한 효과 임상자료

Sitagliptin, pioglitazone, 또는 rosiglitazone의 23개 연구를 메타분석한 결과에 따르면, sitagliptin과 pioglitazone, sitagliptin과 rosiglitazone의 효과는 동등한 것으로 나타났다. Sitagliptin은 pioglitazone과의 차이는 없는 것으로 나타났고, rosiglitazone과의 차이는 불과 0.1%에 그쳤다(Diabetes Obes Metab 2009;11:1009).

(4) Sitagliptin vs. Voglibose: Sitagliptin이 우수한 임상자료

일본인을 대상으로 sitagliptin 50 mg과 voglibose 0.2 mg 1일 3회를 12주간 사용하였을 때, 당화혈색소, 공복혈당, 및 식후혈당 모두 sitagliptin 투여군에서 우수한 것으로 나타났다. 특히, 모든 기저 당화혈색소에서 sitagliptin은 voglibose보다 모두 당화혈색소 강하 효과가 우수한 것으로 조사되었고, 식후 혈당강하 효과가 우수하다고 알려져 있는 voglibose보다 sitagliptin의 식후혈당강하가 더욱 뛰어났다. 이러한 효과 이외에도, 저혈당은 두 약물이 비슷하게 나타났고, 모든 복부 관련 부작용은 sitagliptin에서 더욱 낮게 나타났다(Diabetes Obes Metab 2010;12:613).

7) 과학적 임상 근거

DPP-4 억제제는 여러 가지 과학적 임상결과로 근거가 입증되어 경구용 혈당강하제(Oral Hypoglycemic Agent; OHA) 시장에서 2018년 현재 가장 많이 처방되는 약제이며, 그 용법은 다음과 같다.

A. 초기 단독요법

B. Metformin과 Sitaglilptin의 초기 병용요법

C. Metformin과 병용요법

D. Sulfonylurea와 병용요법

E. Thiazolidinedione과 병용요법

F. Insulin과 병용요법

G. Sulfonylurea와 Metformin과 병용요법

H. Thiazolidinedione과 Metformin과 병용요법

I. Insulin과 Metformin과 병용요법

04. 경구용 혈당강하제(OHA) 시장 트렌드

IQVIA 2019년 자료에 의하면 경구용 혈당강하제(OHA; Oral Hypoglycemic Agent) 시장은 1조 2,680억 원으로 매우 큰 시장으로 매년 꾸준하게 성장하고 있다. 그중에서 DPP-4 inhibitor와 SGLT2 inhibitor는 전체 당뇨시장의 약 60% 점유하고 성장률이 매우 높다. 특히 DPP-4 inhibitor는 단일제보다는 복합제(Metformin+DPP-4 inhibitor) 처방이 늘어나고 있다. 이는 안전성과 유효성과 편리성이 입증되었기에 처

방이 증가하고 있다고 판단된다. 무엇보다도 다른 계열과 병용요법으로 많이 처방되고 있어 앞으로도 지속적으로 매출이 증가될 것으로 예상된다.

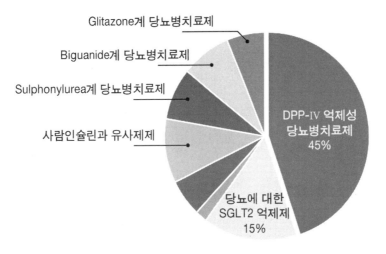

출처: 아이큐비아, 2019

▶ 그림 12.7 ▌ 국내 당뇨병 치료제 점유율(2019)

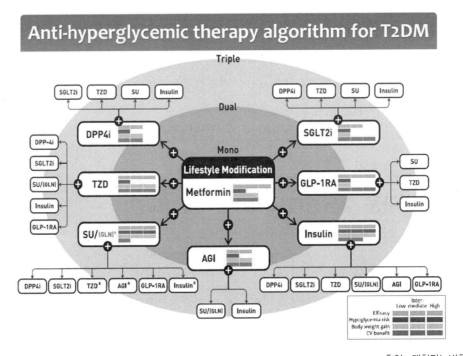

출처: 대한당뇨병학회

▶ 그림 12.8

WORKSHOP

- 우리나라 OHA시장에서 DPP-4 inhibitor 계열의 처방이 가장 많은 이유는?

- DPP-4 inhibitor 계열의 처방이 서양인보다 동양인에게 많은 이유는?

- 우리나라 OHA시장에서 가장 빠르게 성장하는 계열의 약물은? 이유는?

- 인슐린 분비능을 평가하는 지표는?

- 인슐린 저항성이 발생하는 이유는?

- 미세혈관 합병증 vs 대혈관 합병증 종류? 이유는?

- 혈당 변동폭이 높으면 어떤 현상이 발생될까?

- eGFR 수치에 따라 약물의 용량이 다른 이유는?

- CKD 3(eGFR 수치 30-60) 환자에게 용량 조절 없이 처방할 수 있는 DPP-4 inhibitor는?

- 당뇨환자가 평균 처방받는 평균 약의 숫자는?

- 복합제 처방비중이 늘어날까? 줄어들까? 이유는?

- 복합제 vs 단일제 마케팅 전략은?

- QD 중 (28일) 28T vs (30일) 30T

- BID vs QD 마케팅 전략

APPENDIX

제약영업마케팅
Selling Model

❖ SFE(Sales Force Effectiveness)

01	Segmentation
02	Targeting
03	Positioning
04	Exeuction
05	Feedback

❖ SFE(Sales Force Effectiveness)

01	Call frequency
02	Call quality
03	Call time

❖ MR Selling model

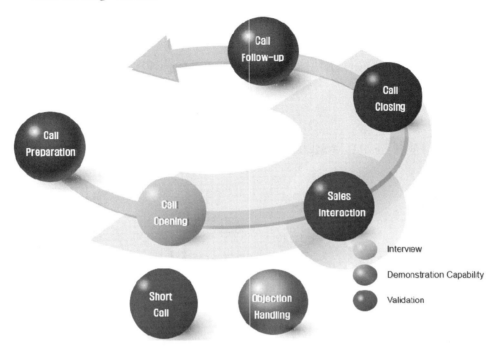

❖ MR의 Activity

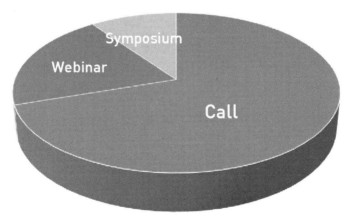

1) 프로세스가 왜 필요한가!

- PROCESS란? 일을 처리하는 과정 또는 순서를 말한다.
- 제약 MR의 Call도 각 단계별 PROCESS가 있다.
- 제약 MR의 Call PROCESS(성과가 있거나 공통으로 운영해야하는 프로세스)를 표준으로 정하여 활동하는 것을 말한다.

(1) 숫자 1부터 58까지 순서대로 찾아보기

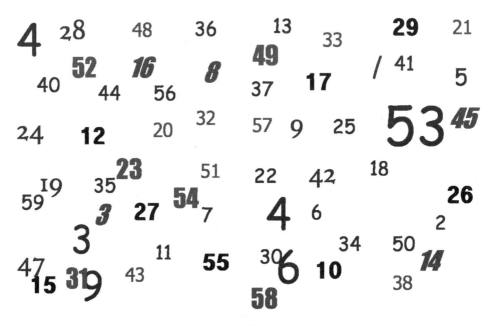

▶그림 1

(2) 숫자 1부터 58까지 순서대로 찾아보기

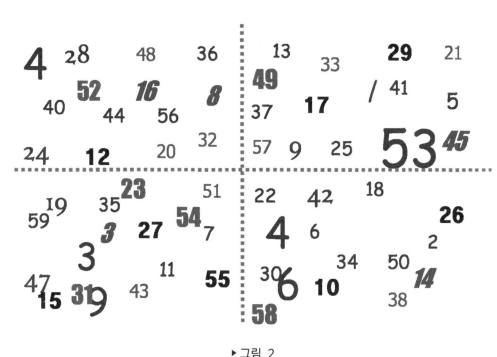

▶그림 2

---

(3) 그림1과 2의 차이점은?

---

2) Selling Model

제약 MR의 Call에 사용되는 Selling Model의 PROCESS는 크게 5단계로 구성된다.
❶ Call Preparation ❷ Call Opening ❸ Sales Interaction ❹ Call Closing ❺ Call Follow-up로 구성된다.

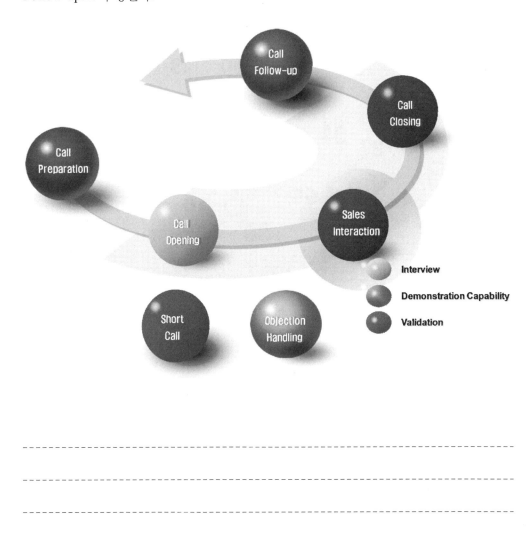

3) OO제품 Selling Model

OO제품 Selling Model 구축 목표

- OO제약회사 영업마케팅에 대한 이해와 Quality standards 를 정립한다.
- 업무의 road-map과 clear objectives를 수립하는 효과적인 기준을 제공한다.
- Model을 통해, 고객 방문에 대한 자신감과 함께 방문의 세부 과정을 익히게 된다.
- 고객의 Needs을 경쟁품/경쟁사 직원들보다 좀 더 만족시킬 수 있다.
- 잠재적인 역량을 가진 직원을 개발시킨다.

STEP 1. Call Preparation

Step 1. Call Preparation : Work shop # 1

Call preparation 이란?

제한시간 : 20분!!

당신의 OOO제품 매 방문 시

Pre-call Planning은 무엇인가?

❶

❷

❸

❹

❖ Target Dr. Analysis

정기적으로 up-date가 필요하다.

- Analyze : 고객(거래처)를 분석한다.
- Identify : 경쟁상황을 확인한다.
- Review : 고객의 Needs와 personality profile을 살펴본다.

❖ Pre-call Planning

매 번의 방문 단계 이전에 준비한다.

- Check call history : 지금까지의 call history를 살펴본다.
- Set call objectives : 지금까지의 call에 근거하여 이번 call objectives를 설정한다.
- Plan : Call objective에 맞는 Message와 Resource를 준비한다.

❖ Who is Target Customer?

- Name : 임형식 교수님
- Hospital : 한국대 병원
- Title : 내분비내과 교수
- Class : A(Prescription 中, Potential 高, 영향력 高)
- Sales Result :

  OO 제품 처방이 없으며 다양한 제품을 처방중임

  전체 처방에서 항혈절제 처방비율 약 15%
- Adoption Process : Trial
- Adoption Style : Late Majority
- Personal Characters : 무의미한 방문 싫어함, 책읽기, 등산을 즐김

❖ Call History

- Last Call Record : OO제품 4상 임상 Detail 하여, OO제품 10mg 스위치 노력하였으나 반응 나쁨

- Today's Call Objective : Once-Daily 복용의 OO제품 특장점 Detail 통한 환자 복약순응도 결과 디테일

❖ Who is Target Customer? "임형식 교수"

▶ Adoption Process

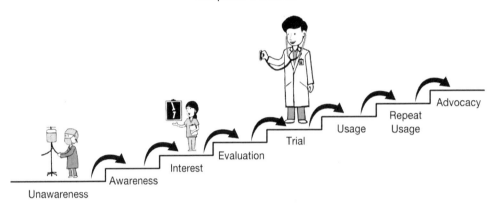

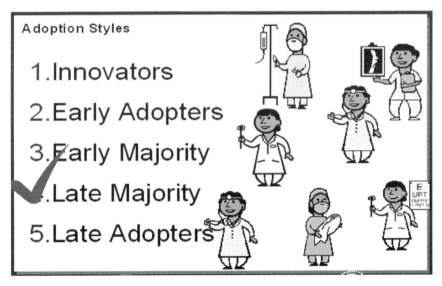

출처: Everett Rogers, Diffusion of innovations

❖ Who is Target Customer?

The percentage of the adoption style population can be shown diagrammatically as follows:

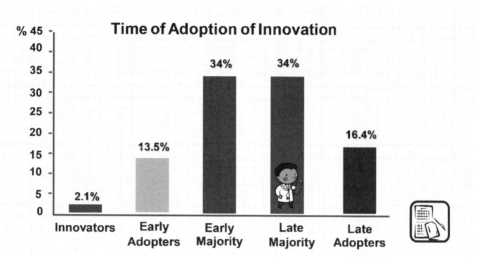

출처: Everett Rogers, Diffusion of innovations

방문 성공을 위한 전략을 준비한다면 당신이 반드시 준비해야 될 결정적인 한 가지
는 무엇일까요 ?

❖ Right Patient

→ Dr.에게 OOO제품 처방에 맞는 환자 Case를 적절하게 제시하는가?

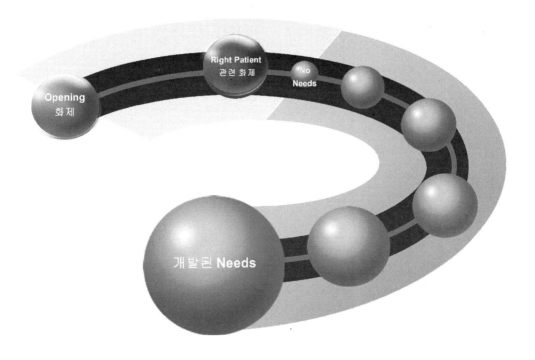

Step 1. Call Preparation: Work shop #2

Right Patient 찾기

제한시간 : 20분!!

OO제품 임상 스터디에서
Key message에 따른 Right patient 찾기!!

BREAK TIME 미래를 보면서 현재의 일을 생각하는 사람

99퍼센트의 인간은 현재를 보면서 미래가 어떻게 될지를 예측하고, 1퍼센트의 인간은 미래를 내다보면서 지금 어떻게 행동해야 할지 생각한다. 물론 후자에 속하는 1퍼센트의 인간만이 성공한다. 그리고 대부분의 인간은 1퍼센트의 인간을 이해하기 어렵다고 말한다.

– 간다 마사노리

STEP 2. Call Opening

Call Opening

- 올바른 자기소개
- 고객의 관심 유발(Gain the interesting)
- <u>Patient type</u>을 언급하는 전략적 Approach

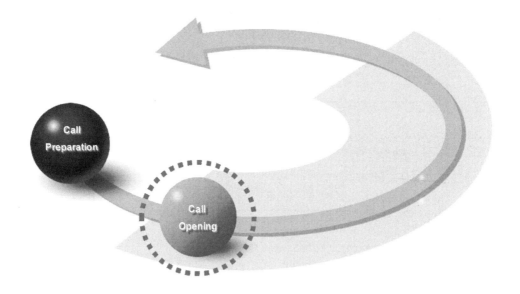

Step 2. Call Opening: Work shop #1

효과적인 방문을 위한 Opening화제 만들기

제한시간 : 20분!!

❖ 말의 내용은?

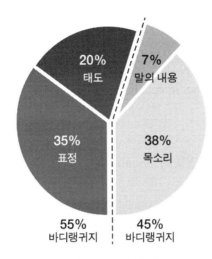

20% 태도

7% 말의 내용

35% 표정

38% 목소리

55% 바디랭귀지

45% 바디랭귀지

▶ 메라비언의 법칙

❖ 커뮤니케이션의 비율

소리는 당신의 감정이 표현되어 나오는 것이다!

커뮤니케이션에 있어 "어떤 말을 하느냐"보다
"어떻게 말을 하느냐" 가 더 중요하다.

❖ Call Opening 요소
❶ 고객의 관심을 유발시키고
❷ Patient type으로 연결한다.

✓ 올바른 자기 소개

✓ 고객의 관심 유발 (Gain the interest)

Patient type을 언급하는 전략적 Approach

올바른 자기소개

고객의 관심 유발(Gain the interesting)

Patient type을 언급하는 전략적 Approach

당신의 Call objective가 성취하기 어려울수록 전략적으로 접근해야 될 필요가 있고, 다음의 세심하게 디자인된 프로세스를 따라야 한다.

고객의 관심 유발(Gain the interesting = engagement stage)
→ 상호간의 대화가 시작될 수 있도록 분위기를 조성하는 것

당신의 Attitude(당신은 고객과의 방문을 소중하게 생각하고 최선을 다하는가?)
- 당신의 외양(appearance)
- 열정, 긍정적 태도, 전문적 태도

올바른 opening 화제의 선택
- 개인적, 공통적 관심 → Patient에 대한 관심(전략적인 Approach)

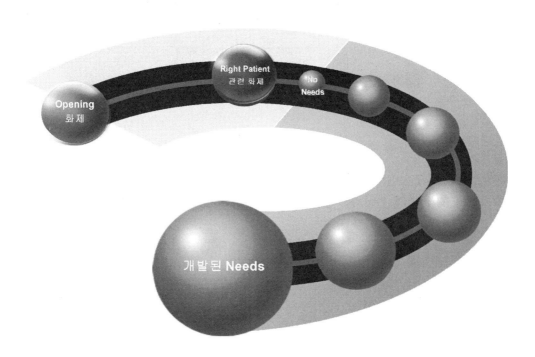

Patient type을 언급하는 전략적 **Approach** 예

Call 전반부에서 Patient를 언급한다.(Bring the patient to the front of the call)

의사의 관심의 우선 순위는 Patient > 질병 > 제품 다음과 같다.

따라서 우리가 제품을 언급하기 위해서는 'Right patient '부터 언급하는 것이 가장 추천된다.

'Patient 및 질병'과 관련된 이야기나 경험을 공유한다.(Share a relevant story or experience)

'Patient를 치료함에 있어서 반드시 인식해야 될 사실(Fact)을 간접화법으로 언급한다.

올바른 자기 소개

고객의 관심 유발 (Gain the interest)

Patient type을 언급하는 전략적 Approach

문제를 인식하도록 하는 질문을 한다.(Ask a provocative question)

고객이 '지금까지 인식하지 못했던 문제'와 관련된 대화를 나눈다.(Communicate a surprising fact)

Step 2. Call Opening: Work shop #2

Opening 임형식 교수를 효과적으로 방문하기 위한 Opening 화제 준비!!!

제한시간 : 20분!!

고객의 관심 유발시킬 수 있는 화제를 만들고,

❶

❷

❸

전략적으로 Patient type을 언급하고 Right Patient로 연결시키기!!

❶

❷

❸

Step 2. Call Opening: Work shop #2
Call Opening 평가 기준

- 명확한 Opening 단계가 없었다. (0)
- Opening과정에서 고객의 관심을 유발하지 못했다. (1)
- Opening과정에서 고객의 관심을 유발했다. (2)
- Opening과정에서 고객의 관심을 유발했고, Patient type이 언급되었다. (3)

STEP 3. Sales Interaction

Sales Interaction

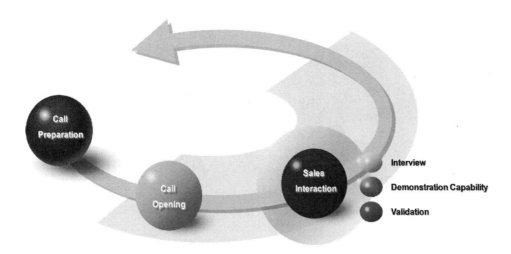

❖ Interview

Define: 고객의 동기(motivation)와 needs를 확인한다.

❖ Demonstration Capability

Convince: 우리의 제품이 경쟁제품보다 고객의needs에 더 적합하다는 것을 확신시킨다.

- Patient에 대한 제품의 특징과 이점을 알린다.
- 일방적 전달이 아닌 효과적인 대화를 통해 정보를 전달한다.
- 관련 자료를 효과적으로 사용한다.

❖ Validation

Agree : 제기된 Needs가 detail된 우리 제품을 통해 해결될 수 있는지 동의를 구한다.

❖ Interview

Right Patient를 치료함에 있어서의 의사의 문제를 확인하고, 문제인식, 문제의미의 부각 및 개선 가능성 모색하도록 한다.

질문 : 당신의 방문 단계에서 가장 많은 비중을 차지하는 단계는 어디입니까?

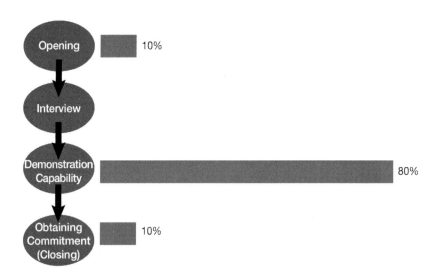

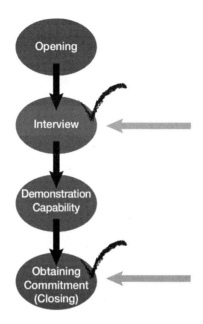

the most important stage of the meeting failure here is often due to incomplete Investigating

❖ Interview skill
- Questioning: 전략적으로 질문하기
- Listening: 주의 깊게 경청하기
- Response to Customer: 긍정적으로 반응하기

❖ 왜 질문이 필요할까요?

고객의 반응을 기다리는 것.

고객을 반응하도록 하는 것.

❖ 질문의 7가지 힘

❶ 질문을 하면 _____답_____ 이 나온다.

❷ 질문은 _____생각_____ 을 자극한다.

❸ 질문은 _____정보_____ 를 가져다준다.

❹ 질문을 하면 _____통제_____ 가 된다.

❺ 질문은 _____마음_____ 을 열게 한다.

❻ 질문은 _____귀_____ 를 기울이게 한다.

❼ 질문은 _____스스로_____ 를 설득 시킨다.

❖ Question 체크 사항!

❶ 방문 목적에 집중한다.
❷ 단순 fact를 얻기 위한 질문은 피한다.
❸ 고객의 니즈, 문제, 목표, 의견에 관한 질문을 한다.

❖ 질문의 5가지 유형

▪ Open vs. Closed

▪ Elevator(Ascend vs. Descend)

▪ Confirming

▪ Pain questions

▪ SPIN Q

❶ Open vs. Closed Q

▪ Open Q

　MR : 이런 특장점에 대해 교수님께서는 어떻게 보십니까?

　DR : 제 생각에는요….

고객의 다양한 반응 유도한다.

특정 주제에 대한 고객의 견해를 알 수 있다.

Who, What, Where, When, How, Why → 정보를 얻는 질문

▪ Closed Q

　MR : 교수님께서는 이 제품이 경쟁품보다 효과적이라고 보십니까?

고객의 반응에 대한 옵션을 예 / 아니오로 좁힌다.

대화를 특정 방향으로 유도하고자 할 때

Step 1. Sales Interaction: Work shop #1

Open Q, Closed Q 작성하기

제한시간 : 20분!!

----

❷ Elevator Q

• Ascending Q	• Descending Q
" Why "	" What "
General / Benefit / all patients 보다 상위의 추상적인 level 의 정보 고객의 답변/결정의 저변에 깔려있는 가치기준, 선택동기 파악	Specific/Fact/this patient 특정하고 구체적인 정보 특정 사실 파악
약가가 비싸다고 말씀주셨는데요, 어떤 이유로 약가가 중요하십니까?	약가가 비싸다고 말씀주셨는데요, 어떤 약제 대비 말씀이신지요?

----

❸ Confirming Q

"같은 의견이십니까?"

"이것이 어떻게 유용할 수 있을지 이해가 되시는지요?"

→ 대화의 Temperature 체크를 위해 call 전반에 사용

"이 부분은 친숙하신 내용입니까? 혹시 추가 설명이 필요하십니까"

→ 고객의 understanding, interest, agreement를 확인하기 위해 사용

"제가 이해한 내용이 맞습니까?"

→ Simple & Closed Q 형태

----

❹ Pain questions

고객이 놓치고 있거나 잊을 수도 있는 문제점이 있음을 깨닫게 해주는 질문 →

Pain 유발!

Pain questions

질문으로 인한 Pain 이 클수록 우리의 메시지는 고객에게 더욱 큰 안심을 줄 수 있고, selling은 보다 쉬어진다.

❺ SPIN Q

고객의 No-Needs를 Needs로 개발 & 극대화시키는 단계

• Situation Questions	No needs	현재 나는 이렇게 처방/치료하고 있어요.
• Problem Questions	문제 인식	실제 000한 문제가 있기는 하죠. 별 문제가 없다고 여겨왔는데, 생각해보니 정말 문제가 있군요….
• Implication Questions	문제의 의미 확장	조금 더 생각해보니, 이 문제를 지금 해결하지 않으면 향후 해결할 수 없는 더 큰 문제가 되겠군….
• Need-payoff Questions	개선 가능성?!	글쎄요, 이 문제를 해결하기 위해서 00한 특성을 지닌 약물/치료법이라면 좀더 결과를 얻을 수 있을 거라 봐요!

```
┌─────────────────────────────────────────────────────────────┐
│  BREAK TIME    Break Time                                     │
│                                                               │
│            내게 말해보라. 그러면 잊어버릴 것이다.               │
│            내게 보여주라. 그러면 기억할지도 모른다.             │
│            나를 참여시켜라. 그러면 이해할 것이다.              │
│                                                               │
│              – 필립 코틀러, '마켓 3.0'에서 인용한 중국 속담    │
└─────────────────────────────────────────────────────────────┘
```

❖ Listening

나의 모습은….

▪ 단지 내가 말할 차례를 기다리고 있는지

▪ 고객이 얘기하는 동안 내 반응을 준비하는지

▪ 이미 선입견으로 고객이 의미하는 바를 알고 있다고 생각하고 있는지

▪ 나의 견해를 잠시 옆에 내려놓는 것

▪ 고객이 진정으로 의미하는 바에 호기심 갖기

▪ 고객이 나의 질문에 대해 깊은 생각 끝에 대답하게 하는 것

▪ Encouraging Silence 의 힘을 사용하기

❖ Encouraging Silence

일단, 고객이 나의 질문에 대답하고 났을 때…

❶ Pause!

이어 대답하지 않고 일단 멈춘다.

❷ Encouraging silence!

SOFTEN

❸ 그럼, 고객도 생각하기 위해 silence 한다.

❹ 그리고 나면,

고객은 나의 질문에 대해

더 생각 깊은 답변을 진행하게 될 것이다.

❖ Active Listening

Verbal   Non-Verbal

Smile   傾聽

Open Posture

Forward Leaning

Touch

Eye contact

Nod

Verbal   Non-Verbal

Encouraging

'고객의 소리에 귀를 기울이고 있습니다'

▪ Reinforcing : "아 네.." "그렇군요"

▪ Empathizing : "그것 참 실망스러우셨겠습니다."

　　　　　　　　 "그건 정말 자랑스러우셨겠습니다."

▪ Accepting : "무슨 말씀이신지 잘 알겠습니다."(동의X)

Questioning Confirming

'고객이 주는 정보를 잘 받아들이고 있습니다.'

▪ Summarizing : 고객이 말한 것을 restate 하거나 다른 용어로 표현

▪ Paraphrasing : "제가 말씀하신 바를 정확히 요약했습니까?"

▪ Checking : "제가 이해한 것이 염려하신 바가 맞는지요?"

❖ 고객 니즈에 집중하는 2 단계 전략!

생각을 여는 Skill - 질문!! - 생각을 자극한다.

마음을 여는 Skill - 경청!! - 마음을 움직인다.

Step 3. Sales Interaction: Work shop #2

Listening 방법

- OOO제품 판매를 위한 Active listening?
- Needs를 개발하기 위한 listening 방법

제한시간 : 20분!!

Step 3. Sales Interaction

(1) Interview

Questions(form)	Questions(Contents)
Open Questions Closed Questions Confirm Questions	Situation Questions Problem Questions Implication Questions Need/Payoff Questions

Questions(form)

▪ Open Questions

고객의 구체적 생각을 구술하도록 요청하는 질문을 한다.

언제, 어디서, 무엇을, 어떻게 왜 등으로 질문한다.

▪ Closed Questions

'예, 아니오'의 단답형 대답이 얻어지는 질문을 한다.

~인가요?, ~ 아닌가요?

▪ Confirm Questions

상대의 말이나 생각을 확인하는 질문을 한다.

~라고 이해한 것이 맞습니까?

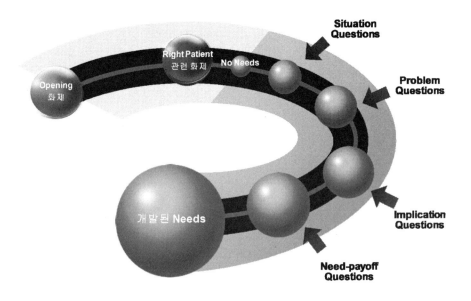

(2) Interview : Need의 창조적 개발

나는 당뇨 Patient 치료에 별 문제가 없어. 시간이 지날수록 목표혈당에 도달하는 환자의 비중이 적어서 고민하고 있어. 다른 해결책이 있나?

목표혈당을 개인마다(나이, 성별, 유병기간, BMI수치 등) 다르게 관리하고 있어서 약물치료가 매우 어렵고 까다롭지.

목표혈당치에 도달하는 비율을 높일 수 있는 방법은 없나?

그래도 높은 치료율을 보이기 위해서는 환자의 약물복용률이 높아져야 하는데….
그래, 내가 원하는 것은 1일 복용해야 할 약물 Dose는 유지하면서, 환자가 투약기간동안 끝까지 복용할 수 있는, 환자의 높은 Compliance, …. 그런데, 이런 약물이 있나?
1일 1회 1정 복용 + 우수한 혈당강하효과 + 안전성, Compliance 향상시키는 OOO제품입니다.
OOO 성분 5mg의 Dose는 유지하면서, Once-Daily 복용으로 Patient의 Compliance는 극대화할 수 있습니다.
그래… OOO제품.
생각보다 답은 가까운 곳에 있었군.

▪ Situation Questions

고객의 현재를 이해하기 위한 질문

▪ Problem Questions

문제를 인식하도록 하는 질문

▪ Implication Questions

문제 극복을 위해 고객이 직면한 상황을 이해하기 위한 질문

▪ Need-payoff Questions

문제를 해결하는데, 필요한 need를 구체화하는 질문

(3) SPIN Q 작성 예

▪ Situation Questions : 고객의 현재를 이해하기 위한 질문

- 당뇨 환자중 SU제제를 복용하는 환자들의 비율은 어느 정도가 되나요?
- 주로 환자들에게 목표혈당에 도달하기 위하여 가장 많이 쓰시는 약제가 어떤 것인가요?
- 선생님은 BMI수치가 높은 환자에게는 어떤 계열의 약제를 처방하시나요?
- TZD계열 약제를 복용하는 환자의 비율은 어느 정도 되나요?
- 제2형 당뇨환자에게 DPP-4 Inh.를 처방하실 때 선생님의 치료 목표는 어떠신가요?

- 제2형 당뇨병 환자중에 Glimepiride로 충분히 조절되지 않는 환자는 어느 정도 되나요?
- DPP-4 Inh.를 복용하는 환자중에 하루 두 번 복용하는 환자는 어느 정도가 되나요?
- eGFR수치기 낮은 환자에게는 어떤 약제를 선호하시는지요?
- SGLT2-I는 주로 어떤 환자에게 처방하시나요?

■ Problem Questions : 문제를 인식하도록 하는 질문

문제를 탐색하기 위한 질문,(실망한 점, or 일반적인 Patient 치료 과정에서의 어려운 점) 의사의 대답을 통해 당신은 고객의 핵심 needs를 확인할 수 있도록 한다.

- <Right Patients>를 치료함에 있어 직면하는 가장 큰 문제는 무엇입니까?
- 제2형당뇨병환자의 혈당을 낮추기 위해 metformin과 glimepiride를 같이 사용할 때, 저혈당 증세를 겪는 환자는 얼마나 되나요?
- TZD 계열의 약제를 복용하는 환자 중에서 최근 체중이 증가된 환자는 얼마나 되나요?
- SGLT-2 Inh.를 복용하면서 요로감염을 겪는 환자의 비율은 얼마나 되나요?
- 하루 두 번 복용하는DPP-4 Inh.를 복용하면서 빼먹지 않고 매일 두 번 복용하는 환자는 얼마나 될까요?
- 당뇨환자의 Medication에 있어서 복용 약물이 여러 종류가 있는데 이 경우 환자분들이 처방받은 약물을 복용하지 않을 경우 경우는 어떤 문제가 있을까요?
- 목표혈당에 도달하지 못하고 지속적으로 고혈당에 노출되면 어떤 문제가 발생할까요?
- 사구체 여과율이 떨어진 만성 신부전 환자에게 신장 배설율이 높은 약제를 투여하면 어떤 문제가 발생되나요?

■ Implication Questions : 고객이 직면한 문제를 더욱 부각되게 만드는 질문(문제 확장)

문제(일반적 어려움 또는 불만족)의 최종결과를 탐색하기 위한 질문

문제에 답변을 하는 과정에서 고객은 원래 생각했던 것보다, 문제가 훨씬 위급하고 중대하다는 것을 느끼게 된다.

- 만약, 복용약물이 BID로 불편하여 Patient가 약물복용을 잊어 복용을 못했다면 고혈당에 노출되어 합병증의 유발을 가져올 수 있지 않겠습니까?
- 노인 환자에게 SGLT2-I를 투여할 경우 야간 빈뇨가 발생될 경우 환자의 QOL 가 떨어지지 않을까요?
- BMI 수치가 높은 환자에게 장기간 SU를 투여할 경우 지속적인 체중증가로 여러 가지 합병증이 발생하여 치료에 어려움이 있지 않을까요?

▪ Needs/Payoff Questions : 증폭된needs에 대해 해결의 실마리가 있음을 제시하는 질문

고객의 핵심 needs(구매동기)를 드러나게 하기 위한 질문.

이 질문은 문제보다는 해결책과 관련된 고객의 생각에 초점을 맞추고 있다.

고객의 답변을 통해, 고객이 찾고 있는 이점에 대해서 알 수 있다.

- 많은 선생님들께서 환자의 복약 순응도를 높이기 위해, 복용 횟수를 줄이면서도 목표혈당에 도달할 수 있는 약제를 찾고 있다는 것에 동의하십니까?(Closed Q)
- 만약 선생님께서, 당뇨 환자를 위한 이상적인 당뇨약물을 만들 수 있다면, 어떤 특징을 가진 약물을 만드시겠습니까?(Open Q)
- 선생님 말씀처럼 목표혈당 도달율이 높고 복용방법이 편리하고, 부작용이 없는 당뇨 약제가 있다면 환자에게 큰 의미가 있지 않을까요?

❖ 고객의 No-Needs를 Needs로 개발시키기 위한(점점 극대화하기 위한) 단계

- Situation Questions — No needs — • 현재 나는 이렇게 처방/치료하고 있다.

- Problem Questions — 문제 인식 — • 실제 OOO 한 문제가 있기는 하지 . 그러나,
  - 그렇게 빈번하게 일어나는 일은 아니다. 방법이 없다.
  - 다른 여러 방법을 통해 문제를 최소화 시킬 수 있다.
  - 물론 노력을 했지만, 별로 나아지지 않았다.

- Implication Questions — 문제의 의미 부각 — • 조금 더 생각해보니, OOO 한 문제는 Right Patient를 치료함에 있어 중요한 문제가 될 수 있겠군.

- Need-payoff Questions — 개선 가능성 모색 — • 글쎄, 내 의견을 이야기하자면, 이 문제를 해결하기 위해서 OO 한 특성을 지닌 약물/치료법이라면 좀 더 결과를 얻을 수 있겠지.

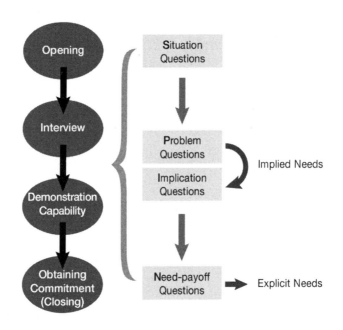

▶ 그림 고객의 관심이 발생

(S. P. I. N)

Step 3. Sales Interaction : Work shop #3

Interview Questioning skill

- OOO제품의 치료효과에 대해서 no-
- needs의 고객인 "임형식 교수"의
- needs를 개발하기 위한 질문 만들기!

제한시간 : 20분!!

4가지 type(Situational Q, Problem Q, Implication Q, Need-Payoff Q)의 질문을 flow로 만든다.

Team 별로 각자 개성 있고 논리 정연한 질문 Flow 개발하여 팀별로 발표하고 공유한다.

Step 3. Sales interaction workshop # 3

Interview Questioning skill - 평가 기준

- Questions이 없었다. (0점)
- Questions이 진행되었으나, 고객의 문제를 파악하거나 문제의 심각성, 고객이 바라는 문제의 해결책을 파악하기 위한 질문(PIN Q)이 진행되지 않았다. (1점)
- 고객의 문제를 파악하거나 문제의 심각성을 인식시키거나, 고객이 바라는 문제의 해결책을 파악하기 위한 질문(PIN Q) 중 한 가지를 진행하였다. (2점)
- 고객의 문제를 파악하거나 문제의 심각성을 인식시키거나, 고객이 바라는 문제의 해결책을 파악하기 위한 질문(PIN Q) 중 두 가지 또는 모두들 진행하였다. (3점)

Questioning :

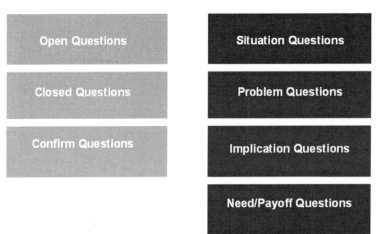

Listening : 임상의의 경험은 최고의 정보

Response to customer : 고객의 답변에 맞추어 적절히 반응

당신의 목표는 고객의 반응을 이끌어내는 것!!!

(4) Demonstration Capability

Right Patient를 치료함에 있어서, 의사의 문제를 해결함에 있어, OOO제품이 해결책이 될 수 있다는 것을 확인시킨다.

Right patient에 대한 OOO 제품의 benefit을 clinical evidence(clinical paper)를 통해 명료하게 전달!!

▸Demonstration Capability

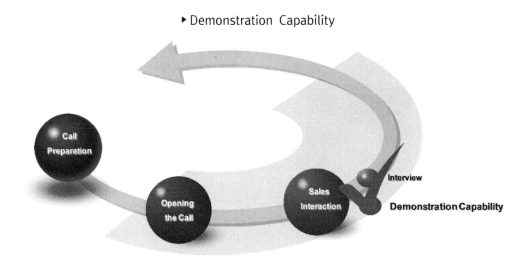

- Feature(제품특징) : 그 제품이 어떤 물리적/화학적 특성이 있는가?
- Advantage(장점) : 그 제품은 제품의 특성상 어떤 장점이 있는가?
- Benefit(이점) : 그 제품은 고객에게 어떤 이익을 주는가.

Advantage를 Benefit으로 바꾸는 화법(So What?) "…하다는 것은 다시 말하면, 선생님(Patient)가…. 할 수 있다는 것을 의미합니다."

고객의 Need

MR의 Detail
제품의 특징(F)
제품의 장점(A)
제품의 이점(B)

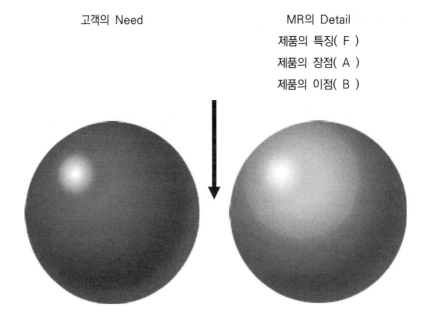

- **Benefit** : 이 약물은 기존 제품에 비해서 어떤 점이 차별화/개선되었는가?

  그것이 환자/의사에게 어떤 의미로 다가오는가?

- **Right patient** : 이 약물을 특히 어떤 환자들에게 추천되어야 하는가?

- 논문 : 신뢰할 수 있는 입증 자료

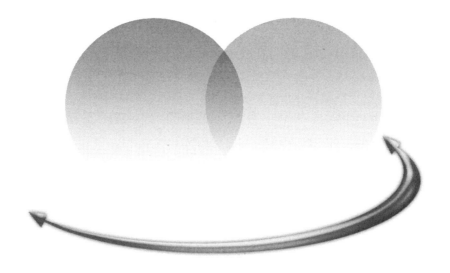

Clinical data의 이용

- 어떤 Patient?
- 임상 디자인은?

  대조약물, regimen, 약물의 용량 ?
- 대조군과 비교된 결과?

  효과와 안전성(Feature & Advantage)
- 이 논문(임상결과)이 임상의 / Patient에게 전달하는 Benefit은?
  - Feature(제품특징) : OOO제품은 적은 용량으로도 강력한 혈당강하 효과와 안전성이 입증된 OOO 성분의 5mg 서방형 제형이다.
  - Advantage(장점) : 따라서, 1일 1회 1정 복용만으로 효과적인 Controll이 가능하며, 복약순응도를 높여 환자의 복용률을 향상시켜 뛰어난 치료효과를 나타낼 수 있다.
  - Benefit(이점) : 이러한 OOO제품의 차별화된 장점은 Patient가 치료과정에서 Dr.에 대한 신뢰를 얻을 수 있고 Patient의 QOL을 상승시킬 수 있다.

Feature(제품특징), Advantage(장점)

- OOO 제품은 적은 용량으로 1일 1회 1정 복용만으로 효과적인 목표혈당률 도달률이 높다. OOO 논문에 의하면 혈당변동폭 또한 타 약물보다 적어 고혈당으로 인한 합병증 발생위험을 낮출 수 있는 안전한 약물이다.
- 이런 근거자료(Evidence-Based Medicine) 이유로 목표혈당에 도달하지 못하는 환자에게 투여하면 목표혈당율이 높아져 당뇨합병증을 줄일 수 있게 되고 환자의 QOL을 향상시킬 수 있을 것이다.

Benefit(이점)

- 이러한 OOO제품의 이점은 교수님께서 환자를 Medication 하실 때 환자들의 Compliance를 상승시켜 처방받은 약제를 꾸준하게 복용할 수 있게 하여, 선생님에 대한 신뢰와 높은 치료율을 나타낼 수 있을 것이다.

Step 3. Sales Interaction: Work shop #4

Demonstration Capability/Benefit

- OOO제품의 치료효과에 대해서 Needs로 변환된 고객인 "임형식 교수"에게 Clinical Data를 이용한 처방 시 Benefit에 대한 Message 전달하기
- Feature(제품특징) → Advantage(장점) → Benefit(이점) 순으로 자연스러운 Flow 를 구성하기

제한시간 : 20분!!

❶

❷

❸

❹

❺

Step 3. Sales interaction - Demonstration Capability

평가 기준

- Message를 전혀 전달하지 않았다.(0점)
- Message를 전달하였으나, 명확하지 않았다.(1점)
- Message를 명확히 전달하였다.(2점)
- Message를 명확히 전달하고, 이점까지 전달하였다.(3점)

(5) Validation

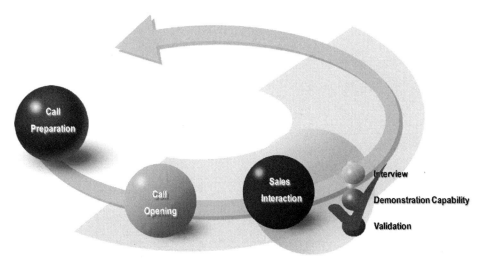

Right patient를 치료 시, 제기된 needs를 해결함에 있어, OOO제품이 해결책이 될 수 있다는 것에 대한 의사의 동의를 확인한다.

고객의 마음을 진단하십시오.

Step 3. Sales Interaction: Work shop #5

Validation

좋은 Validation을 위해 고객의 동의를 얻는 효과적인 질문은 어떤 것이 있을까요?

제한시간 : 20분!!

Step 3. Sales interaction -Validation

평가 기준

- Validation하지 않았다. (0점)
- OOO제품의 장점이 Target patient치료에 있어 고객이 인식하고 있는 문제점의 해결책이 될 수 있다는 것에 대해 질문을 통해 고객의 동의를 얻었다.
  - 3개 중 1개 (1점)
- OOO제품의 장점이 Target patient치료에 있어 고객이 인식하고 있는 문제점의 해결책이 될 수 있다는 것에 대해 질문을 통해 고객의 동의를 얻었다.
  - 3개 중 2개 (2점)
- OOO제품의 장점이 Target patient치료에 있어 고객이 인식하고 있는 문제점의 해결책이 될 수 있다는 것에 대해 질문을 통해 고객의 동의를 얻었다.
  - 3개중 3개 (3점)

STEP 4. Call Closing or Objection Handling

➡ Two possible responses after Validation

1) Call Closing

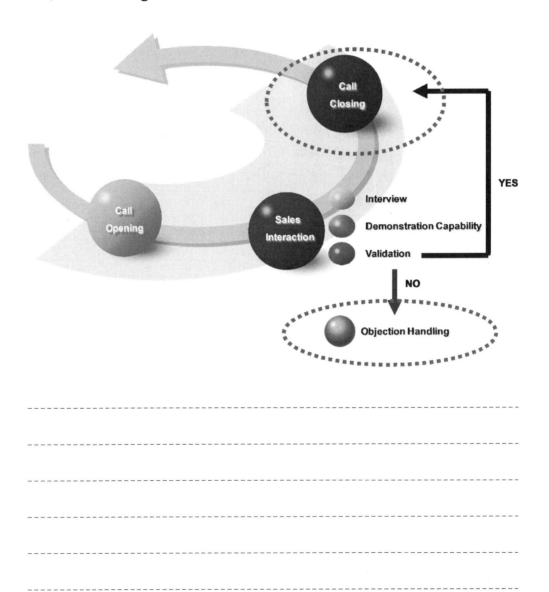

Step 4. Call Closing or Objection Handling: Workshop #1

Closing : 좋은 Closing 을 위해 필요한 구성요소에는 무엇이 있을까요?

❶

❷

❸

----

❶ 좀 더 많은 OOO 회사 Products, OOO제품 처방약속을 얻어내고,

❷ Right patient에 대한 specific action을 요청,

❸ 그리고 그것을 확인하기 위한 다음 방문약속을 얻어내는 것

의사가 제품의 이점에 대해서 '반대가 없는 상태'라면, 이제는 당신이 leading 할 때이다.

'이제부터 처방하겠습니다'라는 의사의 말을 기다리지 말고, 'Buying Signal'에 반응하십시오.

음…. 의미가 있을 수 있지요.

기존 약물과는 조금은 다르네요.

그래요? / 그렇군요….

의사의 긍정적 눈빛, 태도….

Step 4. Call Closing or Objection Handling: Workshop #1

Call Closing 평가 기준

- Closing을 진행하지 않았다. (0점)
- Right Patient군에 대한 처방약속을 받고, 구체적 이행과 처방의 결과를 확인하기 위한 다음 방문을 약속 받았다. – 3개 중 1개(1점)
- Right Patient군에 대한 처방약속을 받고, 구체적 이행과 처방의 결과를 확인하기 위한 다음 방문을 약속 받았다. – 3개 중 2개(2점)
- Right Patient군에 대한 처방약속을 받고, 구체적 이행과 처방의 결과를 확인하기 위한 다음 방문을 약속 받았다. – 3개 중 3개(3점)

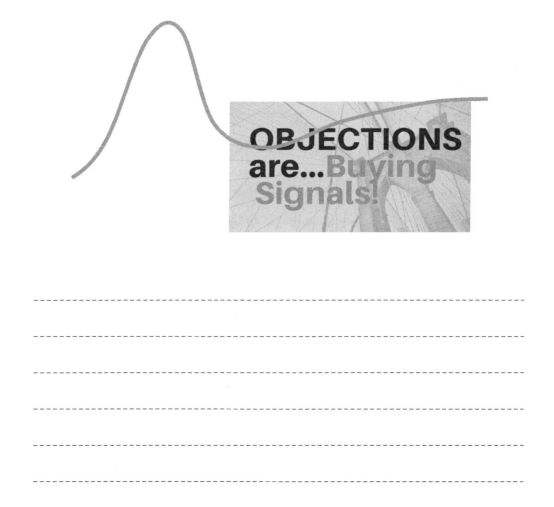

2) Objection handling

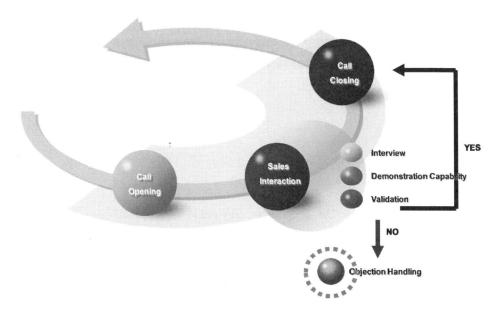

❶ Objection을 명확히 하였다.(Clarify & Confirm)

❷ 의사의 반대를 인정하였다.(Acknowledge)

❸ Solution을 제공하였다.(Answer)

❹ 의사의 Objection이 해소되었음을 확인하였다.(Obtain commitment)

Step 4. Call Closing or Objection Handling: Workshop # 2

제한시간 : 20분!!

Objection Handling

빈번한 OOO제품의 Objection을 선정하고 이에 대한 Objection Handling 시나리오 만들기!!!

→ 기억하세요!!! **Knowledge & Process** 모두 고려해야 해요!!!

Step 4. Call Closing or Objection Handling workshop # 2

Objection Handling 평가 기준

다음 4 단계를 모두 거치는 것이 중요하다.

❶ 질문을 통해 고객의 Objection을 더욱 구체화하고, 명확히 하며, 동시에 고객의 objection에 대한 진실성을 확인하였다.(0 or1)

❷ 의사의 반대를 인정하였다.(0 or 1)

❸ 확신 있는 태도로 답변을 정확하게 하였다.(0 or 1)

❹ 고객에게 질문을 통해 Objection에 대한 답변이 충분하였는지 확인하고, 고객의 지속적인 처방을 약속 받았다.(0 or 1)

STEP 5. Call Follow Up

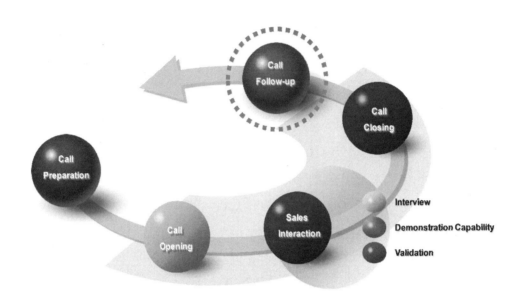

Step 5. Follow up : Workshop # 1

당신이 방문을 종결 후, 기록해야 하는 정보는 무엇이 있습니까?

제한시간 : 20분!!

다음을 구체적으로 기록하여 Data화 한다.

이번 방문에서 가장 주요하게 언급된 Message를 언급한다.

Call objective와 관련된 고객의 Response를 기록한다.

Next Call Objective와 필요한 action plan을 작성한다.

진행되어야 될 업무와 관련된 내부 직원(PM,관리자)과 정보를 나누고 협조하여 업무를 진행되도록 한다.

STEP 6. Appendix: Short Call

Appendix: Short Call

당신이 의사에게 충분히 당신의 의견을 전달할 만한 시간이 없다면….

당신의 방문을 위해 좀더 많은 준비를 해서, 방문 시간을 늘리는 방법이 있다.(Long Call)

Appendix: Short Call

아니면….

당신은 짧은 방문(short call)을 충분히 활용하는 방법을 이용할 수 있다.

Appendix: Short Call

당신은 Short call에 준비되어 있습니까?

Appendix: Short Call

Short call도 다른 call과 마찬가지로 준비되어져야 한다.

Short call의 목적은 selling 5-step을 짧은 시간 안에 효과적으로 해내는 것이다.

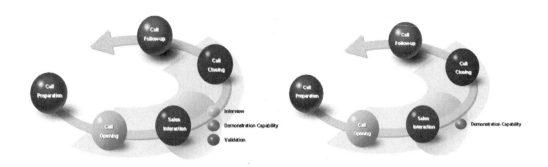

Appendix: Short Call

Sales interaction - short call 평가 기준

Opening / interview

	Long Call	Short Call
시간적 기준	**5분** 이야기를 계속 진행할 수 있는 긍정적인 분위기가 된다면 방문을 충분히 활용하는 것을 권장한다.	**3분 미만** 의사가 바쁘거나, 주변에 방해요소가 있어서 Long Call이 불가능한 경우, 간략히 요점을 전달한다.
Call Opening	방문목적을 전달하기 이전에 방문에 대한 의사의 흥미를 불러일으킨다.	No Small Talk
Sales Interaction	Open Q ➡ Closed Q	Closed Q
Calll Closing	처방 약속을 받았고, Right patient에 대한 구체적인 처방 요청을 하였으며, 처방의 결과를 확인하기 위해 Follow up 단계까지 동의받았다	

Appendix: Short Call: Workshop #1

제한시간 : 20분!!

Sales Interaction

▪ Short Call

OOO제품의 치료효과에 대해서 No-Needs를 가진 고객인 "임형식 교수"에게 OOO 제품 처방을 위한 Short - Call Flow 구성하기

Opening → Demonstration Capability → Closing을 최대한 자연스럽게

- 고객의 관심유발, Patient type의 언급, Interview 3가지 모두 진행하지 못했다. (0)
- 고객의 관심유발, Patient type의 언급, Interview 3가지 중 1가지를 진행하였다. (1)
- 고객의 관심유발, Patient type의 언급, Interview 3가지 중 2가지를 진행하였다. (2)
- 고객의 관심유발, Patient type의 언급, Interview 3가지 모두를 진행하였다. (3)

※ Short Call Interview기준: Problem Question(고객의 문제 확인), Implication Question(문제의 심각성 확인), Needs/payoff Question(문제의 해결책 확인) 3가지 중 1가지 이상.

Demonstration Capability(Demonstrate capability)

- Message를 전혀 전달하지 않았다.(0점)
- Message를 전달하였으나, 명확하지 않았다.(1점)
- Message를 명확히 전달하였다.(2점)
- Message를 명확히 전달하고, 이점까지 전달하였다.(3점)

Closing

- Closing을 진행하지 않았다.(0점)
- Right Patient군에 대한 처방약속을 받고, 구체적 이행과 처방의 결과를 확인하기 위한 다음 방문을 약속 받았다. – 3개 중 1개(1점)
- Right Patient군에 대한 처방약속을 받고, 구체적 이행과 처방의 결과를 확인하기 위한 다음 방문을 약속 받았다. – 3개 중 2개(2점)
- Right Patient군에 대한 처방약속을 받고, 구체적 이행과 처방의 결과를 확인하기 위한 다음 방문을 약속 받았다. – 3개 중 3개(3점)

CERTIFICATION ~~~ !!!

STEP 7. Selling Model Summary

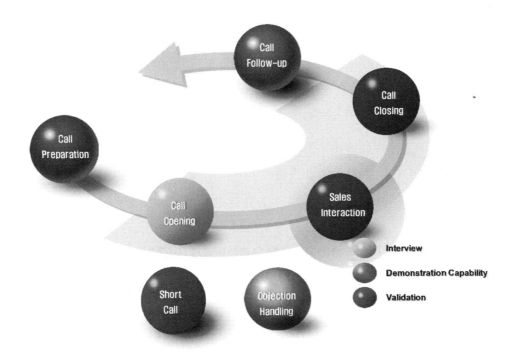

Selling Model

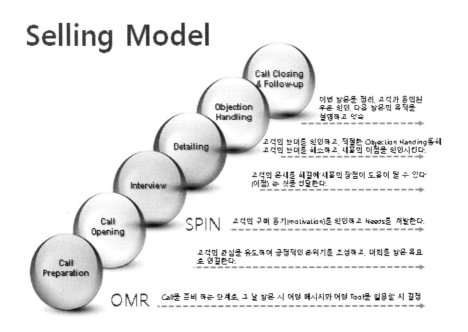

1) 거래처 방문을 위한 사전 준비 시, 어떤 일들을 하시는지요?
(Preparing for the Partnership)

01 고객에 대한 전략적 정보 수집이 필수. 그리고 그 정보를 활용할 계획 수립.

02 전략적 정보 : 성명/소속/직위/자질/전문성/성향/협회 가입 여부/핸드폰번호/주소/사전약속 선호여부/주변인물 정보/제휴관계/현재 처방제품 및 월처방량 사용가능 제품/처방 결정 패턴 등등

03 영업 목표를 설정하기 위하여 고객 처방 데이터 분석이 필수. 영업를 위한 방문 전략과 구체적인 전술을 개발하여야 한다.

04 거래처 의사의 행동 유형 파악

05 판촉자료의 선정- 의사의 행동 유형에 맞는 판촉물 활용여부와 활동 결정

2) 고객과의 첫 대화는 어떠한 내용으로 어떻게 이루어지나요?
(Opening the Call)

거래처 고객에게 질문을 통한 대화를 유도해 나가면서 다양한 형태의 정보를 파악하면서 대화를 진행해 나간다.

(일반적인 정보 / 특정한 고객의 욕구 / 특정한 고객의 태도 등등)

거래처 고객과의 사이에 존재하는 gap은 논리적인 질문에 의해서 제거해 나간다. 동태적이며 생산적인 방문을 위해서는 적절한 질문을 통해 긍정적인 긴장을 형성할 필요가 있다.

3) 어떠한 방법을 통해 고객의 동기를 파악하게 되나요?
(Exploring Motivations)

상호 경청 : 언어적 표현/목소리 톤/몸 동작이 의미하는 것을 듣고 이해하는 것이 중요하다. 몸 동작은 의사 표현에 있어서 매우 중요한 의미를 가지며, 상대방의 메시지를 해석하는 데에 있어서 결코 간과해서는 안 된다.

상대방의 행동 유형, 심리적 상호성, 존중의 수준 등이 매우 중요한 역할을 하게 된다.

❖ 방문 목표 가이드라인

방문 목표를 어떻게 설정해야 할까요?

방문목표	정의
의약품 정보 전달	홍보하는 의약품에 관한 고객의 관점 또는 행동을 강화 또는 바꾸기 위한 목표
고객 파악	고객에 생각하는 질환, 의약품, 요구사항 등 진료환경 분야에 대한 고객을 이해하고 파악하기 위한 목표
서비스 및 솔루션 제공 (큐레이션)	고객이 진료 업무 또는 환자에게 적절한 서비스 또는 솔루션을 제공할 수 있는 큐레이션 활동을 제공하기 위한 목표

❖ 방문인사하기 가이드라인

정보전달을 위한 화제 언급 및 분위기 조성이 잘 되었는가?

❖ 가이드라인

- 고객의 확인된 관심사 또는 요구 사항에 초점을 맞춥니다.
- 고객이 담당하고 있는 특정 유형의 대상 환자에 초점을 맞춥니다.
- 제품 / 서비스에 관한 논의를 하기 위한 중요 메시지를 소개합니다.
- 질문을 통해 시작을 하는 것도 좋습니다.
  - Key message와 연결될 수 있는 화젯거리는?
- 회사 제품의 이름을 거론하지 않습니다.
- 제품 비교를 포함시키지 않습니다.

4) 제품의 message 전달 시, 어떻게 대화를 이끌어 가나요? (Presenting Features & Benefits)

(1) 거래처 고객에게 제품에 대한 보조 자료를 전략적으로 사용.

01 팜플렛/월 메시지 편지

02 해외 학회 관련 자료 제공(세계적 처방 패턴)및 저널 제공.

03 샘플

04 제품관련 소책자

(2) 제품의 특징과 적절한 이익을 활용

01 Safety

02 Better Efficacy

03 Better Convenience

04 Better Therapy without Weight Problem

05 Cost

5) 제품에 대한 불/문의 사항이 나왔을 경우, 어떻게 처리하시는지요? (Handling Doctor's Objection, Question etc.)

(1) 대화의 초기 단계에서 일어나는 Objection, Question

불만을 확인하거나 확증하는 질문을 하고

고객의 불만을 이해하는 담당자의 의사를 전달하고

불만을 무마할 수 있는 더 큰 이익을 강하게 강조하고

새롭게 제시된 이익이 과거의 불만을 해결할 수 있는 것인 체크한다.

(2) 많은 대화를 가진 후에 나온 Objection, Question

01 불만을 확인하거나 확증하는 질문을 하고

02 다른 이익에 대해 반대 의견이 있는지 알아보기 위해 동의를 구하고

03 폐쇄형 질문을 가지고 수용하고 있는 이익이 무엇인지 알아보고

04 제시된 이익들이 원래의 반대를 무마할 수 있는 것인지를 체크해 본다.

　　예) 환자의 편리성 및 Cost 등

6) 면담의 마무리는 어떠한 방법으로 하시는지요? (Closing)

담당자의 모든 영업활동이나 행동은 정리 Closing 되어야 한다.

준비에서 실천까지 자신감을 갖는 것이야말로 성공적인 Closing을 위해 필수 불가결하다.

처방 욕구 있으면 대화를 Closing 할 필요가 있음을 알아야 한다.

수시 방문시 Closing은 고객이 처방 준비가 되어 있는지 확인하기 위해 대화 도중에 언제라도 사용할 수 있다.

Closing 할 때에는 담당자의 목소리 톤이나 언어가 항상 긍정적으로 사용되어야 하고 합의하는 자세를 가져야 한다.

7) 면담 후, 방문에 대한 follow-up은 어떻게 하시는지요? (Following Up)

한 번의 방문에 의해 거래처와의 관계가 형성되지 않는다. 이는 시작에 불과하므로 후속조치를 효과적으로 강구하는 담당자가 되도록 노력한다.

고객들은 약속을 지키고, 제품의 처방에 대해 서비스 제공을 원하며, 지원해 주는 담당자를 원하므로 이에 상응하는 담당자가 되어야 한다.

효과적인 후속 조치를 위하여 잘 계획하고 목적과 목표가 분명하게 해야 한다.

가능하면 후속조치는 개인적으로 해야 한다. 후속조치를 잘해야 고객을 경쟁자에게 빼앗기지 않는다. 후속조치는 필요에 따라 가능한 한 신속하게 이루어져야 한다.

용어설명

- eGFR(estimated glomerular filtration rate) : 사구체 여과율
- BID : twice a day.
- CKD : Chronic kidney disease
- cGMP(current good manufacturing practice) : 강화된 의약품 제조 및 품질관리기준. 미국 FDA(Food and Drug Administration)가 인정하는 의약품 품질관리 기준으로 국내에서는 '선진 GMP'로도 부른다.
- CMC(Chemistry, Manufacturing & Controls) : 신약 후보군 탐색부터 임상 프로토콜 설계하는 것.
- CRM : Customer Relationship Management.
- DMF(Drug Master File) : 좋은 원료의약품을 사용토록 하기 위하여 2002.7.1일 처음으로 도입된 제도로 의약품의 원료를 제조하는 회사는 원료의약품을 생산함에 있어 생산 설비, 반응공정, 포장, 저장방법 및 공정에 사용된 모든 물질의 기준 규격 중에 관한 상세한 자료를 식약청에 제출하는 것.
- IMDs : Incrementally Modified Drugs.
- IND(Investigation New Drug Application) : 임상시험 신청과 신약 허가 신청하는 절차.
- EBM(Evidence Based Marketing) : 근거 중심의 영업
- VBH(Value Based Healthcare) : 가치기반 헬스케어
- MR(Medical Representative) : 의사들에게 보다 전문 적인 정보를 전달해주는 전문가.
- MSL(Medical Science Liaison) : 제약의사는 회사에서 개발된 새로운 약품이나 의료 장비에 대한 정보를 연구자와 의료인들에게 전달하고, 연구자와 의료인들이 필요로 하는 약품이나 장비가 무엇인지를 파악해서 회사에 전달하는 역할을 하는 사람이다. 연구자들이 수행한 연구의 결과물(약품)이 상용화될 수 있도록 제약회사와 연결해 주기도 하고 전문 분야의 연구를 직접 수행하기도 한다.
- NME : New Molecular Entity.
- Pharmering(Pharma+Emerging) : 제약을 뜻하는 'Pharma'와 신흥을 뜻하는 'Emerging'을 합친 신조어로, 중국을 비롯한 인도, 러시아, 브라질 등의 BRICs 국가와 태국, 이집트, 남아프리카 공화국 등 총 17개의 제약 산업 신흥시장을 뜻하며, 전 세계 제약시장의 성장을 주도하고 있다.
- QbD(의약품 설계기반 품질 고도화 Quality by Design) : 제조공정과 품질관리로 이원화된 현

시스템을 하나의 시스템으로 융합, 첨단기술을 활용해 의약품 생산공정에서 발생할 수 있는 위험성을 사전에 예측하고 대처하는 품질관리시스템이다.

- QD : once daily.
- RA(Regulatory Affair) : 제약회사에서 의약품의 허가 등록 및 진행 업무, 허가품목의 변경관리 업무(신 적응증, 신 제형 등록).
- SOM : Share of Market.
- SOV : Share of Voice.
- TID : three times a day.
- 바이오의약품 : 사람이나 다른 생물체에서 유래된 것을 원료 또는 재료로 하여 제조한 의약품으로 생물학적제제, 유전자재조합의약품, 세포배양의약품 등
- TNF 억제제 : 종양괴사인자(TNF, tumor necrosis factor)가 TNF 수용체에 결합하지 못하도록 방해한다. TNF 억제제가 TNF와 결합하면 염증반응을 일으키는 신호전달 과정이 차단됨으로써 염증 억제 효과가 나타나게 된다.
- 데이터마이닝(data mining) : 많은 데이터 가운데 숨겨져 있는 유용한 상관관계를 발견하여, 미래에 실행 가능한 정보를 추출해 내고 의사 결정에 이용하는 과정을 말한다.
- 브릭스(BRICs) : 브라질(Brazil), 러시아(Russia), 인도(India), 중국(China)을 통칭하는 말로 미래 큰 성장이 기대되는 신흥 국가들을 지칭하는 용어이다.
- 블록버스터(Blockbuster) 신약 : 일반적으로 시장규모에 근거하여 세계시장 규모가 1조 원 이상을 점유하고 있는 약을 말한다.
- 생물학적 제제 약가 경쟁 및 혁신법 BPCIA(BPCIA, Biologics Price Competition and Innovation Act) : 바이오신약 허가 후 4년간 바이오시밀러 허가 신청 금지, 바이오신약 허가 후 4년간 자료독점권(Data exclusivity) 및 8년간 별도의 후속 시장독점권(Market exclusivity) 부여, 최초 대체 가능 바이오시밀러(Interchangeable biosimilar) 허가 후 최소 1년간 독점권 부여(특허 소송 여부 및 합의 여하에 따라 12~42개월 간 여타 대체 가능 바이오시밀러 허가 불가), BPCIA는 바이오신약 개발자 및 바이오시밀러 개발자 간 반드시 특허공방을 주고받아야 한다는 의미로 소위 'patent dance'로 규정하고 있다.
- 에버그린전략(Evergreen Strategy) : 신약개발 제약사가 신약의 독점기간을 늘려 제네릭 제약업체들의 진입을 막기 위해 취하는 전략.
- 오픈소스(open source) : 소프트웨어의 설계도에 해당하는 소스코드를 인터넷 등을 통하여 무상으로 공개하여 누구나 그 소프트웨어를 개량하고, 이것을 재배포할 수 있도록 하는 것 또는 그런 소프트웨어를 말한다.
- 오픈이노베이션(open innovation) : 기업들이 연구·개발·상업화 과정에서 대학이나 타 기업·연

구소 등의 외부 기술과 지식을 활용해 효율성을 높이는 경영전략이다.

- **의약품실사상호협력기구(PIC/S : The Pharmaceutical Inspection Convention and Pharmaceutical Inspection Co-operation Scheme)** : 의약품 제조 및 품질관리기준(GMP)과 실사의 국제 조화를 주도하는 국제 협의체로 1995년 결성됐다. 미국식품의약국(FDA) 등 41개 국 44개 기관이 가입되어 있으며, 한국은 2014년 5월 16일 42번째 가입국이 됐다. PIC/S 가입을 바탕으로 향후 GMP 실사의 국가 간 상호인정협정이 체결되면 국내 의약품을 수출할 때 수입국의 GMP 실사 등을 면제받을 수 있게 된다.
- **제네릭** : 특허가 만료된 오리지널 의약품의 카피약을 지칭하는 말로 최근 제약협회에서는 카피약 대신 제네릭을 공식용어로 사용키로 결정했다.
- **크라우드소싱(crowd sourcing)** : 대중(crowd)과 외부발주(outsourcing)의 합성어로, 생산·서비스 등 기업활동 일부 과정에 대중을 참여시키는 것을 말한다.
- **틈새시장(Nichebuster) 신약** : 개인 맞춤형 표적지향적인 의약품으로서 전문 임상의(specialist) 가 주 마케팅 대상으로서 독점력과 기술혁신성이 강한 약이다.
- **Low Performer** : 저 성과자 ↔ High performer
- **혁신신약** : 특정 질환에 대한 약의 효능이 기존에 나온 여타 약물과 구별되는 신약을 말한다.
- **TRIPS(Trade Related Intellectual Properties)** : 특허권·의장권·상표권·저작권 등 지적재산권 에 대한 최초의 다자간 규범.
- **WTO(World Trade Organization)** : 세계무역기구
- **약가업무(Market Access)** : 제약사 내에서 약의 급여 등재, 약가협상 업무(Pricing & Reimbersment)와 이를 뒷받침하는 경제성평가(PE; Pharmaco-Economics)를 담당하는 부서의 이름.
- **행위별수가제(Fee-For-Service)** : 의료기관에서 의료인이 제공한 의료서비스(행위, 약제, 치료 재료 등)에 대해 서비스 별로 수가를 정하여 사용량과 가격에 의해 진료비를 지불하는 제도..
- **포괄수가제(DRG;Diagnosis related groups)** : 병원경영개선을 목적으로 개발된 입원환자 분류 체계로 진단명, 부상병명, 수술명, 연령, 성별, 진료결과 등에 따라 유사한 진료내용 질병군으로 분류한다. 이때 하나의 질병군을 DRG라 한다.
- **최초등재제품** : 약제급여목록표에 해당 투여경로·성분·함량·제형으로 최초 등재된 제품을 말한다.
- **자료제출의약품** : 「약사법」, 「의약품 등의 안전에 관한 규칙」, 「마약류관리에 관한 법률」 및 같은 법 시행규칙, 「희귀질환관리법」에 따른 「의약품의 품목허가·신고·심사규정」 제2조 제8호에 따른 안전성·유효성심사 자료제출의약품 및 「약사법」 및 「의약품 등의 안전에 관한 규칙」에 따른 「생물학적제제 등의 품목허가·심사 규정」 (이하 "생물학적제제규정"이라 한다) 제2조제2호에 따른 자료제출의약품을 말한다.

- **생물의약품** : 생물학적제제규정 제2조제9호에 따라 사람이나 다른 생물체에서 유래된 것을 원료 또는 재료로 하여 제조한 의약품으로서 보건위생상 특별한 주의가 필요한 의약품을 말하며, 생물학적제제, 유전자재조합의약품, 세포배양의약품, 세포치료제, 유전자치료제, 기타 식품의약품안전처장이 인정하는 제제를 포함한다.

- **동등생물의약품** : 생물학적제제규정 제2조제10호에 따라 동등생물의약품으로 식품의약품안전처장이 허가한 의약품을 말한다.

- **개량생물의약품** : 이미 허가된 생물의약품에 비해 다음 가목부터 다목까지의 어느 하나에 해당하는 제제학적 변경 또는 다음 라목에 해당하는 변경으로 이미 허가된 생물의약품에 비해 안전성·유효성 또는 유용성(복약순응도·편리성 등)을 개선한 것으로 식품의약품안전처장이 인정한 의약품을 말한다.

  가. 유효성분의 종류 또는 배합비율

  나. 투여경로

  다. 제형

  라. 명백하게 다른 효능효과를 추가

- **생물학적동등성시험** : 「약사법」 및 「의약품 등의 안전에 관한 규칙」, 「마약류관리에 관한 법률」, 「의약품동등성시험기준」에 따라 그 주성분·함량 및 제형이 동일한 두 제제에 대한 의약품동등성을 입증하기 위해 실시하는 생체 내 시험을 말한다.

- **외국임상자료** : 임상시험자료집 중 외국에서 얻어진 임상시험자료를 말한다.

- **가교자료** : 국내외에 거주하는 한국인을 대상으로 얻어진 시험자료로서 임상시험자료집에서 발췌하거나 선별한 자료 또는 가교시험으로부터 얻어진 자료를 말한다.

- **가교시험** : 의약품의 안전성·유효성에 관한 민족적 요인에 차이가 있어 외국임상자료를 그대로 적용하기가 어려운 경우 국내에서 한국인을 대상으로 가교자료를 얻기 위하여 실시하는 시험을 말한다.

- **생체이용률** : 주성분 또는 그 활성대사체가 제제로부터 전신순환혈로 흡수되는 속도와 양의 비율을 말한다.

- **생물의약품** : 사람이나 다른 생물체에서 유래된 것을 원료 또는 재료로 하여 제조한 의약품으로서 보건위생상 특별한 주의가 필요한 의약품을 말하며, 생물학적제제, 유전자재조합의약품, 세포배양의약품, 세포치료제, 유전자치료제, 기타 식품의약품안전처장이 인정하는 제제를 포함한다.

- **생물학적제제** : 생물체에서 유래된 물질이나 생물체를 이용하여 생성시킨 물질을 함유한 의약품으로서 물리적·화학적 시험만으로는 그 역가와 안전성을 평가할 수 없는 백신·혈장분획제제 및 항독소 등을 말한다.

- **유전자재조합의약품** : 유전자조작기술을 이용하여 제조되는 펩타이드 또는 단백질 등을 유효성분

으로 하는 의약품을 말한다.

- **세포배양의약품** : 세포배양기술을 이용하여 제조되는 펩타이드 또는 단백질 등을 유효성분으로 하는 의약품을 말한다.

- **세포치료제** : 살아있는 자가, 동종, 이종 세포를 체외에서 배양·증식하거나 선별하는 등 물리적, 화학적, 생물학적 방법으로 조작하여 제조하는 의약품을 말한다. 다만, 의료기관 내에서 의사가 자가 또는 동종세포를 당해 수술이나 처치 과정에서 안전성에 문제가 없는 최소한의 조작(생물 학적 특성이 유지되는 범위 내에서의 단순분리, 세척, 냉동, 해동 등)만을 하는 경우는 제외한다.

- **유전자치료제** : 병치료 등을 목적으로 인체에 투입하는 유전물질 또는 유전물질을 포함하고 있는 의약품을 말한다.

- **희귀의약품** : 적용대상이 드물고 적절한 대체의약품이 없어 긴급한 도입이 요구되는 의약품으로 서 식품의약품안전처장이 지정하는 것을 말한다.

- **임상시험** : 「약사법」 및 「의약품 등의 안전에 관한 규칙」에 따라 의약품 등의 안전성과 유 효성을 증명할 목적으로, 해당 약물의 약동·약력·약리·임상적 효과를 확인하고 이상반응을 조사 하기 위하여 사람을 대상으로 실시하는 시험(생물학적동등성시험을 포함한다)을 말한다.

- **등록된 원료의약품** : 「약사법」 및 「의약품 등의 안전에 관한 규칙」, 「마약류관리에 관한 법률」 및 같은 법 시행규칙에 따라 식품의약품안전처장이 지정하는 원료의약품에 대하여 「원 료의약품 등록에 관한 규정」에 따라 식품의약품안전처에 등록된 원료의약품을 말한다.

- **사용량 약가 연동제** : 약제급여목록 및 급여 상한금액표에 등재된 약제에 대하여 예상 청구액을 초과하거나 보건복지부장관이 정하는 비율이나 금액이상 증가한 경우 이미 고시된 약제의 상한 금액을 조정하는 것을 말한다.

- **동일제품군** : 약제급여목록표상의 업체 명. 투여경로, 성분 및 제형이 모두 동일한 약제들을 말한다.

- **협상등재약제** : 공단과의 약가협상에 의하여 약제급여목록표에 등재된 약제를 말한다.

- **생물학적동등성 시험(bioequivalence test)** : 임상 시험의 일종으로 주성분이 전신순환 혈에 흡 수되어 약효를 나타내는 의약품에 대하여 동일 주성분을 함유한 동일 투여경로의 두 제제가 생 체이용률에 있어서 통계학적으로 동등하다는 것을 입증하기 위해 실시하는 시험을 말한다.

- **주성분** : 의약품의 효능·효과를 나타낸다고 기대되는 주된 성분으로 일반적으로 의약품의 허가 사항에 주성분으로 기재되는 성분.

- **유효성분** : 주성분에서 의약품의 효능·효과를 나타내는 부분. 예를 들어, 주성분이 실데나필시트 르산염인 경우 유효성분은 실데나필을 의미함.

- **위임형 후발의약품** : 신약(오리지널 의약품, 브랜드 의약품)의 제약사에 의해 직접 또는 위탁생산 되어 신약과는 다른 이름이나 포장으로 판매되는 의약품

- **공동생동** : 여러 제약회사가 모여 비용을 공동 지불해 생동성 시험을 실시하는 것으로, 생동성이

인정되면 이 중 한 회사가 의약품을 제조해 각각의 회사에 공급하게 된다. 이 때 각 회사는 생동성 시험에 드는 비용의 1/n을 지불하기 때문에 단독 생동보다 비용 부담이 줄어들게 된다.

- **위탁생동** : 위탁제조를 의뢰할 때 해당 품목이 이미 생동성 시험을 통과한 약이라면 위탁제조된 약에 대해서 별도의 생동성 시험 없이도 생동성을 인정해주는 것. 이 때 두 약은 같은 제조사가 제조하는 똑같은 약이지만 각자의 회사에서 다른 이름으로 판매된다. 공동생동과 위탁생동은 같은 제조사에서 만든 약을 여러 회사가 다른 이름으로 판매할 수 있게 된다는 공통점이 있지만, 공동생동은 개발단계(생동성 시험)에서부터 여러 회사가 함께 참여하는 반면 위탁생동은 일반적으로 이미 개발된(생동성 시험을 통과한) 약에 대한 위수탁이 이뤄진다는 점에서 차이가 있다.

- **의약품특허권** : 품목허가를 받은 의약품에 관한 특허권.

- **USPTO(US Patent and Trademark Office)** : 미국특허청.

- **Upfront** : 기술수출 계약체결시 제약바이오기업의 계약금

- **Milestone** : 단계별 기술료로 전임상, 임상, 허가신청, 허가완료 등 단계별로 성공시 받게되는 금액.

- **Royalty** : 기술이전으로 생산된 제품의 매출에 따라 받게되는 금액.

- **품목허가** : 약사법 제31조 제2항 및 제3항에 따라서 제조업자 등이 제조하거나 위탁제조한 의약품을 판매하려는 경우 또는 법 제42조 제1항에 따라서 수입을 하려는 경우 식품의약품안전처장에게 품목별로 신청하여 받는 제조판매·수입 품목허가

- **특허관계 확인서** : 등재의약품의 안전성·유효성 자료를 근거로 의약품등의 제조판매·수입 품목허가를 받으려는 자가 품목허가 신청시에 제출하여야 하는 등재특허권과 품목허가신청 의약품의 관계에 대한 확인서로 의약품 등의 안전에 관한 규칙 제4조 및 별지 제5호 서식으로 규정하고 있음.

- **의약품 특허목록** : 식품의약품안전처장이 품목허가 또는 변경허가를 받은 자료부터 등재 신청을 받은 의약품에 관한 특허권을 등재하여 관리하는 의약품 특허목록으로 인터넷 홈페이지 (http://nedrug.mfds.go.kr)에 공개됨.

- **물질에 관한 특허** : 의약품에 포함된 성분에 관한 특허로, 염, 수화물을 포함하는 용매화물, 이성질체, 무정형, 결정다형에 관한 특허가 이에 포함될 수 있음.

- **제형에 관한 특허** : 주사용, 경구 등 제형(제제)의 특수성 등을 이용하여 의약적 효과를 증대시키는 내용에 관한 특허.

- **조성물에 관한 특허** : 의약품 주성분을 조합한 복합제 또는 의약품과 첨가제의 조합을 통한 처방에 관한 특허.

- **의약적 용도에 관한 특허** : 의약품의 효능·효과, 용법·용량, 약리기전 등에 관련된 특허.

- **등재특허권** : 특허목록에 등재된 특허권.

- **등재의약품** : 특허목록에 의약품특허권이 등재된 의약품.

- **통지의약품** : 등재의약품의 안전성·유효성에 관한 자료를 근거로 품목허가 또는 변경허가를 신청하고, 그 신청사실을 특허권등재자와 등재특허권자등에게 통지한 의약품.

- **특허권등재자** : 품목허가 또는 변경허가를 받은 자로서, 의약품특허권의 등재를 신청하여 특허목록에 의약품특허권을 등재받은 자.

- **등재특허권자등** : 특허목록에 등재된 의약품특허권의 특허권자 또는 전용실시권자.

- **안전성·유효성 자료** : 약사법 제31조 제10항에 따라 신약 또는 식품의약품안전처장이 지정하는 의약품에 관하여 품목허가 또는 품목신고를 받기 위하여 제출하여야 하는 안전성·유효성에 관한 자료를 가리키며, 구체적인 제출자료는 의약품 등의 안전에 관한 규칙 제9조 및 식품의약품안전처장의 고시에 규정하고 있음.

- **(품목허가 등 신청사실의) 통지** : 등재의약품의 안전성·유효성에 관한 자료를 근거로 의약품의 품목허가 또는 효능·효과에 관한 변경허가를 신청한 자가 등재특허권이 무효이거나 품목허가를 신청한 의약품이 등재특허권을 침해하지 않는다고 판단할 경우에 품목허가 등을 신청한 사실과 신청일, 판단의 근거 등을 특허권등재자와 등재특허권자등에게 통지하는 제도.

- **판매금지** : i) 식품의약품안전처장이 등재특허권자등의 신청을 받아 통지의약품에 대하여 등재특허권자등이 통지를 받은 날로부터 9개월간 판매를 금지하는 처분 또는 ii) 식품의약품안전처장이 우선판매품목허가를 받은 의약품과 동일하고, 등재의약품과 유효성분이 동일한 의약품에 대하여 최초로 우선판매품목허가를 받은 의약품의 판매가능일로부터 9개월간 판매를 금지하는 처분.

- **동일의약품** : 주성분 및 그 함량, 제형, 용법·용량, 효능, 효과가 동일한 의약품.

- **우선판매품목허가** : i) 우선판매품목허가를 신청하는 의약품과 동일의약품이면서 ii) 등재의약품의 안전성·유효성에 관한 자료를 근거로 품목허가 또는 변경허가를 신청하는 의약품으로서 iii) 등재의약품과 유효성분이 동일한 의약품의 판매가 일정기간동안 금지되어, 우선하여 의약품을 판매할 수 있는 허가.

- **NDA(New Drug Application)** : NDA는 미국 식품의약품청이 미국에서 신약 판매 허가를 승인받기 위해 의약품 의뢰자가 취하는 공식 단계이다.

- **ANDA(Abbreviated New Drug Application)** : 미국 식품의약품청에 제네릭 의약품 시판허가 신청을 하는 단계이다. 제네릭 의약품은 이미 FDA의 시판허가 승인을 받고 시장에 나와있는 신약과 동일한 유효성분, 함량, 제형, 용법, 효능이 동일한 의약품이므로 ANDA에서는 신약의 안전성과 유효성을 동일하게 가지는 것으로 전제하고 제네릭 의약품이 대조약목록 의약품(Reference Listed Drug)과 생물학적 동등성함을 입증하는 자료만을 요구한다.

- **NCE(New Chemical Entity Exclusivity)** : Hatch-Waxman Act는 새로운 화학성분(active drug moiety)을 포함한 신물질에 대해 FDA 시판허가 승인일로부터 5년간 시장독점권과 자료독점권을 부여할 수 있도록 규정한다. 5년 NCE 자료독점권은 신물질과 같은 제네릭 의약품의 ANDA 신청접수는 신약의 시판승인이 허가된 날로부터 5년간 거부한다는 것이다.

- **역지불합의(pay for delay)** : 신약특허권을 가진 오리지널 회사와 제네릭 의약품 회사가 특허분쟁을 취하하고 경쟁하지 않기로 하는 대신 경제적 이익을 제공하면서 합의하는 것. 오지지날 품목을 가진 다국적회사가 국내회사에 제넥릭품목 판매지연을 조건으로 co-promotion하는 행위 등을 말한다.

참고문헌

- 임형식, 2021, 의약품 약가정책의 현장, 내하출판사
- 임형식, 2020, 의약품 인허가의 현장, 내하출판사
- 임형식, 2020, 제약영업마케팅의 현장, 내하출판사
- 임형식, 2018, 제약바이오산업현장, 내하출판사
- 임형식, 2016, 자존감을 높이는 제약영업마케팅, 내하출판사
- 임형식, 2016, 나는 오늘 취업한다, 푸른영토
- 오수진, 2014, 신약개발과정에서의 약물대사 연구, 국가신약개발재단
- 윤영우, 2020, 편의점 HMR의 마케팅믹스 요인이 지각된 가치와 재구매의도에 미치는 영향, 호텔리조트연구
- 권진숙, 2021, 의약품을 키우는 제약사 마케팅의 본질은 '이것', 히트뉴스
- 정기성, 2019, 자연치유 산업화 전략에 관한 연구, 서울장신대학교
- 이병주, 이석훈, 2017, 고령층 영양섭취 및 면역증진을 위한 시리얼 및 곡물 유동식 제품 개발 최종보고서, 농림축산식품부
- 강필종, 2015, 사장학 바이블, 지식과감성
- 최윤섭, 2019, 미래2030-디지털 기술이 여는 의료의 미래, 한국정보화진흥원 정책본부 미래 전략센터
- 김동영, 2019, 디지털 헬스케어, 의료의 미래 의료의 개념 자체가 바뀐다, 이달의 신기술
- 최윤섭, 2016, [칼럼] 자체 임상시험하고, 의료기기 직접 만들고, 참여하는 환자들의 혁신, 최윤섭의 헬스케어 이노베이션
- 박성은, 2021, [정밀의료의 미래] ① 의료 AI의 꽃 정밀의료, 어디까지 왔나, Ai타임즈
- PESTLE analysis(2020), Charterd Institute of Personnel and Development
- 한민규 외, 2017, 유전체·Health-ICT 융합 기반 정밀의료 기술개발, 한국과학기술기획평가원
- 오우용 외, 2017, 임상시험의 in silico 기법을 활용한 약물요법 평가 구축, 식품의약품안전평가원
- 김경목, 2021, 강릉아산병원 암 치료 기술 발전…안젤리라 졸리 검사법 도입, 뉴시스
- 식약처 보도자료, 2020, 2019년 국내의약품 시장규모 전년대비 5.2% 증가, 식품의약품안전처
- 식약처 보도참고자료, 2020, 코로나19 상황에서도 임상시험 지속 증가, 식품의약품안전처
- 제네릭(Generic) 연구개발 동향분석 보고서(2013), 보건산업통계
- 김기국, 2013, 연구시설·장비 ODA 협력방안 및 추진체계 연구, 미래창조과학부
- 김용주, 2021, 전국 의약품 도매업체 3천곳 넘었다, 히트뉴스

- 허성규, 2021, 지난해도 의약품 도도매 비중 증가… 단계별 거래서 '36.9%', 메디파나뉴스
- 성재영, 2019, "국내 손 습진환자, 겨울철에 가장 많아", 메디팜뉴스
- 이한영, 2021, 기업들 너도나도 ESG 경영, 왜 중요한가?, 우리문화신문
- 최봉선, 2017, '마일스톤'이란? ·· 친절한 한미약품, '신뢰경영' 실천, 메디파나뉴스
- 김경교, 2021, 화이자 코로나백신 특허면제되면 바로 카피?, 히트뉴스
- 서진우, 2019, 美FDA `입성`하는 국산 희귀의약품, 매일경제
- 임형석, 2015, PHARMACOGENETICS AND GENOMICS
- 임형석, 2015, DRUG DESIGN DEVELOPMENT AND THERAPY
- 임형석, 2014, 신약개발에서 1상 임상시험의 역할, 국가신약개발재단
- 임형석, 2014, 약동-약력학 모델링과 신약 개발, 국가신약개발재단
- 김일중, 류왕성, 안지현, 2019, 알기 쉬운 당뇨병(약물치료를 중심으로), 한국임상고혈압학회
- 김영설, 2016, 당뇨정복, 북엔에듀
- Jun Takeda(김영설 역), 2015, 당뇨병 치료 혁명, 군자출판사
- 범진필, 2015, 임상약리학, 청구문화사
- 강윤구, 2015, 건강보험정책론, 수문사
- 생명공학정책연구센터, 2017, 국내 바이오 및 제약업체의 2017년 경영전략
- 이의경, 2013, 우리나라와 OECD 국가의 약가비교, 제25회 한국보건행정학회 학술대회
- 식품의약품안전처, 2015, 의약품허가-특허연계제도이해 및 대응과정
- 필립 코틀러(홍수원 역), 2007, 마케팅 A to Z, 세종연구원
- 제약산업학 교재 편찬위원회, 2013, 제약산업학, 명지출판사
- 도로시 리즈(노혜숙 역), 2002, 질문의 7가지 힘, 너난출판
- 사이토 다카시(남소영 역), 2017, 질문의 힘, 루비박스
- 브렌트 룰린스, 매튜 페리(고기현 역), 2015, 제약마케팅, 조윤커뮤니케이션
- 알리스, 잭트라우트(이수정 역), 2008, 마케팅 불변의 법칙, 비지니스맵
- 래리 킹(강서일 역), 2015, 대화의 신, 위즈덤하우스
- 닐 라컴(허스웨이트 코리아 역), 2005, 당신의 세일즈에 SPIN을 걸어라, 김앤김북스
- 오카다 마시히코 외(정창열 역), 2015, 의사와 약 선택법, 맥스미디어
- E.델 가이조 외(김상범 역), 하이 퍼포먼스 세일즈, 호이테북스
- 폴 골드스타인, 2009, 보이지않는 힘, 지식재산, 비지니스맵
- 김치원, 2015, 의료미래를 만나다, 클라우드라인
- 켈리 최, 2017, 파리에서 도시락 파는 여자, 다산
- 최윤섭, 2018, 의료인공지능, 클라우드라인
- 최재붕, 2019, 포노사피엔스, 쌤엔 파커스
- 최상운, 2013, 신약개발을 위한 또 하나의 전략, Drug Repositioning, 국가신약개발재단

- 채민정, 2019, 특허만료 리피토를 두고 선택한 화이자의 대단한 모험, 히트뉴스
- 채민정, 2021, 내 고객이 누군지 안다는 자만, 실패의 첫걸음, 히트뉴스
- 한해진, 2020, 인터엠디 "제약 디지털 마케팅 새 솔루션 제시", 데일리메디
- 한국수출입은행 해외경제연구소, 2017, 세계 의약품 산업 및 국내산업 경쟁력 현황: 바이오의약품 중심
- 생명공학정책연구센터, 2017, 미국 내 바이오시밀러 출시, 최대 6개월 단축 전망
- 김은아, 2009, 고개드는 '위탁생동' 성분명처방 수순밟기?, 의협신문
- 식품의약품안전처, 2015, 의약품 허가특허연계제도 해설서
- 김경철, 2018, 유전체, 다가온 미래 의학, 메디게이트뉴스
- 웨인 조나스(추미란 옮김), 2019, 환자 주도 치유 전략: 현대의학, 다시 치유력을 말하다., 동녘라이프
- 하버드경영대학원, 2007, 경영의 처음 경영전략, 웅진윙스
- 스에요시타카오(장관진 역), 2007, 기획자가 알아야 할 마케팅 실무, 멘토르
- KPBMA, 2020, 한국제약협회정책보고서
- KPBMA, 2020. 제약바이오산업 DATABOOK 통계자료
- 한국제약바이오협회, 2020, 한국제약바이오협회 정책보고서 vol. 20
- 생명공학정책연구센터, 2020, 글로벌 제약산업 2020년 프리뷰 및 2026년 전망
- EvaluatePharma, 2020, World Preview 2020, Outlook to 2026
- 건강보험심사평가원, 2018, 2017년 진료비통계지표
- 김병호, 2020, 문재인케어 신약 보장성 강화하려면 약가 제도 개선 필요, 매일경제
- 나병수, 김재영, 2020, 신약의 기술이전 최적시기 결정 문제-바이오텍의 측면에서, 지식경영연구
- BIO ECONOMY REPORT, 2021, 2020년 글로벌 제약 기술거래 사례 및 M&A 동향
- 한국제약바이오협회, http://www.kpbma.or.kr/
- 데일리팜, http://www.dailypharm.com/
- 히트뉴스, http://www.hitnews.co.kr/
- yakup.com, https://www.yakup.com/
- 팜뉴스, https://www.pharmnews.com/
- 이정환, 2015, 서울아산병원, 기초연구·임상시험 역량 높인다, 의협신문
- 남재륜, 2017, 인공지능을 이용한 신약개발 동향 및 사례, 메디컬투데이
- 최미라, 2011, 국내 의약품 허가·유통과정은?, 헬스포커스뉴스
- 이원식, 2014, 신약 등재 절차 줄이고 복합제 약가산정 개선, 보건뉴스
- 이종운, 2013, "연구개발력 포함한 종합적 지식융합 필요", 약업신문
- 한·미 자유무역협정(FTA), http://www.fta.go.kr
- 이현주, 2019, 미국서 맥 못추는 특허만료 약, 국내는 스테디셀러, 메디칼업저버

- 대한임상건강증진학회, https://www.healthpro.or.kr/
- 대한당뇨병학회, 2021, 당뇨병 진료지침
- Suh S, Kim JH, 2014, J Korean Diabetes., 15(4):196-201.
- The Action to Control Cardiovascular Risk in Diabetes Study Group, 2008, N. Engl. J. Med., 358:2545-59.
- Duckworth et al., 2009, N. Engl. J. Med., 360:129-39.
- Lee SH et al., 2018, Variability in metabolic parameters and risk of dementia: a nationwide population-based study., Alzheimers Res Ther., 10(1):110.
- Ramlo-Halsted BA et al., 1999, Prim Care., 26:771-789.
- Kahn SE., 2001, J. Clin. Endocrinol. Metab., 86:4047-4058.
- Young Min Jo, 2011, DPP-4 Inhibitors Comparison- Back to Fundamentals: MOA, PK, PD and Clinical Evidence, International conference on diabetes and metabolism
- H.S. Im, 2016, Marketing and sales strategies of IMD Cilostazole, Chungang University
- H.S. Im et al., 2019, The Effectiveness of Facilitation Education for Call Quality of Medical. Representative in Pharmaceutical Industry., The Korean Journal of Health Service Management., 13(4), 215-228.
- H.S. Im, 2021, Marketing and sales strategies of Evogliptin to maximize effectiveness, Chungbuk National University
- Node and Inoue, 2009, Cardiovasc Diabetol,, 8, 23.
- Pi-Sunyer et al., 2007, Diabetes Res. Clin. Pract., 76(1);132-138.
- Yang et al., 2013, Diabetes Obes Metab., 15;410−416.
- Rosenstock et al., 2009, Curr Med Res Opin., 25(10);2401-2411.
- Aschner et al., 2006, Diabetes Care, 29;2632-2637.
- American Diabetes Association, 2019, Diabetes Case, 42(Supp.1):S61-S70.
- Kim HJ, et al., 2011, Bioorg Med Chem Lett., 21(12):3809-12.
- Lee et al., 2017, Biochem Biophys Res Commun., 494(3-4):452-459.
- Nabeno M, et al., 2013, Biochem Biophys Res Commun., 434:191-6.
- Filippatos TD et al., 2014, Expert Opin Drug Metab Toxicol., 10:787-812.
- Kim MK et al., 2012, Life Sci., 90(1-2):21-9.
- Monnier et al., 2009, Diabetes Metab Res Rev., 25(5):393-402.
- Park J et al., 2017, Diabetes Obes Metab., 19(12):1681-1687.
- J.B. Cha, G.Y. Ryu, 2013, The Relationship among Internal Marketing Activities, Job Satisfaction, Organizational Commitment, and Turnover Intention in Pharmaceutical Companies -Focusing on Pharmaceutical Salespeople-, The Korean Journal of Health Service

Management, Vol.7(1);69-82.

- E. Bae, S. Park, M. Lee, 2019, Mediating Effects of Job Crafting on Relationship between Self-Leadership and Commitment to Change for Medical Representatives in a Pharmaceutical Company, Korea Lifelong Education and HRD Institute, Vol.15(2); 125-127.

- H.S. Im, 2016, Sales and Marketing Strategies of IMD(Incrementally Modified Drugs) Cilostazole, Chungang University

- C.H. Jung et al., 2015, A randomized, double-blind, placebo-controlled, phase II clinical trial to investigate the efficacy and safety of oral DA-1229 in patients with type 2 diabetes mellitus who have inadequate glycaemic control with diet and exercise, Diabetes/Metabolism Research and Reviews, 31(3);295−306.

- E. Sanchez-Rangel, S.E. Inzucchi, 2017, Metformin: clinical use in type 2 diabetes, Diabetologia, 60(9);1586−1593.

- J.A. Hirst et al., 2013, Estimating the effect of sulfonylurea on HbA1c in diabetes: a systematic review and meta-analysis, Diabetologia, 56(5);973−984.

- D.S. Hsia et al., 2017, An Update on SGLT2 Inhibitors for the Treatment of Diabetes Mellitus, Current Opinion in Endocrinology, Diabetes and Obesity, 24(1);73-79.

- S-M. Hong et al., 2017, Efficacy and safety of adding evogliptin versus sitagliptin for metformin-treated patients with type 2 diabetes: A 24-week randomized, controlled trial with open label extension, Diabetes, Obesity and Metabolism, 19(5);654-663.

- P-H. Groop et al., 2014, Linagliptin treatment in subjects with type 2 diabetes with and without mild-to-moderate renal impairment, Diabetes, Obesity and Metabolism, 16(6);560-568.

- H.K. Lee et al., 2017, Unique binding mode of Evogliptin with human dipeptidyl peptidase IV, Biochemical and Biophysical Research Communications, 494(3-4);452-459.

- I-S. Choi, 2009, Two Perspectives on Facilitation in Adult Education: Learner- centered Facilitation versus Interventionist Facilitation, Andragogy Today : International Journal of Adult & Continuing Education, 12(3);103-129.

- Jongsthapongpanth et al., 2010, Spatial and sex differences in AIDS mortality in Chiang Rai, Thailand., Health & Place, 16(6);1084-93.

- Farinde, 2021, Overview of Pharmacodynamics, MSD MANUAL

제약바이오마케팅 개론

발행일 | 2021년 9월 7일
저 자 | 임형식 · 임진보
발행인 | 모흥숙

발행처 | 내하출판사
주 소 | 서울 용산구 한강대로 104 라길 3
전 화 | TEL : (02)775-3241~5
팩 스 | FAX : (02)775-3246

E-mail | naeha@naeha.co.kr
Homepage | www.naeha.co.kr

ISBN | 978-89-5717-544-6 (93320)
정 가 | 27,000원